THE PROFESSIONAL TEACHING CASE OF

Basic Principles of Marxism

马克思主义基本原理
专业性教学案例

主编◎杨小勇

本书由"同济大学中央高校基本科研业务费"资助出版

经济管理出版社

ECONOMY & MANAGEMENT PUBLISHING HOUSE

图书在版编目（CIP）数据

马克思主义基本原理专业性教学案例 / 杨小勇主编 .—北京：经济管理出版社，2023.7

ISBN 978-7-5096-9123-6

Ⅰ . ①马… Ⅱ . ①杨… Ⅲ . ①马克思主义理论 – 教案（教育）– 高等学校 Ⅳ . ① A81

中国国家版本馆 CIP 数据核字（2023）第 123981 号

组稿编辑：王光艳

责任编辑：王光艳

责任印制：许　艳

责任校对：徐业霞

出版发行：经济管理出版社

　　　　　（北京市海淀区北蜂窝 8 号中雅大厦 A 座 11 层　　100038）

网　　　址：www. E–mp. com. cn

电　　　话：（010）51915602

印　　　刷：北京市海淀区唐家岭福利印刷厂

经　　　销：新华书店

开　　　本：710mm×1000mm /16

印　　　张：18

字　　　数：324 千字

版　　　次：2023 年 7 月第 1 版　　　2023 年 7 月第 1 次印刷

书　　　号：ISBN 978–7–5096–9123–6

定　　　价：68.00 元

前 言 >>>

　　2019年习近平总书记在学校思想政治理论课教师座谈会上指出："推动思想政治理论课改革创新，要不断增强思政课的思想性、理论性和亲和力、针对性。"马克思主义基本原理作为高校一门重要的思想政治理论课，其本身的思想性、理论性非常强，增强马克思主义基本原理课的思想性、理论性、亲和力、针对性的"当务之急"是增强马克思主义基本原理教学的针对性。增强马克思主义基本原理教学的针对性，实质是增强马克思主义基本原理教学的差异性，目的是提高马克思主义基本原理教学的实效性。所谓增强马克思主义基本原理教学的差异性，是指在授课内容、授课模式、授课方法等方面针对授课对象的差异而采取差别性教学，也就是我们通常所说的因材施教。授课对象的差异表现在许多方面，针对学生所学专业的差异而进行差别性教学具有更强的可行性和可操作性。比如，如果班级学生所学的专业是土木工程，在讲授马克思主义基本原理时可以引导学生讨论马克思主义基本原理对土木工程专业学生的专业实验、专业设计、专业实习有何指导价值，或讨论土木工程专业学生专业实验、专业设计、专业实习的过程和结果所体现的马克思主义基本原理；如果班级学生所学的专业是音乐表演，在讲授马克思主义基本原理时可以引导学生讨论马克思主义基本原理对提升音乐专业水平、分析音乐作品（以一首具体的音乐作品为例），准确把握音乐作品的思想、情感有何指导价值，还可以让学生在课堂上表演一首音乐作品，并分析该音乐作品体现的马克思主义基本原理。

　　更为具体地说，教师在课堂上对某一章节的基本概念、基本内容、基本逻辑进行清晰的讲解后，应及时联系学生所属学院以及所学专业进行针对性剖析。比如，针对数学科学学院的学生，在讲到物质与意识的辩证关系时，可以结合数学专业的学习去分析。学习数学首先要从实际出发，充分理解与掌握已有的定理与公式，只有在认识和掌握客观规律的基础上才能有所突破；其次便是实践，实践是发挥主观能动性的基本途径，要对已有的数学公式进行更为深入的演算与推理，同时还要适时结合必要的物质条件和手段，如互联网等，以求达到创新和突破。在讲授联系的辩证法时，可引导学生在进行数学建模时判断各变量之间的联系是本质联系还是非本质联系，是直接联系还是间接联系，是必然联系还是偶然联系，这是建模时区分自变量与因变量、内生变量和外生变量的重要依据。针对汽车学院的学生，在讲解完唯物辩证法联系与发展的观点后，应当引导他们用辩证的思维去看待汽车行业的发展。近年来，新能源、智能网联、5G、锂电池、无人驾驶、智能驾驶、车路协同等技术的不断涌现推动汽车行业不断发生变革，作为相关专业的学生应当用发展的眼光看待未来技术的革新，将目光投向新技术、新市场，才能为未来创造更大的可能性。针对建筑与城市规划学院的学生，在讲解共性与个性、整体与部分的关系时，可结合建筑设计去分析。若建筑缺乏个性，所有建筑千篇一律，如一些不成功的农村改造工程，套用别处的建筑图纸，则无法体现乡村的特色与文化。然而，若仅追求个性忽视共性，建筑则成为审美作品，雕塑化、抽象化，无法发挥安身庇护的实际效用。因此，建筑个性化应以共性为基础和底线，优秀的设计往往来自建筑师对设计规范的漫长学习与设计模型的反复打磨，一个成型的建筑也通常处于各种条框的限制之下。在讲授对立统一规律时，可以城市发展和历史建筑保护的关系为例，城市以人的需要为发展动力，通过调整产业结构、劳动组织结构和资源利用方式改变了人们的生活方式和城市的空间形态，历史建筑保护既要传承传统文化和城市记忆又不能阻碍城市现代化发展的进程，两者形成了矛盾的对立统一关系。然而矛盾的同一性和斗争性相辅相成，城市发展和历史建筑保护同样可以利用双方的优势促进自身的发展，城市发展的产业化与现代化推动着科技和文化的进步，一方面科技创新促进历史建筑修缮等方面的技术精进，使建筑保存得更为长久；另一方面城市文明程度的提高使人们更重视历史传统文化，对历史建筑所承载的精神文化更为关注，而历史建筑的保护与传承亦能为现代城市的发展增添文化底蕴和历史厚重感，两者相互依存、相互贯通。针对艺术与传媒学院音乐表演专业的学生，可以分析认识论在提升演唱水平方面的指导价值。认识具有反复性，台上一分钟，台下十年功，音乐表演需要日日时时的练习、熟悉与积累，坚持每天练习，养成肌肉记忆并发现自己的问题才能有所提高。同时，认识具有无限性，随着时间的流逝，人们的审美、发声的方法和技巧以及音乐的传播方式等都在与时俱进，只有不断地改革创新，探索喜闻乐见的艺术方式，才能让音乐真正走进千家万户。针对电子与信息工程学院的学生，在讲解真理的检验标准时可以联系软件具体的设计过程，一款新软件不能仅依靠大脑的思考和书本的理论知识去验证其逻辑的合理性和可行性，而应该将头脑中的思路变成代码，通过多条路线比较验证，这也进一步验证了实践是检验真理的唯一标准。

综上所述，编制并在教学中使用马克思主义基本原理专业性教学案例具有重要作用，所谓马克思主义基本原理专业性教学案例，是指将专业实验、专业设计、专业实习、专业建设发展等情况作为案例分析材料的马克思主义基本原理课教学案例。我们编写的这本马克思主义基本原理专业性教学案例选取同济大学多个专业的专业实验、专业设计、专业实习、专业建设发展等情况作为案例分析材料，共编写了 69 个专业性教学案例，每个案例均由案例描述、案例提问、案例解析、教学反思四部分构成，对从事高校马克思主义基本原理课教学的教师增强教学的针对性具有较强的参考价值。

目 录 >>>

第一章 同济大学马克思主义基本原理的电子与信息工程学院专业案例
·· 001

案例一 机甲大师赛机器人设计中的量变质变规律 _ 001

案例二 从对立统一规律看智能生活垃圾分类装置项目设计 _ 005

案例三 深度学习神经网络模型设计中的否定之否定规律 _ 008

案例四 唯物辩证法在图像处理算法设计中的体现 _ 012

案例五 唯物辩证法在最优化原理与方法的实验中的体现 _ 016

案例六 唯物辩证法在"31 条指令 CPU 实验"中的体现 _ 021

案例七 唯物辩证法与物质统一性在编译码实验中的解读应用 _ 026

案例八 认识论在智能花盆创新实践活动中的应用 _ 030

案例九 唯物主义辩证法在"复微杯"中的应用 _ 034

案例十 马克思主义认识论在计算机编程实验中的应用 _ 037

案例十一 唯物辩证法在基于 FPGA 的数字系统设计中的应用 _ 041

第二章 同济大学马克思主义基本原理的交通运输工程学院专业案例··· 045

案例十二 实践与认识的辩证运动原理在专业实验中的应用——以嘉松
北路车流量及车速调查实验为例 _ 045

案例十三 马克思主义基本原理在应用力学创新竞赛中的体现 _ 051

案例十四 马克思主义基本原理在驾驶员状态监测系统制作实验中的
应用 _ 058

案例十五 唯物辩证法分析充电桩设备的建设难题 _ 061

案例十六 "交通强国"战略是马克思主义基本原理的经典写照 _ 064

案例十七 马克思主义基本原理在多元线性回归实验中的运用 _ 068

案例十八 唯物辩证法在材料力学拉伸压缩实验中的应用 _ 072

案例十九 马克思主义哲学在交通信息中的应用 _ 075

第三章　同济大学马克思主义基本原理的环境科学与工程学院专业案例
················ 084

案例二十　辩证法在水体水质监测中的运用 _ 084

案例二十一　我国生态环境建设中的辩证法 _ 087

案例二十二　环境监测实验中的量变质变规律 _ 089

案例二十三　唯物论和历史唯物主义在环境工程专业中的应用
　　　　　　及指导价值 _ 092

案例二十四　分析化学实验中的马克思主义原理 _ 095

案例二十五　联系的辩证法在环境监测实验中的运用 _ 098

案例二十六　马克思主义真理观在工科实验中的具体应用——以给排水科
　　　　　　学与工程专业为例 _ 102

案例二十七　马克思主义原理在膜浓缩液处理实验中的运用 _ 105

案例二十八　环境监测实验溶解氧的测定中的量变质变规律 _ 110

第四章　同济大学马克思主义基本原理的机械与能源工程学院专业案例
················ 114

案例二十九　科学技术及人类交往作用在金工实习中的应用 _ 114

案例三十　唯物辩证法及一切从实际出发在金工实习中的应用 _ 118

案例三十一　唯物辩证法在钢的热处理实验中的应用 _ 122

案例三十二　唯物辩证法和认识论在基础工业工程圆珠笔实验动作改善中
　　　　　　的运用 _ 127

案例三十三　唯物史观在机械与能源专业中的应用 _ 136

第五章　同济大学马克思主义基本原理的建筑与城市规划学院专业案例
················ 140

案例三十四　城市集合住宅设计中的唯物辩证法 _ 140

案例三十五　唯物辩证法基本规律在国土空间规划体系构建中的
　　　　　　运用 _ 144

案例三十六　马克思主义认识论在建筑设计领域基地分析方法中的
　　　　　　应用——以伦敦金斯顿大学学习中心为例 _ 147

第六章　同济大学马克思主义基本原理的软件学院专业案例············ 151

案例三十七　世界的物质性及发展规律在自动售货机电路设计实验中的
　　　　　　应用 _ 151

案例三十八　唯物辩证法对日历电路实验设计的启发 _ 153

案例三十九　世界的物质性及发展规律在四位彩灯模拟电路实验中的
应用 _ 155

案例四十　对立统一规律在渐开线齿轮齿廓绘制实验中的应用 _ 158

案例四十一　认识论在巨型计算机研制中的应用 _ 161

第七章　同济大学马克思主义基本原理的土木工程学院专业案例…… 165

案例四十二　唯物辩证法在金工实习中的运用 _ 165

第八章　同济大学马克思主义基本原理的航空航天与力学学院专业案例
…………………………………………………………… 169

案例四十三　马克思主义基本原理在电工学实验中的运用 _ 169

案例四十四　马克思主义基本原理在流体力学实验中的运用 _ 174

案例四十五　唯物辩证法在材料力学实验中的运用 _ 177

案例四十六　唯物辩证法及辩证唯物主义认识论在近代力学实验与推演中
的体现 _ 179

第九章　同济大学马克思主义基本原理的数学科学学院专业案例…… 182

案例四十七　认识论在数学发展中的作用 _ 182

案例四十八　辩证唯物主义在编写《高等数学》中的运用 _ 186

案例四十九　博弈论数学模型中蕴含的马克思主义原理 _ 189

第十章　同济大学马克思主义基本原理的医学院专业案例…………… 194

案例五十　真理与价值辩证关系原理在吴孟超医学贡献上的体现 _ 194

案例五十一　量变质变规律在化学实验中的体现 _ 198

案例五十二　马克思主义基本原理在醋酸电离常数测定实验中的运用 _ 203

第十一章　同济大学马克思主义基本原理的外国语学院专业案例…… 209

案例五十三　唯物辩证法在英语专业中的应用 _ 209

案例五十四　基于事物普遍联系与变化发展的特点进行德语学习 _ 211

案例五十五　唯物辩证法在语言学习中的体现 _ 216

第十二章　同济大学马克思主义基本原理的生命科学与技术学院专业案例
…………………………………………………………… 219

案例五十六　自然科学中的唯物辩证法 _ 219

第十三章　同济大学马克思主义基本原理的艺术与传媒学院专业案例⋯⋯ 224

　　案例五十七　唯物辩证法对声乐学习的基本帮助 _ 224

第十四章　同济大学马克思主义基本原理的人文学院专业案例⋯⋯⋯ 228

　　案例五十八　传统戏曲文化的传承与发展中的唯物辩证法 _ 228

第十五章　同济大学马克思主义基本原理的经济与管理学院专业案例⋯⋯ 232

　　案例五十九　政治经济学在管理科学与工程学科的应用 _ 232

第十六章　同济大学马克思主义基本原理的设计创意学院专业案例 ⋯⋯ 237

　　案例六十　马克思主义基本原理在视觉传达设计实践中的运用 _ 237

　　案例六十一　设计学中的实践与认识——从理论到案例 _ 240

　　案例六十二　唯物辩证法在 KKV 商业空间快闪方案设计中的运用 _ 243

第十七章　同济大学马克思主义基本原理的物理科学与工程学院专业案例
⋯⋯⋯⋯⋯⋯⋯⋯⋯⋯⋯⋯⋯⋯⋯⋯⋯⋯⋯⋯⋯ 248

　　案例六十三　唯物辩证法三大规律在最佳指派方案设计中的体现 _ 248

　　案例六十四　弦线振动实验中的联系观点及现象与本质 _ 253

　　案例六十五　光电效应实验中的辩证法及物质统一性的体现 _ 256

第十八章　同济大学马克思主义基本原理的政治与国际关系学院专业案例
⋯⋯⋯⋯⋯⋯⋯⋯⋯⋯⋯⋯⋯⋯⋯⋯⋯⋯⋯⋯⋯ 261

　　案例六十六　环保运动组织中个体与群体关系的体现 _ 261

　　案例六十七　认识论在时尚行业的发展与践行中的作用 _ 265

第十九章　同济大学马克思主义基本原理的中法工程和管理学院专业案例
⋯⋯⋯⋯⋯⋯⋯⋯⋯⋯⋯⋯⋯⋯⋯⋯⋯⋯⋯⋯⋯ 270

　　案例六十八　唯物辩证法基本规律在管理学中的体现 _ 270

　　案例六十九　联系的观点在商业投资中的体现 _ 272

后记⋯⋯⋯⋯⋯⋯⋯⋯⋯⋯⋯⋯⋯⋯⋯⋯⋯⋯⋯⋯⋯⋯⋯⋯ 275

第一章

同济大学马克思主义基本原理的电子与信息工程学院专业案例

案例一

机甲大师赛机器人设计中的量变质变规律

一、案例描述

"RoboMaster 机甲大师赛"中有来自各个大学的战队，战队成员分为机械组、电控组、视觉组设计研发出参赛机器人进行比赛。比赛过程中不同的机器人各司其职，有些配备了发射装置可以发射子弹，先将对手基地战力打空的一方获胜。所以机器人的设计不仅涉及机械方面的问题，还需要利用单片机控制机器人的基本运动，计算机视觉的算法支持瞄准敌方机器人、基地装甲板。

量变和质变是事物变化的两种基本状态和形式，在课上，我们学习到了量变与质变的辩证关系。第一，量变是质变的必要准备；第二，质变是量变的必然结果；第三，量变和质变是相互渗透的。机器人设计的很多方面都体现了量变的积累，不仅涉及机器人本体，还包括设计者。

就机器人本体来说，一颗螺栓、一块亚克力板，在分散状态下永远只能是一颗螺栓、一块亚克力板，但将它们组装在一起，一堆零散、无用的螺栓和板子就变成了一个实实在在的、活灵活现的机器人。对于电控组的我来讲，一行代码、两行代码不能实现什么，几十行代码或许才能驱动一个电机，但是随着代码量的积累，各个部分的代码就可组成一个大工程，也就是各个部分的代码为质变做出必要准备，就能实现整个机器人的协调运动，这也是量变引起的必然结果——质变。对于视觉组的同学来说，视觉识别需要不断训练、学习，利用真实的现场视频去学习。只有经过了一定量的学习训练，识别的准确性才能够达到90%以上，这也是量变引起的质变，学习的图片视频，称为数据集，就是产生质变的必要准备。经过一天天的积累，机器人的功能会逐渐齐全。

参赛的经历同样发生了质变。在参赛过程中，我们一点点累积，从第一天的束手束脚、对什么都是陌生的，到最后一天的勇于担当、应对自如，也是量变引起了质变，若是没有这些经验的积蓄，则根本不会发生这样巨大的变化。

相信量变会引起质变，当然也要结合着事物的发展与联系，科学地进行量的积累；否则，积累的量很有可能会是负向的量，从而导致付出不必要的努力。我们在这次机器人设计的过程中也遇到了这一问题，原因是没有时时刻刻牢记联系与发展的关系、特点，方向不明确，不知道该做些什么。这些方法论能给予我们方向与行动的动力。

（案例材料来源：同济大学电子与信息工程学院自动化专业陈晨同学的课程论文《机甲大师赛机器人设计中的量变质变规律》）

二、案例提问

1. 量变质变规律在这篇课程论文中是如何得到体现的？
2. 这篇课程论文对于量变质变规律的理解和论述有哪些亮点？
3. 关于量变质变规律，还有哪些知识要点在这篇课程论文中未充分体现？

三、案例解析

1. 这篇课程论文围绕机器人设计比赛中的事情展开，论述量变的积累引起质变的规律性。其一，就机器人本体的组装过程来看，每个个别的、孤立的零件都与机器人本体的形制、功能相去甚远，但积累起来的、彼此建立了正确联系的零件则组成了这一事物，正是量变引起质变的一种体现。其二，就机器人的协调运动来看，对于单片机的编程也体现出量变积累引起质变的规律性，少数几行代码起不了什么作用，要几十行代码才能驱动一个电机，而进一步地，各个部分的代码累加在一起才能实现机器人最终的协调运动。其三，视觉识别算法需要在数据集支持下进行足够数量的学习训练，才能保证识别的准确性。其四，就参与比赛的人员来看，一次次的辛苦调试，一点点的经验积累，最终提升了他们的技术能力和心理素质。可以说，这些实例较为生动地说明了"量变是质变的必要准备，质变是量变的必然结果"。

2. 与同主题或同实验的其他课程论文相比，这篇课程论文的亮点如下：其一，它以实例生动诠释了"量变是质变的必要准备，质变是量变的必然结果"，认为这一原理贯穿专业实验项目的全过程，即体现在机器人的本体制作、电控编程、视觉识别训练和现场角力等各个环节上。量变质变规律寓于事物的普遍联系与变化发展之中。其二，它注意到量变质变规律贯穿这一专业实验项目的各个方面，即由量变引起质变的不仅是作为实验对象的"物"（机器人），而且也包括参与此次比赛活动的人。当论及工程学科的专业实验时，学生往往首先注意到量变质变规律在"物"的一端所起到的效果，而这篇课程论文则特别强调了量变质变规律在"人"的一端起到的效果，不仅是在认识事物的过程中，而且首要地，是在改造事物的过程中，人的能力与素质得到从量变到质变的发展，并且由此得出积极的、正面的情感、态度、价值观。这也意味着，唯物辩证法既是客观辩证法，也是主观辩证法，唯物辩证法的规律既是事物自身联系与发展的客观规律，也是人在实践中认识与改造主观领域及客观世界的客观规律。

3. 然而，在上述优点之外，这篇课程论文对量变质变规律的理解还存在两点主要的不足。其一，没有明确指出在量变到质变的过程中，"度"和"关节点或临界点"的含义与重要性。在量变质变规律中，质、量、度是三个最基本的概念，它们是事物三个方面的规定性。质是某一事物区别于其他事物的内在规定性；量是事物的规模、程度等可以用数量关系表示的（可量化的）规定性。相应地，质变是指事物性质的根本变化，意味着对事物发展的渐进过程及连续性的中断；量变是事物数量的增减和组成要素排列次序的变动，是保持事物质的相对稳定性的不显著变化，事物发展渐进过程的连续性。但仅依据质和量的概念是无法引申出量变和质变的概念的，质和量的概念可能被形而上学地理解为某种静止的对立关系，即类似于除数和商的简单的对应与转化关系，只能被视为某种外在的人为规定。因此，要正确理解事物在联系和发展过程中的量变质变规律，了解度的概念是关键，它强调事物的限度、幅度、范围等，度的两端叫作关节点或临界点，超出度的范围，此物就转化为他物。其二，对度概念的理解不足导致对于量变质变辩证关系的第三方面理解不足，即未充分体现"量变和质变是相互渗透的"。这一课程论文在回顾原理时提到了这一点，但未能结合实例进行阐述。事实上，所举例子也包括这方面的内容，完全可以结合着来讲。例如，"一行代码、两行代码不能实现什么，几十行代码或许才能驱动一个电机"，这里已经体现了从量变到质变的规律；而"随着代码量的积累，各个部分的代码就可组成一个大工程……就能实现整个机器人的协调运动"，这是在新质的基础上开始新的量的积累，实现更高程度的质变，或者是量（代码）的积累首先实现局部的质变（单个电机运动），最终实现全面的质变（机器人协调运动）。

四、教学反思

马克思主义基本原理的教学希望学生理解原理，学以致用，最终将马克思主义理论观点融入情感、态度、价值观。唯物辩证法与生产、生活息息相关，学生基本上都能很快结合专业找到体现唯物辩证法的实例。尽管这些例子所能体现的原理的复杂性、深刻性还很有限，但作为教学性的、演示性的例子，对于学生初步理解马克思主义基本原理，感受马克思主义基本原理的现实意义而言，仍可发挥积极而重要的作用。

在教学实践中，教师要因势利导，充分肯定学生结合专业实验所举事例的亮点，并以清晰规范的概念语言修订和完善它们。另外，教师必须指出这些例子的局限性。当例子只是集中且停留于原理的某个层面，而忽视了其他层面时，务必指出被忽视层面的含义与重要性，特别是它与学生关注到的层面之间的内在关联，借此深化学生对马克思主义基本原理的理解，避免出现依赖常识、依赖直觉的片面理解，使学生对相关知识的理解系统化、理论化。

（本案例由蔡淞任编写）

案例二
从对立统一规律看智能生活垃圾分类装置项目设计

一、案例描述

本学期我参与了很多项目设计，并在实践过程中自觉运用马克思主义基本原理，这对整个项目的进展起到了良好的指导作用。其中，令我印象最深的是，上海市大学生工程训练综合能力竞赛中的生活垃圾智能分类赛项。在该项目中，我们基于 Raspberry Pi 4B 设计了一台智能生活垃圾分类装置，利用卷积神经网络对投入的垃圾进行识别与分类，通过二自由度云台、分类投放斗等机械装置实现垃圾的自主投放以及满载检测，最终获得了上海市一等奖。

事物的联系和发展是有规律的，而对立统一规律就是唯物辩证法中的基本规律之一，其揭示了事物普遍联系的根本内容和变化发展的内在动力，给我们提供了认识世界和改造世界的根本方法——矛盾分析方法。在这次生活垃圾智能分类比赛项目中，我也自觉运用矛盾分析方法，体会它在事物发展中的指导作用。

生活垃圾智能分类比赛项目的评判标准主要是垃圾分类的准确率以及效率，而这主要涉及神经网络模型评估中的精确率以及计算时间。精确率即查准率，计算的是所有"正确被检索的样本"（TP）占"所有实际被检索到的样本"（TP+FP）的比例，其中 TP 为分类正样本，FP 为分类负样本。例如，在所有被识别出来的有害垃圾中，真正是有害垃圾的比例为精确率。计算时间则是模型从输入图像到输出分类结果所需的时间。在生活垃圾智能分类比赛项目中，我们希望实现的是在确保高精确率的情况下尽可能提高模型的分类速度，但是在编写算法的过程中，我们也发现精确率与时间存在矛盾，精确率的提高必定伴随着神经网络层数的提高（一般来说，神经网络的层次越深，特征的抽象程度越高，结果越精确），而计算成本也将随着神经网络层次深度的增加而增加，在限定主控的条件下，计算时间和精确率显然存在相互制约的关系，构成了矛盾的双方，因而在分析这两个因素时应当采用矛盾分析方法。

在每对矛盾中，都有一方处于支配地位，作为矛盾的主要方面，另一方处于被支配地位，作为矛盾的次要方面，而将这两者的辩证关系运用到实际项目中，则需要我们坚持"两点论"和"重点论"的统一。"两点论"首先就要求我们看到矛盾的主要方面和次要方面，在生活垃圾智能分类比赛项目中，根据赛项的直观要求（5分钟内分类10个垃圾，准确率优先，相同准确率下，时间短者优先），我们得到精确率是这对矛盾的主要方面，而计算时间则是这对矛盾的次要方面。因此根据"重点论"，我们应着重把握矛盾的主要方面，也就是将提高精确率作为解决这个问题的出发点，增加网络的层数，以此提高模型的精确率，而牺牲的时间在得到较高模型精确率的基础上是可以接受的。在后面的尝试中，我们发现了ResNet50，即残差神经网络，能够通过在层之间跳跃链接的方式，获得精确率与时间的一个相对平衡，这也可以说是在ResNet50的帮助下，矛盾双方形成了一个相互依存的状态。

其实项目中还有很多对矛盾，包括识别模式的稳定性与灵敏性、满载检测的准确性与灵敏性、分类结构的速度与稳定性等，我们通过应用矛盾分析法不断地进行研究，最终也找到了这些矛盾中的平衡点。

（案例材料来源：同济大学电子与信息工程学院自动化专业金屹阳同学的课程论文《从对立统一规律看智能生活垃圾分类装置项目设计》）

二、案例提问

1. 对立统一规律在这篇课程论文中是如何得到体现的？
2. 这篇课程论文对对立统一规律的理解和论述有哪些亮点？
3. 关于对立统一规律，还有哪些知识要点在这篇课程论文中未充分体现？

三、案例解析

1. 这篇课程论文指出，在智能生活垃圾分类装置的项目设计中存在很多对矛盾，包括神经网络模型评估中的精确率与计算时间的矛盾、识别模式的稳定性与灵敏性的矛盾、满载检测的准确性与灵敏性的矛盾、分类结构的速度与稳定性的矛盾等。首先，这些矛盾体现出矛盾的普遍性，时时有矛盾、处处有矛盾。其次，在各种矛盾以及矛盾的各个方面，总有主次关系，即主要矛盾与次要矛盾、矛盾的主要方面与次要方面，这种主次关系意味着具体事物中矛盾的特殊性决定了事物在运动发展中的性质。在这篇课程论文中，这决定了设计项目所要解决的具体问题及其性质，即其中的主要矛盾是神经网络模型评估中精确率与计算时间的矛盾，而在这一主要矛盾中，主要方面是精确率。最后，矛盾双方相互依存又相互斗争，体现了矛盾的同一性与斗争性。在该项目设计中，必须妥善兼顾矛盾双方，从而实现稳定的、有效的总体功能，即必须使矛盾双方处于平衡、协调的情况下，令装置系统的运行展现"和谐状态"，这就要求找到相应的条件。在这篇课程论文中，项目团队找到了能够在保证精确率的前提下缩短时间的手段（残差神经网络）。

2. 与其他课程论文相比，这篇课程论文的确具备一些亮点，主要体现在以下两点。其一，它清楚地确定了所研究的事物（智能生活垃圾分类装置）的主要矛盾及其矛盾的主要方面，使其接下来的分析清晰有力。在对立统一规律中，对矛盾的普遍性与特殊性的分析至关重要，这篇课程论文自觉运用矛盾分析方法，"两点论"与"重点论"相结合，即一方面列举了项目设计中需要兼顾的各种矛盾及其各自双方，另一方面着重分析了其中的主要矛盾，将主要的研究精力投入解决该矛盾中，而该矛盾的解决又意味着分清这一矛盾的主次方面，先满足主要方面，并在此基础上尽量兼顾次要方面。这篇课程论文非常生动地展现了这一点："'两点论'首先就要求我们看到矛盾的主要方面和次要方面。在生活垃圾智能分类比赛项目中，根据赛项的直观要求（5分钟内分类10个垃圾，准确率优先，相同准确率下，时间短者优先），我们得到精确率是这对矛盾的主要方面，而计算时间则是矛盾的次要方面。因此根据'重点论'，我们应着重把握矛盾的主要方面，也就是将提高精确率作为解决这个问题的出发点，增加网络的层数，以此提高模型的精确率，而牺牲的时间在得到较高模型精确率的基础上是可以接受的。"可以说，这段对于"两点论"与"重点论"相结合的矛盾分析方法的论述非常精彩。其二，这篇课程论文另一突出的亮点是，它很好地展现了其他很多课程论文在解说对立统一规律时未触及的矛盾的同一性与斗争性原理对应的方法论。尽管通过"两点论"与"重点论"相结合，该课程论文作者确定了在设计神经网络模型时精确率优先，牺牲计算时间相对可接受，但他也很清楚，要真正实现该装置的功能，换言之，要维持矛盾统一体的持续存在、不破裂，就必须妥善兼顾精确率与计算时间，至少达到"5分钟内分类10个垃圾"的最低要求，在此基础上，用时越短越好。这需要通过某种特定条件实现两种相互矛盾的要求达到某种平衡、协调的状态，即呈现"和谐状态"。他指出了这种特殊的条件，在这里是指一种技术条件。

3. 尽管这篇课程论文亮点突出，分析到位，但仍有可加强之处。在运用马克思主义基本原理（这里是对立统一规律）对专业实验进行分析时，学生需要讲清原理所涉及的概念。诸如矛盾的普遍性、特殊性、和谐状态等概念，在这篇课程论文中都有所体现，甚至不乏精彩的阐释，但这是经过了教师再次提炼、概括的结果，课程论文作者并未直接写明这些概念与所述专业设计之间的对应关系，这就不免造成论述上的模糊。

四、教学反思

马克思主义经典作家在分析具体问题时并不一定会使用很多哲学概念，但是出于教学练习的需要，学生必须首先能将教材上的概念体系对应到他所要叙述和分析的具体问题中，以此初步保证这种叙述及分析的完整性、系统性和准确性。教师需要"点出"学生所举例子（其中不乏精彩见解）里隐藏的概念，并要求学生自身有意识地做到这点。

（本案例由蔡淞任编写）

案例三

深度学习神经网络模型设计中的否定之否定规律

一、案例描述

本学期学习的"最优化算法"课程无疑是我们专业课学习的一个重要节点，无论从课程内容数量上还是从课程难度上来看，都有了质的飞跃。课程介绍了神经网络模型及其背后的数学原理，由于课程本身属于数学范畴，因此对于神经网络的应用及其实际意义的介绍较少。出于兴趣以及对未来专业方向的把控，在"实践是检验真理的唯一标准"的思想指导下，我自行研究了神经网络模型在实际生活中的应用，并搭建了不同种类的神经网络，实现了对具有诸如物体检测、物体追踪、语义分割等功能的深度学习模型的构建。

事物是变化发展的，正如赫拉克利特所言，"人不能两次踏进同一条河流"，没有一个模型是适用于任何情况的。模型也需要不断更新参数，完善自身适应性。深度学习模型的训练正是这样一个"自我完善"的过程。

在开始某一轮训练时，模型拥有通过之前的数据训练出来的参数，并且对于由之前的数据总结出来的数学规律拥有适应性，在由已训练数据构成的环境中达到了最好的预测效果，在此称之为"有效模型"，这是对目前模型的肯定。

模型接收到一个新的训练数据，用目前的参数对新的输入进行预测，预测结果出现了差错，说明目前的模型不能适应新数据，需要对参数进行调整，训练进入自我否定的阶段。

我们通过反向传播算法，训练出既可以判别新数据又包容旧数据的新模型，重新回到了"有效模型"的阶段，但相较于之前的"有效模型"，模型有了更强的适应性。这就是唯物辩证法中"否定之否定"的内容。

在这样循环往复的训练过程中，模型经过了无数次的"肯定""否定""否定之否定"，最后达到了适用于全体训练数据的"有效模型"的状态，这是一个循环上升、波浪式前进的过程。一方面，模型在经过充足的数据训练后，经过了"从量变到质变"的过程，成为一个具有实际价值的检测模型。另一方面，这是矛盾斗争过程中的自我完善，最终表现为新事物的产生与旧事物的灭亡。

有趣的是，这样一个过程我们可以借助可视化工具在模型的训练过程中看到。深度学习模型中最常采用的优化器是随机梯度下降法（SGD）。

梯度下降一个很直观的解释是，我们想象一个由训练参数作为自变量、损失函数值（输入值与实际值的差值）作为因变量的空间，每个坐标代表在这个参数下的损失函数值，我们的目标就是找到那个损失函数值最小的点。我们假设有且只有两个参数，那么结合损失函数就可构成一个三维空间。如图 1-1 所

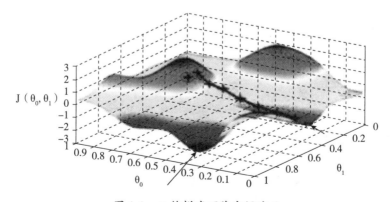

图 1-1 二维梯度下降空间演示

示，我们将这当作一个陡峭的山谷，我们的目标就是找到山谷的最低点，最直观的做法就是沿着坡度最陡峭的方向往下找，这也是梯度下降的直观解释。当然，如果在这个山谷的旁边还有一个更低的谷地，我们往往难以跨过，则需要利用随机性算法进行优化。

随机梯度下降法每次会在训练数据中集中批量随机抽取一部分数据，将其作为训练数据，模型通过反向传播算法进行训练。

这种"否定之否定"的过程不只出现在模型的训练过程中，一个 AI 项目的成功落地不仅需要把模型搭建、部署完成，更要在模型使用的生命周期中不断对其进行维护，使它始终保持高效性、普适性。由于训练的数据有限，许多问题会出现在模型的实际使用阶段，整个项目就会进入"否定阶段"，如果不对这种"否定"进行否定，前面的所有努力就都会付诸东流。于是本着对项目负责的态度，我们需要采集足够多的样本，对错误信息进行系统性的分析。在找到错误样本的系统性错误后，开始对原始的训练集进行修正，删除错误的或是有误导性的数据、补充易出错的数据类型，最后重新训练出新的"有效模型"，完成一次"否定之否定"的自我完善过程。

（案例材料来源：同济大学电子与信息工程学院自动化专业季马泽宇同学的课程论文《深度学习神经网络模型设计中的否定之否定规律》）

二、案例提问

1. 否定之否定规律在这篇课程论文中是如何得到体现的？

2. 这篇课程论文对于否定之否定规律的理解和论述有哪些亮点？

3. 关于否定之否定规律，还有哪些知识要点在这篇课程论文中未充分体现？

三、案例解析

1. 否定之否定规律揭示了事物发展的辩证否定过程，这意味着事物的辩证否定并非一蹴而就，而是要经历一个事物自身发展的两次否定、三个阶段（肯定—否定—否定之否定）的有规律的过程。第一次否定使矛盾得到初步解决，而处于否定阶段的事物仍然具有片面性，还要经过再次否定（否定之否定），实现对立面的统一，使矛盾得到根本解决。在此过程中，事物的发展呈现出周期性，每个周期的终点又是下个周期的起点，不同周期的交替使事物发展呈现出波浪式前进或螺旋式上升的总趋势。在该课程论文所示的实验中，一个"有效模型"是对于一定数量的训练数据已经形成适应性，即具有良好预测效果的模型。首先，在讨论的起点处，事物（有效模型）处在事物发展的肯定环节，肯定的方面仍占据着支配地位。其次，随着训练数据集的扩大，"用目前的参数对新的输入进行预测，预测结果出现了差错，说明目前的模型不能适应新数据……训练进入自我否定的阶段"，这是说在矛盾双方（模型参数与训练数据）的相互作用中，否定的方面上升至支配地位。再次，"我们通过反向传播算法，训练出既可以判别新数据又包容旧数据的新模型，重新回到了'有效模型'的阶段，但相较于之前的'有效模型'，模型有了更强的适应性。这就是唯物辩证法中'否定之否定'的内容"。这种"肯定—否定—否定之否定"的训练过程持续不断，模型在此过程中不断调整，直至得到适合全体训练数据的有效模型。最后，作为训练完成后的产品，这一模型在实际使用阶段仍然可能遭遇问题，使项目再次陷于否定阶段，因此，"'否定之否定'的过程不只出现在模型的训练过程中，一个 AI 项目的成功落地不仅需要把模型搭建、部署完成，更要在模型使用的生命周期中不断对其进行维护，使它始终保持高效性、普适性"。

2. 相比于其他相似主题的课程论文，这篇课程论文具有两个突出的亮点。其一，在内容上，它完整地叙述了一种事物（作为 AI 项目的深度学习模型）在其发展（包括训练在内的整个生命周期）中经历的从肯定（适用）到否定（不适用）再到否定之否定（再度适用）的过程，正确理解了新旧事物的概念、事物发展的周期性，以及其前进性与曲折性的统一。其二，在形式上，在说明事物发展前进性与曲折性的统一时，创造性地使用了图表，生动地展示了这项专业实验中模型训练过程的曲折性（遭遇成批量的随机训练数据）与前进性（向最优解收敛的总趋势），令人耳目一新。

3. 然而，这篇课程论文仍然存在两个较大的问题。其一，它没有直接指明这里所说事物的肯定因素与否定因素各自是什么。在模型这一矛盾统一体中，模型参数决定模型的预测能力，作为维持模型存在的因素，即肯定因素；训练数据挑战模型的预测能力，作为促使现存模型失效的因素，即否定因素。其二，部分概念的表述不够严谨。它将最终训练出有效模型的过程称为"一个循环上升、波浪式前进的过程"，其中"波浪式前进"是恰当的，但"循环上升"的表述不够确切，宜按教材使用"螺旋式上升"的表述。螺旋式上升在概念上指事物一再经历"肯定—否定—否定之否定"的过程，但在现实的事物运动之中，每两次所谓的"肯定"对应的实际事物状态都是不同的，是已经经历过发展的，对"否定"或"否定之否定"而言也是如此。

四、教学反思

专业实验具有高度的专业性，对于从事马克思主义基本原理教学的教师而言，即便是正确理解每个实验的含义也是具有挑战性的，更不用说想到这样的例子供教学使用。因此，布置以"唯物辩证法与专业实验相结合"为主题的作业不仅有利于学生结合各自专业活学活用、深化理解马克思主义基本原理，更是一次教学相长的难得经历，教师要充分肯定学生的理解力和创造力，虚心向学生学习。

另外，教师要在此过程中完成本职工作，不能迷失在专业性较强的案例中，在肯定学生的同时，也要进行"肯定的否定"，也就是指正学生理解和运用马克思主义基本原理时的疏漏、模糊及错误之处。从肯定自身的专业知识，到面对由对方的专业知识带来的陌生挑战，再到结合专业知识理解对方带来的新信息并为己所用，这对学生和教师而言，都是"肯定—否定—否定之否定"的辩证过程。

（本案例由蔡淞任编写）

案例四
唯物辩证法在图像处理算法设计中的体现

一、案例描述

数字图像主要分为向量图和像素图。前者是由一系列向量组成的，可以按照任意比例缩放而不会改变清晰度；后者则是由具体的像素点组成的，每个像素点含有三个数字，分别是红、绿、蓝三种颜色的数据化表示，图像的缩放会改变像素点的清晰度。图像处理领域主要进行的是像素图的处理。

在图像处理中，为了突出图像的某些特点以便从中获取信息，往往需要对图像进行滤波处理。"滤波"是指修改、通过或抑制图像的规定频率分量，滤波器就是实现这一目的的算法。这种处理是在图像的频率域上实现的，然而像素图本身是在空间域上的，所以要将空间域上的图像转换到频率域上才能够对图像进行处理，这种转换的方法就是傅里叶变换。

经过傅里叶变换之后，图像就从空间域转化到了频率域，此时应对其进行滤波处理。图像进行滤波处理的目的，之前已经提到过，在于突出图像的某些特点，即图像增强。比如，一张有噪点的照片，在经过图像滤波处理之后，噪点就消去了；一张色彩鲜明的照片，在经过高通滤波处理之后，轮廓就清晰地显现出来了，而色彩方面的信息就被忽略了。图像滤波器主要包括理想滤波器、高斯滤波器、巴特沃斯滤波器等。这些滤波器是由数学模型所决定的算法经由计算机语言编写而来的。不同的滤波器具有不同的优缺点，应用在不同的地方，这便要求我们具体问题具体分析。

完成滤波处理之后，要将此时在频率域上经过处理的图像重新转化到空间域上，之后再将处理之后的图像输出。下面就以图像滤波器设计实验来阐述其中体现的唯物辩证法，特别是联系与发展的观点。

联系与发展的观点是唯物辩证法的总观点，集中体现了唯物辩证法的总特征。图像处理较多地应用到了联系和发展的观点，充分反映了事物的普遍联系。

首先是图像和计算机中储存的图片之间的关系。需要明确的是，图像和存储在计算机中的图像（数字图像）是有区别的，不是完全相同的，然而是密切联系着的。图像，就人眼所见而言，由一块块颜色所组成，是自然界在人类视觉中的反映，而计算机中储存的图像，其数学本质是若干个矩阵。这些矩阵含有一定的信息，借助显示屏等机器可以在人眼中模拟、复现出某些色块。从实质上讲，二者似乎没有什么相同的地方，但是人却可从它们的表现形式中提取出几乎相同的信息，这就是它们之间的联系：一种基于信息的联系，体现出联系的普遍性和多样性。它们之间的差别实质上体现出了发展的观点，后者是前者适应于计算机的发展，是生产资料在新的生产力基础上的发展。

其次是图像从空间域到频率域的转变。图像在空间域中的表现是矩阵，而在频率域中则体现为一系列具有不同振幅、空间频率和相位的简谐振动函数的线性叠加。二者的联系在于它们是同一张图像在不同领域的表现，但它们的表现形式又是截然不同的。前者便于理解，可以通过机器快速复现；后者便于运算，在避免了复杂的矩阵运算后，再运算效率得到了提高。这种发展实际上是一种螺旋式上升的发展，是基于矛盾论的发展：将一个便于理解但是不利于运算的空间域图像转换到便于运算的频率域，经过运算再转换回到空间域，虽然最后得到的图像仍然是一张空间域的图像，但其实质已经发生了变化，图像的重点信息得到了突出，是一个螺旋式上升的运动过程。

最后是各种滤波器之间的联系与发展。在上述所有的滤波器中，理想滤波器是基础，但是其不足之处尤为明显，比如滤波处理后所得的图像相当模糊，还会产生所谓的"振铃现象"。这说明它的应用是有条件的，体现了条件对事物发展的制约作用。另外，通过对出现问题的原因的分析，我们提出了新的巴特沃斯滤波器，克服了不利条件，但这种克服也是有限的，不能超出信息论所规定的范围，这体现了条件的改变和创造不是任意的，要尊重客观规律。

（案例材料来源：同济大学电子与信息工程学院数据科学与大数据技术专业骆泽远同学的课程论文《唯物辩证法在图像处理算法设计中的体现》）

二、案例提问

1. 联系与发展的观点在这篇课程论文中是如何得到体现的？
2. 这篇课程论文对于联系与发展的观点的理解和论述有哪些亮点？
3. 关于联系与发展的观点，还有哪些知识要点在这篇课程论文中未充分体现？

三、案例解析

1. 联系和发展的观点是唯物辩证法的总观点，集中体现了唯物辩证法的总特征。若细分起来，教材中的这一部分涉及很多知识点。这篇课程论文没有按照教材的概念体系展开论述，而是围绕专业实验"图像处理算法设计"中涉及的对象展开论述。

首先，图像与计算机中所储存的图像具有不同的质态，前者"由一块块颜色所组成，是自然界在人类视觉中的反映"，后者"其数学本质是若干个矩阵"，"这些矩阵含有一定的信息，借助显示屏等机器可以在人眼中模拟、复现出某些色块"。但它们之间具有联系，这种联系具有客观性，即人可以"从它们的表现形式中提取出几乎相同的信息"，也具有普遍性与多样性。这种联系既是事物发展的基础，也是通过事物的发展建立起来的，计算机存储图像是图像适应于计算机的发展，是生产资料在新的生产力基础上的发展。

其次，空间域中的图像与频率域中的图像是同一事物（图像）内容（信息）的两种表现形式，各具特点。空间域—频率域—空间域的图像转换过程是一个螺旋式上升的发展过程，经过不便理解但便于计算的频率域图像形式的中介，空间域形式的图像作为第一个环节与第三个环节，看似回到了最初的形态，都具有便于理解但不便计算的性质，实则已经得到发展，上升至更高水平（图像中的重点信息得到突出）。

最后，各种滤波器之间的联系与发展体现出唯物辩证法的条件论。事物的具体联系及发展是有条件的，改变特定条件会打破原有的联系，改变发展趋势，因此要维持某种特定联系就不能超出相应的条件限制（理想滤波器有其适用范围），而要实现某种新的发展就要改变原有条件，创造新的必要条件（新式的滤波器改变了旧的不利条件，具有新的适用范围）。另外，条件的改变与创造不是主观任意的，必须尊重事物发展的客观规律（滤波器的改造与使用无法超出信息论所揭示的客观规律）。

2. 与同主题的课程论文相比，这篇课程论文主要有三个亮点。其一，对于唯物辩证法中联系的观点理解较好，论述较为全面，联系的客观性、普遍性、多样性、条件性在专业实验事例中都有恰当的体现；对于发展，特别是螺旋式上升的理解也是到位的；在一些地方，能够将联系与发展的观点恰当地贯穿起来，可见作者对相关原理有较为深入的理解。其二，课程论文的作者很清楚地知道在结合实例说明原理时所针对的"事物"究竟是什么（关于这一点，笔者将在"教学反思"环节中具体阐述）。其三，提出了一些较为深刻的见解，例如认为从图像到计算机存储图像的发展意味着"生产资料在新的生产力基础上的发展"。图像信息无疑可以作为某种生产资料，在信息时代尤其如此，能想到这一问题，仍属难能可贵。

3. 但在亮点之外，这篇课程论文仍然存在一些问题。一方面，由于论述脱离教材的概念排布次序，联系与发展的部分观点未在例子中得到体现，特别是对于"发展"的论述不够完整。另一方面，部分概念只被模糊地涉及，未被明确地指出，而这些概念原本可以有力地支撑例子的分析。例如，对图像而言，我们可以将信息称为它的内容，而空间域、频率域都可作为它的形式，内容与形式正是联系与发展的基本环节，可以很好地说明联系与发展的观点。

四、教学反思

结合实例说明原理，是学生掌握原理最直观的体现，因而是教学提问与作业中务必训练与考察的项目。正确地界定所讨论的事物对象，继而正确地界定其中的要素、联系、矛盾等，是自觉运用唯物辩证法最基本的要求。

但在实际教学中，学生很可能忽视这一点，以致在结合实例说明原理时，"主词"变成了哲学的概念、范畴，仿佛这些概念、范畴自身"存在"并"运动"；在分析多个事例时，原本应当作为"主词"的各个具体的对象被换成了"联系""发展"这样抽象的概念，从而抹去了这些对象之间、这些对象的内部要素之间具体的联系与发展。

联系与发展的观点总是体现在一定事物的联系与发展之中，决不是"联系"、"发展"，或者它们的任何规律、任何环节能够作为概念、作为范畴本身"运动"起来的。这是马克思主义的唯物辩证法与以黑格尔哲学为典型的唯心主义辩证法的根本区别，也是教学中务必反复强调说明的问题。在某种意义上，"联系与发展的观点"中包含很多作为重点、难点的概念，但在所有这些概念中，首先要重视的概念却是"事物（及其要素）"，它指向了辩证法的唯物主义基础，在教材体系中，它联系起了第一章第一节的知识内容。

（本案例由蔡淞任编写）

案例五

唯物辩证法在最优化原理与方法的实验中的体现

一、案例描述

我们学习马克思主义，不应局限在课本上，更应该在日常生活中，结合自己所学专业进行学习，在实践中加深对马克思主义的认知。这对相关实验和马克思主义基本原理的理解均大有帮助，能起到事半功倍的效果，最优化原理与方法课程的实验就非常适合结合唯物辩证法加以探究。

求解最优化原理与方法的问题，通俗地说，就是在一定约束条件下找出符合题目的最优解，通常需要进行大量的计算来逼近。例如，线性方程组实验题目："假设有两组信号 $x_1=(2,2,3,1,5,2,6,3)$，$x_2=(1,0,3,2,1,0,4,6)$，最后接收整合为一组信号 $x_3=(4,2,4,1,5,7,5,8)$。可知整合的关系为 $y= ax_1+bx_2$，a 和 b 为实参数，求参数 a 和 b 的值。"又如，线性规划实验题目："设备供应商的仓库分别位于城市 A 和城市 B，库存设备分别是 70 台和 80 台，所采购的设备分别运输至城市 C 的运输成本的计算方式如下：A 到 C 是 1 元，A 到 D 是 2 元，B 到 C 是 3 元，B 到 D 是 4 元，试问如何分配每个仓库的运输量才能使总运费最小？"在学习解决这些问题时，所采用的递推最小二乘法、单纯形法等都曾令我倍感头疼。然而从唯物辩证法的角度去看，我发现了理解这些方法的另一种方式。

…………

应用最优化原理与方法解决实际问题处处都体现着辩证思维方法，包括归纳与演绎、分析与综合、抽象与具体等。

第一，归纳与演绎。这一点在做证明题时尤其突出，曾有一个题目要求证明所有新生成的矩阵具有某项性质，这种题目如果从原理上加以证明将会十分烦琐，因此我反其道而行之，采用归纳法，先证明第一项符合，再证明当第 n 项符合时，第 n+1 项也符合。从个别性前提过渡到一般性结论，这样就证明了题目内容，并采用演绎的方法检查题目，从一般性结论反推个体，验证了证明的准确性。

第二，分析与综合。在有关"罚函数"（指在求解无线性约束优化及非线性约束优化的最优化问题时，在原有目标函数中加上一个障碍函数，而得到一个增广目标函数）的实验中，一个问题往往有很多约束条件，一次性在这些约束条件下求解，不仅复杂，而且工作量很大。因此在解决实际问题时往往会对约束条件进行拆分，分别求解，这便是在思维中把认识对象分解为各个部分、方面、要素，以便分别加以研究的分析方法。在求得拆分后的约束条件的解后，再依据这些约束条件彼此之间的联系进行整合，得出原问题在多个约束条件下的最终解。这体现的则是把对象的各个本质方面有机整合成统一整体的综合法。分析与综合一起运用可形成完整的闭环，从原题出发，回到原题的解答。

第三，抽象与具体。例如，对于上述四地设备运输的实验问题，乍一看数据繁多，路线复杂难以解决，然而在应用单纯形法解决上述问题时，我们可以将抽象的路线具体化为实际存在的方程组，将抽象的数字具体化为条件约束，再代入单纯形法应用公式进行解答，就会容易很多。这便是一种将相对抽象的实际问题转化为具体的、便于解决的数学问题的方法。

（案例材料来源：同济大学电子与信息工程学院自动化专业沈隆琦同学的课程论文《唯物辩证法在最优化原理与方法的实验中的体现》）

二、案例提问

1. 辩证思维方法在这篇课程论文中是如何得到体现的？
2. 这篇课程论文对于辩证思维方法的理解和论述有哪些亮点？
3. 关于辩证思维方法，还有哪些知识要点在这篇课程论文中未充分体现？

三、案例解析

1. 辩证思维方法是进行理性思维的方法，主要包括四种方法：归纳与演绎、分析与综合、抽象与具体、逻辑与历史相统一。这篇课程论文的作者结合最优化原理与方法的实验讨论了其中三种，即未讨论逻辑与历史相统一的方法。其一，归纳与演绎是人类思维从个别到一般，再从一般到个别的常见推理形式。这篇课程论文所举例子为"数学归纳"，这是存在问题的，后文将做指正。其二，分析与综合是一种比归纳和演绎更深刻的思维方法，分析是将认识对象在思维中分解为各个部分、方面，并分别加以研究，从而找出构成这一认识对象的基础部分、本质方面；综合是把分析中的部分、方面再次结合成有机整体的思维活动。在这篇课程论文中，体现为对带有多个约束条件的问题求解时，拆分这些约束条件并分别求解，再根据约束条件之间的关系，综合得出原问题的最终解。其三，抽象与具体是从感性的具体，经过分析中的抽象，再到思维中综合的具体的思维方法。这篇课程论文认为，在"四地设备运输实验"中，实际问题是抽象的，而它的数学化表达是具体的。这同样存在问题，指正留在后文。

2. 理解原理的适用范围、真理的绝对性和无条件性及理解原理的不适用范围、真理的相对性和条件性都是正确学习、运用马克思主义基本原理的重要要求。在"有所为"的方面，这篇课程论文对分析与综合的辩证思维方法的理解较为到位，能够合理结合具体的最优化问题的数学实验，说明从在思维中将认识对象的整体拆解为部分，分别加以分析（求解），到根据部分之间的联系，在思维中重新综合部分为整体（求得全部约束条件下的原问题的解）的过程。

在"有所不为"的方面，能够意识到"逻辑与历史相统一"的辩证思维方法适用于研究社会历史领域，不适用于研究最优化数学问题，故而未谈及这一思维方法，这是恰当的。

3. 与其他案例不同，这份案例在教学中的意义主要不在于其结合实验说明原理时的亮点，而在于它的不足。它论及的三种辩证思维方法，有两种都存在问题。

关于归纳与演绎，这篇课程论文将其理解为数学归纳法，这是错误的。利用数学归纳法证明矩阵具有某种性质时，"证明第 1 项符合"是将个别值代入命题中验证，这似乎是归纳，如果逐一检验第 2,3,4,… 项是否符合，那么它的确是归纳，但不再是数学归纳法，而是穷举法。在此之后，假设当 n=a ≥ 1 时命题成立，由归纳假设推出当 n=a+1 时命题也成立，则对于全体自然数该命题都成立，证讫。它所运用的思维方法绝不是归纳，而是演绎。"当 n=a 时命题成立"不是一次归纳，而是一次假设；建立在这个假设的基础上，证明"命题在 n=a+1 时成立"也不是通过归纳的方法，而是通过证明关于谓词 P，P(a)⇒P(a+1) 是重言式来获证，比如，要证明的真命题是一个关于 n 的等式，已验证 n=1 时等式成立，则此时假设 n=a 时等式成立，分别写出 n=a+1 时等式的左侧与右侧后，若发现为重言式，即左侧经恒等变换与右侧全同，则命题得证。这绝不是归纳，不是在个别之中寻找共性。总之，为了能够得出充分可靠的结论，数学归纳法显然摒弃了片面性和表面性。演绎以认识对象的共性与个性的统一为基础，数学归纳法名为归纳，其实却是严格的演绎。这篇课程论文中所谓"采用演绎的方法检查题目，从一般性结论反推个体，验证了证明的准确性"也根本不是演绎，因为它相当于将个别值代入命题中验证，经过若干次尝试后，发现对于这些个别值，命题都成立，则这一命题或许始终成立，因而是由个别推理一般，即归纳。

关于抽象与具体，这篇课程论文将其误解为"易懂与难懂"，以至于认为："在应用单纯形法解决上述问题时，我们可以将抽象的路线具体化为实际存在的方程组，将抽象的数字具体化为条件约束，再代入单纯形法应用公式进行解答，就会容易很多。这便是一种将相对抽象的实际问题转化为具体的、便于解决的数学问题的方法。"实际上，抽象的东西可以是容易理解的，具体的问题也可以是难以处理的。何谓抽象、何谓具体，必须根据概念的定义来确定。在"四地设备运输实验"中，原题中的各种事物以及它们之间的关系被描绘成了一种"感性的具体"，更确切地讲，我们可以想象这样一种知觉表象：四座具体的城市，其中有若干仓库及库存设备，其间有若干道路……但是这些表象作为认识对象带有太多偶然的、现象的规定，也就是说，它们之间的数学关系同城市、仓库、设备、道路等生动、具体的事物形象之间缺乏必然的、本质的联系。经过分析的抽象，这些偶然的、现象的规定在思维中被去除，必然的、本质的，特别是作为研究目标的联系被强化、纯化，即以恰当的方式被数学化，从而便于计算。如果这是一个纯数学问题，只是披着现实问题的外衣，那么认识工作在计算完成时即告结束。如果这真是一个工程问题，在思维之外有着现实对象，那么还要将分析与抽象后的结果再次赋予那些具体事物，实现综合后思维的具体，在事物所具有的更多现实的联系、现实的规定性中，进一步检验分析和抽象的结论在具体现实之中的适用性、可行性。

四、教学反思

个别学生可能会误解某些原理，但这并不意味着他们在学习、生活中不具有正确理解与运用这些原理的能力，而是表明他们在学习教材相关内容时，未能抓住主要的概念，忽视了相关论述的含义与重要性。相比之下，学生可能非常精细与深刻地了解他的专业领域，教师即便有较广的知识面也远不能及。因而当专业内容与思想政治理论教学结合时，既可能像其他案例那样，收到教与学双向的良好效果，但也可能如这一案例所示，出现学生一知半解、生搬硬套，而教师又难以分辨学生所想是对是错，对在哪里、错在哪里的情况。

面对这种情况，教师必须负起责任。一方面，必须规范学生结合实例解说原理时的语言，即要求他们使用教材中规范的概念、定义。当他们试图表达得更复杂时，也须首先采用这些概念和定义，将此作为师生之间、学生之间正确理解、有效讨论的基础。另一方面，教师必须学会在学生的表述中采集与甄别信息，并进一步查证和学习其中有必要理解的部分。更加可行的思路是高质量落实"高校课程思政建设"，这要求专业课教师自身具备系统的马克思主义基本原理知识，形成相应的思维方法、工作方法和情感态度价值观。

（本案例由蔡淞任编写）

案例六

唯物辩证法在"31 条指令 CPU 实验"中的体现

一、案例描述

本实验名称是"32 位 MIPS 构架单周期 31 条指令 CPU",是计算机组成原理课程的期中大实验。本次实验历经两周,于 2021 年 5 月 31 日完成。有一名同学将唯物辩证法应用于本次实验中,用科学的理论思维设计实验过程,解决遇到的各种难题,快速推进了实验进程。

本次实验内容为根据指令介绍,设计能够执行 31 条指令的 CPU。由于 31 条指令要求复杂,结构多样,执行过程各不相同,因此整个实验流程的推进有一定的困难。经过综合分析研判,参与实验的人员将整个实验分为四个关键步骤:分析 31 条指令、设计数据通路、构建控制逻辑和综合验证。

实验要求 CPU 实现 31 条指令,而 31 条指令中的部分指令具有一定的相似性。如果按照传统方法对每一条指令都进行分析和通路构建,将会产生大量重复的工作,消耗大量的时间。因此,实验人员根据各个指令的特点,如对 PC 寄存器的修改、对拓展器的调用、对寄存器堆的写入等,对所有指令进行归类,最终将指令归为 10 类。

在对 31 条指令进行分类后,要对数据通路进行构建。由于每类指令都具有不同的执行过程,因此需要对每条指令的数据通路进行设计,然而,如果通路重复度过低,将会造成大量元件浪费,可复用性差;如果通路重复度过大,虽然提高了元件利用效率,但是会导致通路复杂,难以维护。经过分析,实验人员将 CPU 分为控制器 + 三大区的四元结构,每个大区又有多个执行功能的具体元件,而元件内部则采用手写电路的方式。另外,实验人员使用一个数据寄存器综合其他所有元件对内存的访问,将它们的访问通路有机结合起来,不仅实现了要求的功能,更保证了整体的小巧紧凑,极大提高了封装性。

完成通路设计后的第三个关键步骤就是控制逻辑的构建。每个元件都需要通过控制信号来完成相应操作,所有部件正常工作的关键是准确控制信号。而 CPU 中元件众多,每条指令用到的元件各不相同,因此对控制逻辑的构建是一项庞大而系统的工程。经过分析，实验人员发现控制信号需要解决一系列问题，例如是否控制多路选择器、是否控制逻辑验证、是否控制触发器写入、是否控制元件工作模式等。实验人员发现，时序电路的核心是触发器，而触发器的内容决定了指令运行的结果，因此选择是否控制写入触发器是本次实验的关键。

CPU 组件设计完成后要进行所有模块的综合验证。为了保证 CPU 结果的准确性，就必须采用足够的数据，对每种可能的情况进行验证。然而，要进行大量数据的生成和验证需要花费极长的时间。经过缜密分析，实验人员选择在此环节采用综合程序验证与单指令边界条件验证相结合的方法。一方面，执行完整的程序，采用综合程序验证的方法，验证 CPU 在综合情况下的可用性和性能；另一方面，考虑到部分单条指令可能会在边界条件下出现超出常规的结果，因此，实验人员还对单条指令进行了边界条件验证。在完成以上步骤后，本次实验取得了圆满成功。

（案例材料来源：同济大学电子与信息工程学院自动化专业刘吉加同学的课程论文《唯物辩证法在"31 条指令 CPU 实验"中的体现》）

二、案例提问

1. 上述案例体现了哪些马克思主义基本原理？
2. 试运用马克思主义基本原理分析此次实验。
3. 马克思主义基本原理对于此次实验有何现实指导意义？

三、案例解析

1. 上述实验体现了共性与个性的辩证统一关系原理。"矛盾的普遍性和特殊性是辩证统一的关系。矛盾的普遍性即矛盾的共性，矛盾的特殊性即矛盾的个性。矛盾的共性是无条件的、绝对的，矛盾的个性是有条件的、相对的。任何现实存在的事物的矛盾都是共性和个性的有机统一，共性寓于个性之中，没有离开个性的共性，也没有离开共性的个性。"本次实验中的"31 条指令"鲜明地体现了共性与个性的辩证统一关系。另外，上述实验表明，要坚持"两点论"和"重点论"的统一。"事物是由多种矛盾构成的。主要矛盾是矛盾体系中处于支配地位、对事物发展起决定作用的矛盾。次要矛盾是矛盾体系中处于从属地位、对事物发展起次要作用的矛盾。不仅如此，在每对矛盾中，处于支配地位、起着主导作用的一方，是矛盾的主要方面；处于被支配地位、不起主导作用的一方，则是矛盾的次要方面。事物的性质是由主要矛盾的主要方面所决定的。"①"把主要矛盾和次要矛盾、矛盾的主要方面和次要方面的辩证关系运用到实际工作中，就是要坚持'两点论'和'重点论'的统一。'两点论'是指在分析事物的矛盾时，不仅要看到矛盾双方的对立，而且要看到矛盾双方的统一；不仅要看到矛盾体系中存在着主要矛盾、矛盾的主要方面，而且要看到次要矛盾、矛盾的次要方面。'重点论'是指要着重把握主要矛盾、矛盾的主要方面，并以此作为解决问题的出发点。'两点论'和'重点论'的统一要求我们，看问题既要全面地看，又要看主流、大势、发展趋势。"②上述实验中构建控制逻辑这一步骤，鲜明地体现了坚持"两点论"和"重点论"的统一的方法论原则。

2. 从上述实验可以得到如下结论：第一，实验中的31条指令既具有共性，又具有个性。共性在于它们都是由同一个CPU完成，并且其中的某些指令具有共同的特征，可以把它们归为同一类指令，而其个性在于，每条指令所实现的功能都是不同的。在31条指令中，没有哪两条指令是完全不同的，这些指令之间都或多或少存在某些共同特点。同时，又没有哪两条指令是完全相同的，它们都具有自身的独特性。第二，在此次实验中，"两点论"和"重点论"是一种重要的分析方法。要坚持"两点论"和"重点论"相结合的分析方法，最重要的是找出控制信号中的矛盾，具体分析何者是主要矛盾、何者是次要矛盾。既要运用"重点论"的思想构建最重要的控制信号，做到有针对性地构建控制逻辑，又要在"两点论"思想的指导下，全面地认识不同控制信号之间的对立统一关系，构建一个完整的控制信号系统。

根据共性与个性的辩证统一关系分析这31条指令，实验人员可以将指令归为如图1-2所示的10类。31条指令的主要矛盾和次要矛盾如图1-3所示。

通过对指令的共性及个性进行具体分析，实验人员将原本的31条指令通路简化为10条指令通路，从而减少了大量重复工作，加速了实验进程。

---

① 《马克思主义基本原理（2021年版）》编写组编：《马克思主义基本原理（2021年版）》，北京：高等教育出版社，第36–37页。

② 《马克思主义基本原理（2021年版）》编写组编：《马克思主义基本原理（2021年版）》，北京：高等教育出版社，第37页。

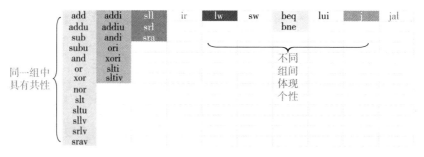

图 1-2　31 条指令的归类

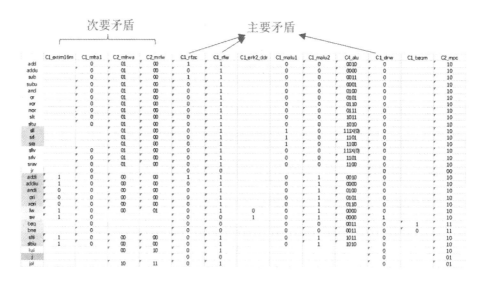

图 1-3　31 条指令的主要矛盾和次要矛盾

从上述实验可以发现马克思主义相关原理在实验过程中的意义：第一，共性与个性的辩证统一关系原理对于此次实验具有重要的指导意义。31 条指令既有共同的特点，又有自身的独特性，个性中包含着共性。我们既要认识到这些指令的不同特点，有针对性地利用这些不同的指令，又要把握它们的共性，对其进行归类，这为简化对 31 条指令的分析提供了很大便利。此外，我们要在一定的范围内看待共性与个性。例如，add 和 sub 指令，两者分别完成加法和减法的操作，如果将观察层次从全部 CPU 降低至逻辑运算单元，会发现它们向逻辑运算单元输入的运算控制信号不同。但在对寄存器的操作层面，二者执行的内容相同，具有一定的共性。

3. 坚持"两点论"和"重点论"的统一，对于此次实验具有重要的指导意义。本次实验必须解决很多问题，例如是否控制多路选择器、是否控制逻辑验证、是否控制触发器写入、是否控制元件工作模式等。但时序电路的核心是触发器，触发器的内容决定了指令运行的结果，因此是否控制触发器写入是实验中的主要矛盾，必须着重解决这一问题。实验人员发现，虽然每条指令发出的控制信号繁多，但只有三条直接或间接控制了对触发器的写入，这意味着必须保证这三条控制信号的准确发出，所以必须先对这三条控制信号的产生逻辑进行设计。抓住了是否控制触发器写入这一主要矛盾，就找到了控制信号设计的着眼点。

此外，我们还要在"两点论"思想的指导下构建其他控制信号。虽然对于主要矛盾而言，其他控制信号都是次要矛盾，但缺少了这些控制信号，指令也无法正确完成。同时，主要矛盾和次要矛盾并不是固定不变的，而是会随着具体条件的变化而变化的。因此，我们也必须重视次要矛盾的解决。

在科学运用"两点论"和"重点论"相结合的分析方法后，实验人员精确地找到了控制信号的关键，从而能够有的放矢地进行控制逻辑的设计，加快了设计速度，降低了错误率。

四、教学反思

该教学案例的实施效果较好。唯物辩证法的基本原理比较抽象，纯粹的理论讲解非常枯燥，难以调动学生的听课积极性、启发学生深入思考。教师带领学生探索专业实验中的马克思主义基本原理，一方面能够提高学生参与思政课程的热情，使学生更加形象地认识到马克思主义基本原理对日常学习和生活的指导作用，使思政课教授的知识真正入耳、入脑、入心；另一方面能够实现专业课学习与思政课学习的相互促进，达到事半功倍的教学效果。

实施该教学案例需要改进之处：将马克思主义基本原理同专业实验相结合进行讲授，需要教师具有一定的理工科理论知识，而目前的教师队伍中缺乏具有跨专业背景的人才。改进思路：进一步加强与学生的互动，在给出案例材料后，先采取提问的方式，给学生提供主动发言的机会，而后教师进行必要的点评和补充。这样既能够充分调动学生的思维活跃性和听课的主动性，又能够弥补教师在理工科专业知识上的短板。

（本案例由柯萌编写）

案例七

唯物辩证法与物质统一性在编译码实验中的解读应用

一、案例描述

就读于通信工程专业，每学期会有许多专业实验。就上学期进行的 AMI、HDB3、CMI 码编译码实验，我觉得无论是实验过程还是实验结果，均有很多地方体现了马克思主义基本原理，发人深思，现将实验基本内容简述如下。

（一）实验时间和地点

2019 年 11 月 19 日，智信馆一楼 111 实验室。

（二）实验目的

1. 掌握 AMI、HDB3、CMI 码编译码规则。

2. 了解 AMI、HDB3、CMI 码编译码实现方法。

（三）实验仪器

1. RZ9681 实验平台。

2. 实验模块包括主控模块和基带信号产生与码型变换模块 A2。

3. 信号连接线。

4. 100M 双通道示波器。

5. PC 机（二次开发）。

（四）实验过程

1. CMI 码编译码实验

（1）编码观测。

通过鼠标在编码码型中选择"CMI 码"，单击"基带设置"按钮，将基带数据设置为 16bit 和 64K，然后修改 16bit 编码开关的值。用示波器通道 1 观测编码前基带数 2TP1，用通道 2 观测编码数据 2TP4；尝试修改不同的编码开关组合，观测不同数据编码数据的变化。

错误提示：CMI 码的"0"码应该用"01"表示，实验结果中用"10"表示。

（2）译码观测。

使用双踪示波器，同时观测编码前数据 2TP1 和译码后数据 2TP9，观测编码前数据是否相同。尝试多次修改编码数据，观测译码数据是否正确。

2. AMI 码编译码实验

（1）编码观测。

（2）译码观测。

3. HDB3 码编译码实验

（1）编码观测。

（2）译码观测。

（五）实验结果

CMI：CMI 码是传号反转码的简称，与曼彻斯特码类似，也是一种双极性二电平码，其编码规则为"1"码交替地用"11"和"00"两位码表示，"0"码固定地用"01"两位码表示。

AMI：AMI 码的全称是传号交替反转码。这是一种将消息代码 0（空号）和 1（传号）按如下规则进行编码的码：将代码的 0 仍变换为传输码的 0，而把代码中的 1 交替地变换为传输码的 +1，-1，+1，-1……

HDB3：二进制序列中的"0"码在 HDB3 码中仍编为"0"码，但当出现四个连"0"码时，用取代节 000V 或 B00V 代替四个连"0"码。取代节中的 V 码、B 码均代表"1"码，它们可正可负（V+=+1，V-=-1，B+=+1，B-=-1）。

（案例材料来源：同济大学电子与信息工程学院通信工程专业高语阳同学的课程论文《马克思主义基本原理概论与通信工程专业实验关系——唯物辩证法在编译码实验中的解读应用》）

二、案例提问

1. 试从世界的物质统一性的视角分析上述案例。

2. 如何以联系与发展的观点分析此实验过程？

三。案例解析

1. 世界的统一性问题，是回答世界上的万事万物有没有统一性，即有没有共同的本质或本原的问题。马克思主义认为，世界的统一性在于它的物质性，世界统一于物质。自然界是物质的，人类社会本质上也是物质的，人的意识统一于物质。

世界的物质统一性原理是辩证唯物主义最基本、最核心的观点，是马克思主义的基石，有助于我们树立唯物主义科学世界观，为我们进一步确立正确的人生观和价值观奠定坚实的基础。同时，该原理有助于我们确立正确的思想路线和思想方法，在认识世界和改造世界的过程中，摒弃一切无视客观世界及其规律性的思想观念，遵循一切从实际出发、实事求是的原则。

马克思辩证唯物主义认识世界的唯一本原是物质，而物质是不断运动的。物质决定意识，意识来源于物质并且反作用于物质，两者是辩证统一的关系。该案例中所做的各种码的编译实验，实际就是物质运动和意识的体现。每个微观电子都是客观存在的，它们的运动形成波，而波携带了人类文明所需的各种信息与能量。我们无法用肉眼察觉到波的存在和微观电子的运动，但它们是客观存在的且是不断变化的，正是这种变化与运动给予我们传递信息的可能。众多微观电子的运动放大整合，即形成了波。既然波携带信息，如何传递信息就成为人类研究的方向。于是，意识从中诞生，所以意识也是物质的，意识是人类特有的东西，人类社会的交往离不开意识的存在。我们采用码型变换以便更有效率和更加方便地传递波的信息。码型与波形相辅相成，一个提供了信息，而另一个提供了传递信息的途径。世界是由物质组成的，而物质运动是生生不息的。正是这种运动带来了世界的多样性，意识也随之产生，促进整体向前发展。

2. 联系是指事物内部各要素之间和事物之间相互影响、相互制约、相互作用的关系。世界上的万事万物既作为个体事物存在，又作为联系中的事物存在。联系具有客观性、普遍性、多样性、条件性。

普遍联系作为一般哲学范畴，通常是指事物或现象之间以及事物内部要素之间相互联结、相互依赖、相互影响、相互作用、相互转化等相互关系。世界上的每个事物或现象都同其他事物或现象相互联系，没有绝对孤立的东西。任何事物的存在和运动都在于它内部结构要素之间的某种特定的联系及其运动，都在于它同周围其他事物的一定联系、相互作用及其变化。在本次实验中，不同波形的变化，会产生不同的码型，而对于同样的波形，不同的编码方式也会产生不同的码型。其波形、码型、编码方式紧密联系，这样的联系网络让编译码工作变得井井有条，只有确定了传递信息的波形和某一编码方式才能得到其对应的传输码型。想要单独传输波形会加大传输难度，而只有码型又会损失传递的信息，这两者是紧密联系在一起的。这个整体使整个通信业务得到改变与发展，传输信息的正确性和保密性得到提高。因此，我们在分析任何事物时，都应该确定整体性的观念，不能只紧盯一个板块，要动态地考察事物的发展规律和与其他事物的普遍联系。

对立统一规律是唯物辩证法的实质和核心。对立统一规律揭示了事物普遍联系的根本内容和变化发展的内在动力，从根本上回答了事物为什么会发展的问题。对立统一规律是贯穿量变质变规律、否定之否定规律以及唯物辩证法基本范畴的中心线索，也是理解这些规律的"钥匙"；对立统一规律提供了人们认识世界和改造世界的根本方法——矛盾分析方法。因此，在认识世界和改造世界的过程中，自觉坚持和正确运用对立统一规律是十分重要的。

在正常的信息传输过程中，编码的译码是相对稳定的。发送方对模拟信号进行抽样量化编码，得到适合传输的码型。而接收方通过放大译码，得到携带信息的模拟波形，进而分析得到所传递的信息。这两个过程是相互独立的，在不同的信号端具有不同的功能。但如果透过现象看本质，我们会发现实际上二者是统一的。编码方通过某一编码协议对信号编码，而译码方按照这个协议恢复编码，这两者共同实现了传输系统的准确性和稳定性。在这一矛盾中，二者的协调工作是有条件的，而统一的编码规则就是二者平衡、协调的关键。一旦编码规则出现错误，编码和译码就会失衡，传输的信息就会因为无法解调而丢失。同时，编码错误、系统时延等问题也会使传输系统失真或丢失同步信息而引起错误，因此编译码双方就是在这种矛盾对立中不断发展、不断成长、不断完善各种协议，然后达到一种更高状态的平衡。但更高状态的斗争又会随之产生，平衡会再次失衡，矛盾双方会再次成长，再次达到平衡，如此往复，在对立统一中一直向前发展，这也是事物发展的客观规律。

四、教学反思

该案例课程教学的实施效果较好。第一，加强了马克思主义基本原理与电子信息专业的联系。对于理工科专业的学生来说，从马克思主义基本原理的立场和观点出发，认识并将理论与实际相联系是衔接好马克思主义基本原理课与专业课的关键，同济大学作为理工科实力强劲的院校，选取该案例更能引发课堂的讨论。第二，教学过程实现了师生的精神互通，引导式教学可以培养学生主动学习的能力，使其认识到学习的实际意义，增强学生参与感，激发学生的创新思维，提高学生拓展知识的乐趣。

实施该教学案例需要改进之处：由于课堂教学时间有限、授课班级人数过多，课堂讨论不充分。改进思路：教师可以利用数字手段使马克思主义基本原理课程时代化、信息化，增设网络课堂的学习和测试环节，丰富教学方式，通过网络后台大数据，为教师提供精确的课堂反馈，从而进一步完善教学方法以提高课程的教学质量。

（本案例由杨小勇、杨柯鎏编写）

案例八
认识论在智能花盆创新实践活动中的应用

一、案例描述

（一）课题名称、时间和地点

一种多功能智能花盆及控制系统；2018 年 5 月到 2020 年 5 月，学校实验室和家里。

（二）课题背景

传统粗放的花草养护方式难以保障花草的正常生长。普遍采用的机械式自动浇花装置，供水方法简易，一定程度上缓解了长时间无人浇花的问题，但缺乏对植物生长环境参数的有效监控。现有基于物联网技术的智能花盆能够实现植物生产环境参数实时监测、定时或定量浇水，一定程度上改善了花卉养护环境。然而不同花卉对环境温度、湿度、光照强度以及土壤温度和湿度的适应程度差异很大，单纯依赖以往经验的浇花方式难以有效养护花草。

（三）课题内容

针对传统花卉养护依赖人工经验，现有盆栽花卉系统布线复杂、系统可靠性低等问题，对花卉环境传感器和执行器件以及花盆进行一体化设计，采用夹套式储水腔体结构，构建一种多功能智能花盆及控制系统（如图1-4所示），不仅一定程度上解决了工作腔占用体积过大导致储水腔无处安置的问题，能够实现花卉生长环境数据实时采集、自动浇水等功能，还减少了布线复杂的困扰，容易批量生产。更进一步地，基于 ImageNet 数据集下的 MobileNet 预训练模型和花卉训练数据的迁移学习深度神经网络识别花卉种类。

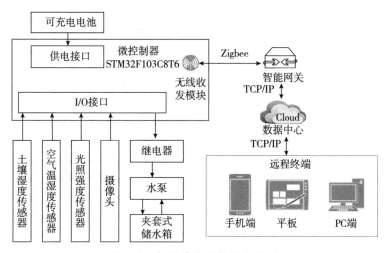

图 1-4　智能花盆的结构和原理

（案例材料来源：同济大学电子与信息工程学院通信工程专业陈麒宇同学的课程论文《马克思主义基本原理指导创新实践活动》）

二、案例提问

1. 运用认识与实践的辩证统一关系分析上述实践活动。

2. 试结合案例理解尊重客观规律与发挥主观能动性的辩证统一关系。

三、案例解析

1.实践是人类生存和发展最基本的活动，是人类社会生活的本质，是人的认识产生和发展的基础，也是真理与价值统一的基础。实践是人类能动地改造世界的社会性的物质活动，具有客观实在性、自觉能动性和社会历史性三个基本特征。该案例中的多功能智能花盆及控制系统制作就是实践基本形式中的一种。

人的认识过程是在实践基础上不断深化的发展过程，既表现为实践基础上由感性认识到理性认识，再从理性认识到实践的具体认识过程；又表现为从实践到认识，再从认识到实践的循环往复和无限发展的总过程。该多功能智能花盆及控制系统的制作实践过程就包含了操作者不断发展的认识过程。

辩证唯物主义认为，实践是认识的基础，实践在认识活动中起着决定性作用，认识反作用于实践，正确的认识促进实践的发展，错误的认识阻碍实践的发展。

智能花盆的创新实践活动能够锻炼学生的专业创新思维和动手实践能力，把学习的理论知识运用于实践当中，认识对实践有反作用，科学的理论认识对实践具有积极的指导作用，能提供科学的方法，提高人们的认识能力，给人们探求真理提供科学的认识工具。实践对理论具有决定性作用，通过实践可以检验书本上理论的正确性，有利于融会贯通。理论必须和实践相结合，因为一方面实践只有在科学理论的指导下，才能达到改造客观世界的目的；另一方面理论只有同实践相结合，才能得到检验和发展，才能变为物质力量。再好的理论如果不和实践相结合，也是毫无意义的。本次智能花盆创新实践活动的开展需要大量科学理论知识的指导，通过花盆结构设计、物联网信息采集、Web 开发等环节将专业课程体系中机械制图、嵌入式系统开发等知识点付诸实践，在研究过程中最大限度地体验实际开发的流程，并通过实验在不断变化的客观条件下加深对理论的认识，开阔了视野，完善了知识结构，达到了思维训练和创新能力提升的目的。只有通过科学理论的指导，此次创新实验才能最终完成。

2.规律是事物变化发展过程中本身所固有的内在的、本质的、必然的联系。人们只有在认识和掌握客观规律的基础上，才能正确地认识世界、有效地改造世界。人创造历史，不是随心所欲地创造，只有遵循历史的规律和进程，把握时代的脉搏和契机，人才能真正成为历史的主人。

另外，只有充分发挥主观能动性，才能正确认识和利用客观规律。承认规律的客观性，并不是说人在规律面前无能为力、无所作为。人能够通过自觉活动去认识规律，并按照客观规律去改造世界，以满足自身的需要。因此，尊重事物发展的客观规律性与发挥人的主观能动性是辩证统一的，实践是客观规律性与主观能动性统一的基础。

正确发挥人的主观能动性，有以下三个方面的前提和条件：第一，从实际出发是正确发挥人的主观能动性的前提。只有从实际出发、充分反映客观规律的认识，才是正确的认识；只有以正确的认识为指导，才能形成正确的行动。第二，实践是正确发挥人的主观能动性的根本途径。正确的认识要变为现实的物质力量，只能通过物质的活动——实践才能达到。第三，正确发挥人的主观能动性，还要依赖一定的物质条件和物质手段。

智能花盆创新实践过程中，新的问题和困难不断出现。在实践过程中，不仅需要充分理解和掌握实践所需的知识，还需要做好充足的心理准备来应对实践中随时可能出现的各种状况，积极发挥主观能动性解决实践过程中遇到的困难。例如，无线传感局域网和 Internet 广域网连接、花卉水分设定等问题。在实践过程中，通过自主学习，研究具有相似问题的案例，了解和掌握传感器、嵌入式开发技术、通信技术、AI（人工智能）方法，以及针对具体的问题请教周边的同学和老师，都体现了意识的能动作用，意识活动具有目的性和计划性、主动创造性和自觉选择性。意识能够指导实践活动，我们要充分发挥意识的能动作用。

但发挥主观能动性的前提是尊重客观规律，只有了解各项设备工具的功能以及充分分析实践过程中问题产生的原因，才能朝着正确的方向推进实践的开展。

四、教学反思

该案例的教学反馈效果较好。第一，实践案例具有典型性和代表性，有助于学生结合自身专业，尤其是理工科专业的学生挖掘马克思主义基本原理课程元素进行思考，调动学生的兴趣，更生动地阐述相关理论；第二，丰富了教学方法，智能花盆创新实践具有创新性，能够引发学生的思考，为教师提供精确的课堂反馈，以便进一步完善教学方法提高马克思主义基本原理课程的教学质量，从学生的思考和提问中总结共性问题，帮助学生更为深入地理解文本理论知识。

实施该教学案例需要改进之处：在案例教学的过程中，各位学生专业性的差异使老师无法兼顾每位学生的学习进度，比如其他专业的学生对此智能花盆创新实践的过程并不了解，很难产生共鸣，导致大班教学时师生互动效率低。改进思路：教师在互动过程中一定要注意寻找专业的平衡性，尽可能用较为通俗的语言帮助学生从案例中发现问题，鼓励学生自主解决问题，这需要马克思主义基本原理课程教师的监督和交流指导，同时公开发表学生和教师的优秀讨论成果，帮助学生树立集体荣誉感，提升积极性。

（本案例由杨小勇、杨柯鋆编写）

案例九
唯物主义辩证法在"复微杯"中的应用

一、案例描述

"复微杯"是由上海复旦微电子集团股份有限公司主办，复旦大学微电子学院承办，面向全国大学生的电子设计大赛，其目的在于培育我国电子专业高校学生针对实际问题进行电子设计、制作的综合能力；培养大学生的创新能力、协作精神，进而为我国集成电路产业培养大批优秀的后备人才，助力我国集成电路产业发展。

2021年是"复微杯"举办的第三个年头，经过前两届的积累与发展，已吸引了来自全国各地130余所高校、3000余名学生的踊跃参与。复旦微电子集团中央研究院李清表示："在竞赛组委会的认真筹备下，'复微杯'电子设计大赛获得了广泛的关注。基于理论与实际结合、创新与实践互补的大赛原则，本届大赛将分为数字、模拟、硬件和软件四大赛道，各组赛题也将与时俱进，围绕人工智能、'互联网+'、物联网等行业技术热点，加强对大学生动手能力的培养和工程实践的训练，全面培育、考察学生的实践能力、创新能力和团队合作能力。"李清介绍道，本次大赛的赛题将持续往届多样化的特点，结合学校授课重点和行业趋势热点，达到以赛促教、赛教融合的目的。

在第三届"复微杯"全国大学生电子设计大赛中，电子与信息工程学院控制科学与工程专业2018级博士研究生彭澎单人组队斩获数字赛道第一名并夺得大赛全国总冠军。彭澎所选的是数字赛道中的"AI"赛题，该赛题着眼于

"对神经网络进行硬件加速愈发成为一个必要环节"这一现实需求，要求制定一套完整的语音关键词识别算法方案，采用 Verilog 语言设计硬件加速器的核心数字电路模块，并将这个软硬件系统的功能在 PSOC 芯片上实现。彭澎参考了学术界最新研究成果，利用"网络结构搜索"策略遴选出了在识别准确率和计算量两个维度上都较优的卷积神经网络结构，硬件加速器则采用较为先进的神经网络处理器方案，不仅设计了高效的计算核心电路，还基于自定义的简易指令集实现了神经网络模型的编译与推理运行。整个系统性能优异，相较纯软件的实现方案可以获得超过八百倍的加速，同时保证了系统具有较高的灵活性与可扩展性。该作品一路过关斩将，在决赛中获得了评审专家的高度肯定，夺得数字赛道第一名和大赛年度总冠军。

大赛分为初赛与决赛两个阶段。相比前两届比赛，本届竞赛的竞争更加激烈，来自全国 152 所高校 787 支赛队近 2000 人参赛，覆盖本科生、硕士和博士研究生。经过专家评审团层层筛选，共有 50 支队伍 300 多名参赛学生入围决赛。为了配合新冠感染的防疫要求，总决赛由线下改为线上，组委会特意为数字赛道提供了远程堡垒机，板级的软硬件调试全部远程完成，并最终根据设计方案、完成度、性能指标，以及线上答辩的综合表现确定奖项与名次。

"复微杯"全国大学生电子设计大赛是一项大学生科技竞赛活动，聚焦于微电子细分领域，赛题内容紧贴学界研究前沿与业界真实需求，专业性强、挑战性大。竞赛旨在加强对大学生动手能力的培养和工程实践能力的训练，提高学生针对实际问题进行电子设计、制作的综合能力，培养大学生的创新能力、协作精神，吸引、鼓励广大学生踊跃参加课外科技活动，服务社会发展。

人类的社会生活色彩斑斓，实践活动在形式上是丰富多彩的。随着人与世界关系的发展，特别是随着社会分工的进步，人类实践的具体形式日益多样化。大致看来，实践的形式可分为三种基本类型：一是物质生产实践。物质生产实践是人类最基本的实践活动，它解决人与自然的矛盾，满足人们对物质生活资料和生产劳动资料的需要，同时生产和再生产社会的基本经济关系，由此决定着社会的基本性质和面貌。二是社会政治实践。社会政治实践是处理各种政治关系的实践，主要指人们的政治活动。与物质生产方式的变化发展相适应，社会政治实践的方式也是随历史而变化发展的。三是科学文化实践。科学文化实践是创造精神文化产品的实践活动，具有各种不同的形式，其中重要的形式有科学、艺术、教育等活动。精神文化的生产不是一个纯粹的意识过程。人类的任何实践形式无疑都离不开意识活动，但一种活动能否被称为实践活动，关键看它是否超出了纯粹的意识活动范畴，是否改变了除实践主体的意识状态之外的其他存在物的状态。

（案例材料来源：同济大学计算机与信息技术国家级实验教学示范中心网站："博士生彭澎在'复微杯'全国大学生电子设计大赛中获一等奖和全国总冠军"，2021 年 9 月 29 日。https://ci.tongji.edu.cn/46/c29680a280141/page.htm）

二、案例提问

结合案例理解科学文化实践、物质生产实践与社会政治实践之间的相互关系及不同的社会功能。

三、案例解析

一方面，科学文化不是一个自然科学意义上的知识论概念，而是一个哲学文化学意义上的活动论概念，科学通过技术的中介渗透到人类基本生存方式的所有方面。"复微杯"全国大学生电子设计大赛的参赛对象是全国大学生，大赛希望科学知识能向其他知识形式和人类社会生活转化和渗透，使科学知识走出科学研究的"象牙塔"，向下、向外衍生和辐射，从而进入大众生活。

另一方面，科学文化实践与物质生产实践、社会政治实践具有不同的社会功能，但三者又相互联系，社会政治实践和科学文化实践在物质生产实践基础上产生和发展，受物质生产实践的制约并对其产生能动的反作用。"复微杯"全国大学生电子设计大赛举办的目的在于培养学生的实践能力、创新能力和团队合作精神，从而为我国集成电路产业培养优秀后备人才，促进我国集成电路产业的发展，同时集成电路产业的发展反过来又会为培育后备人才提供更多的物质资源和科学技术支持，二者相互促进，形成一个良性互动的发展关系。

四、教学反思

该案例的具体实施效果较好。第一，有助于加强理论与专业应用的联系。对于理工科专业的学生来说，认识并将理论与实际相联系是衔接好马克思主义基本原理课程与专业课的关键。通过"复微杯"全国大学生电子设计大赛这样的大学生科技竞赛活动，将学界研究前沿与业界真实需求相结合，可开发学生的创新学习思维，使其依托实践认识学习的实际意义，促进理论与专业应用相结合。第二，科技竞赛活动能够帮助学生理解理论的深刻含义。理论教育最难的环节之一就是让学生深层次理解理论内涵，科技竞赛活动可引导学生在创新实践中主动思考，加深对理论的理解，提高学习积极性。

实施该教学案例需要改进之处："复微杯"全国大学生电子设计大赛这类大学生科技竞赛活动存在参与范围有限、偏实践化等问题，该大赛面对的对象主要是电子科技类专业的学生，并且整个参赛过程更偏向专业应用及实践操作，对学生来说能主动联系马克思主义理论内容的地方较少。改进思路：可以增设教师和学生的互动平台，让学生围绕专业热点与哲学思维和教师讨论自己的观点，提高学生的自主思考能力，从而将理论知识内化成自己的专业思维。学生与教师交流，不仅有助于学生的学习，也能使教师思考学生所关注的热点问题，同时在以后马克思主义基本原理概论课程的教学过程中，教师会因更加了解青年学生而拉近与学生的距离，消除师生间的隔阂，使教学更加轻松和高效。

（本案例由吕健编写）

案例十
马克思主义认识论在计算机编程实验中的应用

一、案例描述

材料一

计算机科学与技术专业的同学要学习的课程包括高级语言程序设计、数字逻辑、计算机组成原理、人工智能原理与技术等。其中，高级语言程序设计讲授的是 C++ 语言的编程，数字逻辑和计算机组成原理涉及硬件编程语言，人工智能原理与技术则介绍了一些算法的原理。

这些课程除了都涉及编程，在课程的设置上也有共同点，它们既有理论课，又有相应的实验课或课程设计。实验课的内容自然是与理论课的内容息息相关的，但是在课程安排上，侧重于实践的实验课又是独立于理论课的，这既说明实验课中包含的实践内容足够丰富所以可以单独设立一门课程，也可以看出校方对实践教学的充分重视。

📝 材料二

事例 1　高级语言程序设计的第一节实验课只是让同学们尝试编写并运行一个简单的程序（如图 1-5 所示），程序运行时会在窗口上打出一行英文"Hello, world!"，通过这个十分简单的实践，同学们就能对"cout"函数形成初步的认识。

```cpp
#include <iostream>
using namespace std;
int main()
{
    cout << "Hello, world!" << endl;
    return 0;
}
```

图 1-5　运行程序

事例 2　自学能力对于一个计算机科学与技术专业的学生来说是必不可少的能力。为了在实践过程中熟练地运用某种编程语言或编译器去解决各种实际问题，计算机科学与技术专业的同学往往需要去自学相关内容。举例来说，某些课程的编程大作业，需要将计算过程和结果直观地展示出来，这通常需要借助图形界面开发工具，而相关工具的使用方法需要同学们自己去学习、实践。

事例 3　计算机科学与技术专业的同学之所以要学习并熟练掌握各种编程语言和编译软件的特性及使用方法，主要是为了解决实际问题。就学习阶段而言，实际问题可能是课程中布置的作业；而步入社会以后，进入软件开发、硬件开发的相关领域，实际问题可能就是客户提出的需求，而解决实际问题的实践过程也就是创造价值、改造社会的过程。

事例 4　程序中难免会有 Bug，即故障或漏洞。有些 Bug 是很明显的，如违反了编程语言的语法，那么编译器会在编译程序的时候报错；又如算法设计有问题，那么程序运行计算得到的结果大概率会是错误的。有些 Bug 比较隐蔽，有时候程序看似运行正常，给定输入也能得到正确的输出，这些隐蔽的 Bug 有可能会在某些特定的情况下使程序出现问题，要找出并纠正这些 Bug，普遍的做法是让程序尽可能多地执行测试用例，这些测试用例既要包括一般情况，也要涉及特殊或极端的情况。

📝 材料三

在计算机编程方面，有一个词叫"Debug"，它的意思是排除程序中的故障。编写程序最耗时的事情往往不是写代码，而是改 Bug。编程时，第一次写出来的程序大概率是有问题的，会存在各种各样的故障，产生故障的原因也多种多样，有可能是违反了编程语言的语法，也有可能是单纯地打错了数字或字母，还有可能是算法的设计出了问题。要纠正程序中的故障，就要一遍又一遍地 Debug，程序员需要一遍又一遍地编译、运行程序，在这一过程中，程序员也会对这部分代码有更深入的理解和认识，相应地，在一次又一次的修改后，代码也会越来越完善。

（案例材料来源：同济大学电子与信息工程学院计算机科学与技术专业徐佳春同学的课程论文《马克思主义认识论在计算机编程实验中的运用》）

二、案例提问

1. 材料一体现了哪些马克思主义基本原理？
2. 从实践在认识活动中的作用这一角度，分析材料二中的四个事例。
3. 试运用认识论分析材料三中程序员 Debug 的过程。

三、案例解析

1. 辩证唯物主义认为，实践是认识的基础，实践在认识活动中起着决定性的作用。就计算机编程领域而言，编写、编译并运行具体的程序等侧重于实践的部分，了解编程语言和编译器的特性等更偏向于认识的部分。

2. 事例 1 体现了实践是认识的来源。认识是在实践活动的基础上产生和发展的。人们只有通过实践实际地改造和变革对象，才能准确把握对象的属性、本质和规律，形成正确的认识，并以这种认识指导人的实践活动。学习编程时，同学们通过编写并运行一个简单的程序而对编程有了初步的认识，以后，通过接触到越来越多、越来越复杂的程序，同学们就会对编程有越来越深入的认识。

事例 2 体现了实践是认识发展的动力。实践的需要推动认识的产生和发展，推动人类的科学发现和技术发明、思想进步和理论创新。实践的需要是认识在深度和广度上不断发展之根本。此外，实践是认识发展的动力，表现为实践为认识的发展提供了手段和条件，如经验资料、实验仪器和工具等。更为重要的一点是，实践改造了人的主观世界，锻炼和提高了人的认识能力。人们正是在实践的推动下，不断打破认识上的旧框框，突破头脑中的旧思想，实现认识上的新飞跃，从而不断有所发现、有所前进。就学习编程而言，正是在一次一次的实践中，同学们才对编程有了更深入的认识。

事例 3 体现了实践是认识的目的。人们通过实践获得认识，不是"猎奇"

或"雅兴"，不是为认识而认识，其最终目的是为实践服务、指导实践，以满足人们生活和生产的需要。自然科学的不断创新，目的是推动技术的更大发展，创造更丰富的物质财富，给人类带来更多的福祉。人文社会科学的不断创新，目的是认识社会，认识人类自身，改造社会，建设精神文明，创造精神财富，促进人的自由而全面的发展。学习编程的最终目的就是帮助人们在实际的生活和工作过程中解决问题。

事例4体现了实践是检验认识真理性的唯一标准。真理不是自封的，认识是否具有真理性，既不能从认识本身得到证实，也不能从认识对象中得到回答，只有在实践中才能得到验证。对于编程来说，要知道代码写得对不对，不能光盯着代码本身看，而是要一次一次地运行代码，在实践中检验代码的正确性。

3. 程序员 Debug 的过程，体现了实践与认识的辩证运动。实践与认识的辩证运动，是一个由感性认识到理性认识，又由理性认识到实践的飞跃，是实践、认识、再实践、再认识，循环往复以至无穷的辩证发展过程。从实践到认识，再从认识到实践，实现了人们认识具体事物的辩证运动过程。

毛泽东强调："一个正确的认识，往往需要经过由物质到精神，由精神到物质，即由实践到认识，由认识到实践这样多次的反复，才能够完成。"如此"实践、认识、再实践、再认识，循环往复以至无穷，而实践和认识之每一循环的内容，都比较地进到了高一级的程度"。[①]实践与认识的辩证运动过程，既是认识在实践的基础上沿着科学性方向不断深化发展的过程，也是实践在认识的指导下沿着合理性方向不断深入推进的过程。

四、教学反思

该案例适用于《马克思主义基本原理（2021年版）》第二章第一节"实践与认识"的讲解。

该案例围绕马克思主义认识论的基本观点，能引导学生深入理解实践在认识活动中的决定性作用，以及认识运动的辩证过程；在了解认识的本质及其发展规律的基础上，坚持理论创新和实践创新，不断提高在实践中自觉认识世界和改造世界的能力。

（本案例由陈红睿编写）

[①]《毛泽东选集》第一卷，人民出版社1991年版，第296-297页。

案例十一

唯物辩证法在基于 FPGA 的数字系统设计中的应用

一、案例描述

　　唯物辩证法是关于自然、社会和人类思维发展一般规律的科学，是人们认识世界和改造世界的根本方法。唯物辩证法作为一种伟大的认识工具，在科学实践中起到了举足轻重的作用。FPGA（Field Programmable Gate Array）是一种半定制电路，用于电路设计、验证，克服了传统可编程逻辑器件的缺点。不论是 FPGA 的产生和发展还是其在现代工业中的应用，都有唯物辩证法的身影。本文将从三个方面，立足于 FPGA 设计验证实验的完整流程，对其中包含的唯物辩证法进行分析。

　　基于 FPGA 的数字系统设计流程分为电路设计、设计输入、功能仿真、综合、综合后仿真、布局布线和实现、时序仿真及芯片编程调试八个部分。电路设计是在系统设计前进行方案论证、系统设计和 FPGA 芯片选择等准备工作；设计输入是指用特定的方式，如硬件描述语言等，将所设计的系统或电路以开发软件要求的某些形式表示出来；功能仿真是理想状态下对设计逻辑功能是否符合预期的验证；综合是指针对给定的电路实现功能和实现此电路的约束条件，通过计算进行最优化处理，给出一个电路设计的方案；综合后仿真是考虑一部分实际因素的影响，检验综合结果是否与原设计一致；布局布线和实现是指将综合生成的逻辑网表配置到具体的 FPGA 芯片上；时序仿真是指将布局布线的延时信息反标注到设计网表中来检验有无时序违规；芯片编程调试是指将设计文件下载到真实的开发板上进行测试。

　　FPGA 可编程技术是保证 FPGA 设计电路可重构的基础，有多种实现方式，包括但不限于反熔丝、闪存、静态寄存器等。反熔丝是利用特殊材料，在通电时熔断导通；闪存是增加浮栅来实现编程；静态寄存器是指使用寄存器来存储电位。

　　在选用芯片时，必须看到这几种技术的优缺点，明确什么是必须实现的功能和特性，什么是次要的功能和特性，如此才能在电路设计阶段准确选择开发平台。利用闪存和静态寄存器方法实现的 FPGA，可以进行多次重配置，但是反熔丝只能编写一次，因此如果对编程的良品率有较高的要求，就不适宜选择反熔丝实现的 FPGA；而静态寄存器的体积较大，因此如果要求器件体积较小，就要考虑放弃静态寄存器，同时静态寄存器虽然拥有可以使用 COMS 的优点，但是易失性的存储类型，一旦断电，存储的内容就会丢失。

FPGA 的设计理念，是对设计的数字系统进行分层，将其划分成不同的模块，待各个模块分别设计完成后封装成为 IP Core，最后按照逻辑层次使划分的模块彼此连接，组装成数字系统。

基于 FPGA 的数字系统设计过程中的仿真，是指使用仿真工具，模拟现实情况，来对设计的芯片进行测试。仿真，是由完全理想化的功能仿真向几乎接近真实情况的时序仿真过渡。

在基于 FPGA 的数字系统设计过程中，有限状态机被广泛运用。这就是将电路的变化视作不同的状态信息，使用硬件描述语言，描述各个状态的信息和各个状态信息间的转移关系，使复杂的电路功能成为有限个状态间的相互转移和连接。把复杂的电路变化规律描述成易于理解的状态转移，可使整个系统的运作更为有序，能够极大程度地降低设计工作的复杂程度，提升设计效率，降低设计资源的占用率。

（案例材料来源：同济大学电子与信息工程学院微电子科学与工程专业候雅玥同学的课程论文《唯物辩证法在基于 FPGA 的数字系统设计中的应用》）

二、案例提问

1. 上述案例体现了哪些马克思主义基本原理？

2. 试分析基于 FPGA 的数字系统设计流程中运用马克思主义哲学原理的有效性和必要性。

三、案例解析

1. 首先，基于 FPGA 的数字系统设计流程体现了唯物辩证法中的两大规律。基于 FPGA 的数字系统设计流程并不是完全线性前进的，而是在设计、实现、仿真中不断循环反复。在每一步仿真中发现问题，都会进行回溯，返回到合适的步骤修改设计修正，然后重复仿真流程。这个过程实际上体现了唯物辩证法的量变质变规律和否定之否定规律。

一方面，设计者通过仿真验证，使旧方案否定的方面上升至支配的地位，然后通过修改设计方案，使否定向新的高一级的肯定发展，这使整个设计过程呈现螺旋式上升的趋势。设计者在进行基于FPGA的系统设计的过程中，如果不进行反复的仿真，就会忽略设计内容内部的否定因素，而只看到其肯定因素，先入为主地认为正在设计的内容是在完全正确的道路上发展的，因此在后期出现问题的时候，会认为问题在于FPGA验证工具本身，不愿意主动推翻存在漏洞的设计思路，使设计效率大打折扣。

另一方面，不断地验证和设计本质上是量变的累积，设计方案中否定因素的凸显，要以量的累积为基础，在总的量变的过程中产生局部阶段性的质变，在新的质的基础上，对量进行扩张，反复渗透，从而得到符合预期的设计结果。

其次，FPGA设计思维中体现了矛盾分析法。由于工艺和原理的限制，FPGA很难同时拥有面积小和性能高两种特点。同时，FPGA对电路有可重构的要求，这一设计必然使器件之间的连接有所改变，然而要做到这一点，在当前的技术水平之下，就必须牺牲一部分优良的性能。这就要求把握主要矛盾和次要矛盾之间的辩证关系，坚持"两点论"和"重点论"的统一。

FPGA可编程技术是保证FPGA设计电路可重构的基础，然而不同的重构实现方式各有优劣，这就要求设计者运用矛盾分析法，明确设计的主要矛盾，同时把握次要矛盾，必要的时候优先满足主要矛盾的要求，战略性放弃次要矛盾的需求。

另外，设计输入阶段，使用电路图可以很直观地体现电路设计的内容，但这需要大量的时间，且容易失误；硬件描述语言简洁方便，但是很可能出现脱离实际实现困难的问题。这就要求设计者准确把握主要矛盾，同时考虑到次要矛盾可能带来的不利影响，进行合理的选择。

抓住主要矛盾和次要矛盾的辩证关系，是FPGA设计思维中必不可少的一环。没有能够完全满足开发者需求的芯片类型，每个开发者都面临对主要矛盾和次要矛盾的把握和选择。利用矛盾分析法，则可以选择到能满足自身需要的芯片类型和开发思路。

再次，基于FPGA的数字系统设计体现了辩证思维。

在基于FPGA的数字系统的设计过程中，需要对整体的系统进行拆分，综合考虑其各个部分的性质特点，然后把各个部分组合成有机结合的整体，这一过程体现了分析与综合的辩证思维。所谓"分析与综合"，实际上就是建立在调查研究基础上的矛盾分析方法，是客观事物的辩证联系和发展过程在思维中的再现。模块的划分是系统综合的基础，系统的组装是最后的完成步骤，在这一系列流程结束后，一个完整的数字系统基本就设计完成了。

最后，基于 FPGA 的数字系统设计过程体现了现代科学思维方法。在功能仿真部分，忽略芯片的延迟时间等因素，构建了一个较为简单的、理想化的条件来对芯片的功能是否符合预期进行验证，这运用了现代科学思维方法中的理想化方法。理想化方法是指用与研究对象有差别的、便于处理的简化形式，代替研究对象进行研究。这种方法能够有效地简化初步的验证过程，使发现部分低级错误不需要花费大量的时间。这有利于简化设计过程中需要考虑的问题，使之序列化，有解决的先后顺序，极大地提高了效率。设计输入部分则广泛运用了现代科学思维方法中的信息方法。信息方法是指把系统的运动过程看作信息传递和信息转换的过程，通过对信息流程的分析和处理，获得对某一复杂系统运动过程的规律性认识。

2. 唯物辩证法是科学的认识方法，是马克思主义世界观和方法论的核心内容。恩格斯认为，自然科学家尽管可以采取他们所愿意采取的态度，他们还得受哲学的支配，技术实践更是如此。对于 FPGA 的开发者而言，唯物辩证法的规律、范畴和原理在技术意义层面之上提供着思维性的指导，FPGA 思维的革新、技术的进步都有唯物辩证法的身影。作为当代大学生，在数字系统开发设计的过程中，要始终把唯物辩证法同设计思维相结合，认识到"两点论"与"重点论"在数字系统开发设计过程中的重要性，敢于打破陈规，敢于自我否定与革新，用联系和发展的眼光看待问题，将辩证思维方法与现代科学思维方法相结合，不断增强辩证思维能力、创新思维能力，知难而进，与时俱进，在技术开发上产出有独创性、有时代价值的产品。

四、教学反思

该教学案例的实施效果较好。该案例是一个综合型的案例，对其进行讲解不仅能够加深学生对唯物辩证法的认识，而且能促使学生运用现代科学方法对专业知识进行分析，提高学生的自主学习能力，让学生自己去分析、思考，得出结论，从而培养学生运用所学知识分析问题、解决问题的能力。

（本案例由陈红睿编写）

第二章

同济大学马克思主义基本原理的交通运输工程学院专业案例

案例十二

实践与认识的辩证运动原理在专业实验中的应用
——以嘉松北路车流量及车速调查实验为例

一、案例描述

（一）实验目的

在交通系统中，交通流量与车速是最受关注的对象，而相关统计分析方法种类繁多且计算复杂。本实验通过人工计数方式采集交通流量及车速，对数据进行处理，以让学生掌握交通流量的统计分析方法，并对现有交通设施提出改造意见。

（二）开展时间与指导老师

实验调查在 2021 年 3 月 31 日 13：40~14：40 进行，天气阴，调查地点为上海市嘉定区嘉松北路与绿苑路交叉口（见图 2-1），实验在段征宇老师的指导下进行。

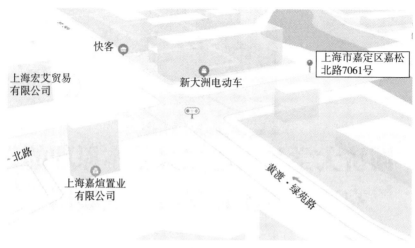

图 2-1　实验地点示意图

（三）实验内容与最终结果

实验人员分组统计了交叉口四个方向进口道每五分钟内的车辆到达总流量、分方向车流量、非机动车流量及方向，并进行内业数据分析；测试了不同来向的车速，分析了不同来向车辆的差异；在这些差异的基础上，研究了交叉口渠化及红绿灯配时的合理性，给出改进该交叉口交通设施的方案；最终得出结论，撰写实验报告。

（四）其他说明

实验人员首先通过视听等方式，对嘉松北路的交通状况进行初步了解：车流量不大，以机动车为主，交叉口四个方向的车流量较为均匀，信号灯四相位配时几乎等长，附近有中小学，因此车速较低。

对该交叉口的交通状况形成初步认识后，结合所学专业知识，推算出"交通量、车速"与"红绿灯配时、相位设置、渠化"的关系，对现实场景中该交叉口交通设施的设置是否合理进行判断。随后，借助仿真软件这一数字化中介，在虚拟空间中实现仿真交互，查找问题，进而提出改善该交叉路口交通设施的具体方案。

（案例材料来源：同济大学交通运输工程学院刘学凯同学的课程论文《实践与认识的辩证运动原理在专业实验中的应用——以嘉松北路车流量及车速调查实验为例》）

二。案例提问

1. 上述案例体现了哪些马克思主义基本原理？
2. 试运用马克思主义基本原理分析此次实验。
3. 马克思主义基本原理对于此次实验有何现实指导意义？

三。案例解析

1. "人们认识一定事物的过程，是一个从实践到认识，再从认识到实践的过程。"[①] "认识的过程首先是从实践到认识的过程。这个过程主要表现为在实践基础上认识活动由感性认识能动地飞跃到理性认识，也就是'从生动的直观到抽象的思维'，这是认识运动的第一次飞跃。"[②] "从实践到认识，认识的过程还没有完成。要实现一个完整的认识过程，还必须由认识再回到实践中去，实现认识的第二次能动飞跃。"[③] 此次实验必须经历在实践的基础上形成初步的感性认识，再结合专业知识，把感性认识上升为理性认识，最后再将较为深刻的理性认识运用到改造交叉路口交通设施的实践中这一复杂过程。

2. 从上述实验可以发现：

第一，实践具有自觉能动性。虽然蜜蜂建造的蜂房会使许多建筑师感到惭愧，但它本质上是动物的本能活动，而人的实践活动是具有自觉能动性的活动，建筑师在建造房屋之前，已经在脑海中把房屋的图纸描画好了。在进行实验之前，我们首先要设定实验目的。实验目的回答了"要进行什么工作？为什么要进行这些工作？"等问题。同时，指导老师还要带领同学们进行相关专业知识的学习，使学生获得该实验的专业视角，避免使实验成为一种盲目的、缺乏主观能动性的被动行为。

第二，实践由主体、客体和中介三项基本要素构成。在此次实验中，指导教师和学生是实践主体，测速仪、人工计数等工具或手段是实践中介，嘉松北路绿苑路交叉口及其交通设施是实践客体。实践主体设定了车流量、车速调查这一实践目的，承担着改造实践客体的任务。实验工具或手段，即实践中介能

①② 《马克思主义基本原理（2021年版）》编写组编：《马克思主义基本原理（2021年版）》，北京：高等教育出版社，第72页。

③ 《马克思主义基本原理（2021年版）》编写组编：《马克思主义基本原理（2021年版）》，北京：高等教育出版社，第75页。

够帮助实践主体获取车流量、车速、车行方向等数据和信息，从而使主体更好地认识客体，实现主体与客体的相互作用。道路交叉口及其交通设施是实践客体，实践主体与实践客体是认识与被认识、改造与被改造的关系，实践主体通过中介认识实践客体后，能够结合专业知识对道路交叉口进行渠化改造，将自己的先进理念物化到道路交叉口上，满足自身的现实需要。

第三，实践形式具有多样性。在进行实地交通调查时，实践主体从事的是科学文化实践。考虑到实践形式的多样性，实验人员充分发挥创新性思维，为实验添加了虚拟实践环节。借助仿真软件这一数字化中介，实践主体可以在虚拟空间内实现仿真交互，如图 2-2 所示。虚拟实践这一特殊的实践形式极大地提升了实验人员在实践过程中的创造性，能够帮助他们更高效地达成实验目的。

图 2-2　虚拟实践

第四，此次实验体现了认识过程的两次飞跃。

首先，实验人员在实践的基础上形成了较为粗浅的感性认识，而后再把感性认识深化为科学的理性认识。实验人员先通过实地观察，对嘉松北路绿苑路交叉口的交通状况形成了一定的感性认识：车流量不大，以机动车为主，交叉口四个方向的车流量较为均匀，信号灯四相位配时几乎等长，附近有中小学，因此车速较低。在这一阶段，实验者仅对交叉口的交通状况形成了粗浅的直观感受，并没有形成对该交通场景的本质性认识，这种感性认识具有很大的局限性。

随后，实验者必须结合所学的专业知识，推算出"交通量、车速"与"红绿灯配时、相位设置、渠化"的关系，结合实验数据和理论知识，对交叉口交通设施的设置是否合理进行理性判断，揭示该交通场景的本质，形成更加深刻而科学的理性认识（见图 2-3）。

其次，实验人员需要对实验结果进行验证，把理性认识再次运用到实践中，为实践服务，这是认识过程的第二次飞跃。实践是认识的目的，学生进行专业调查实验，并不是单纯为了获取理论知识，更重要的是为了用而学。特别是对工科生而言，学习和研究的最终目的是更好地满足人们的生产生活需要，创造更多的物质财富。

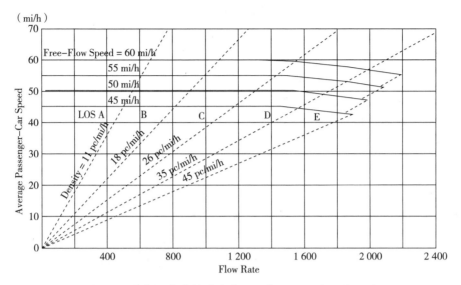

图 2-3 对嘉松北路绿苑路交叉口交通状况的理性认识

对于交通工程专业的学生来说，进行专业实验，并不只是为了对某条路或某交叉口的基本特征进行描述，而是为了发现交通系统中存在的问题，并结合专业知识和实验数据去解决问题（本实验的解决方案如图 2-4 所示），使交通系统变得更加安全、快捷、经济、舒适、节能和低公害。这正体现了马克思主义基本原理对于交通工程专业学生学习的科学引导。

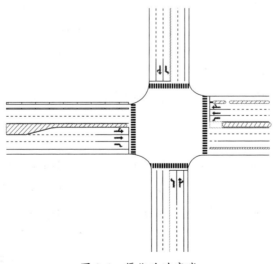

图 2-4 渠化改造实践

3.实践与认识的辩证运动原理对本次实验具有重要的指导意义。实践与认识的辩证运动是实践、认识、再实践、再认识，循环往复以至无穷的辩证发展过程。通过学习马克思主义认识论，我们了解到理论知识都是从实践中得来的，同时我们掌握理论知识的最终目的是为实践服务，从而为人类社会的发展造福。从实践到认识，再从认识到实践，实践与认识的辩证运动既完成了，又没有完成。说它没有完成，是由于实践始终处在不断发展的过程中，因而认识也应当随之不断推进和发展，实践与认识的辩证运动是无止境的。在专业学习和实践中，我们要树立开拓创新、锐意进取的意识，不断推动实践的深化和理论的进步。

实践是检验真理的唯一标准。我们学习到的理论知识是否具有真理性，能够有效应用于怎样的场景，这些都需要通过现实的实践来检验。被誉为交通工程师圣经的《道路通行能力手册》是美国人实践的产物，我们只有把它运用到中国的实践中，才能对其进行全面的检验。因为中美两国红绿灯的配时原则、行人过马路所用的时长、驾驶员日常的行驶速度及驾驶习惯等都有很大的不同，这意味着书本上的理论知识必须在中国的场景下得到检验。理论必然从实践中来，必须经受实践的检验，为实践服务，这正是马克思主义基本原理对于专业课学习和研究的现实价值。

四、教学反思

该教学案例的实施效果较好。科学是一个有机整体，每个学科之间既相互区别又相互联系。把马克思主义基本原理引入交通工程专业的学习中，与《国家中长期教育改革和发展规划纲要（2010—2020年）》提出的发展目标相契合。一方面，学生的专业实验得到了马克思主义基本原理的启发，能够更加顺利地开展，数据采集工作的内涵、意义也更明确；另一方面，专业课学习与马克思主义基本原理的学习实现了良性互动、双向促进，对学生综合素质的培养意义重大。

实施该教学案例需要改进之处：如何使学生准确地把握专业实验中体现的马克思主义基本原理，而不是主观随意地将二者牵强地联系在一起，是这种教学模式必须思考和解决的问题。改进思路：加强马克思主义基本原理任课教师与专业实验指导教师之间的沟通，增进二者对对方学科的了解和认识，从而使两位教师都能对学生进行科学而专业的指导，避免学生走入误区。

（本案例由柯萌编写）

案例十三

马克思主义基本原理在应用力学创新竞赛中的体现

一、案例描述

（一）项目任务与团队介绍

2021 年 4 月 17 日至 24 日，同济大学航空航天与力学学院组织了第十届应用力学创新竞赛。竞赛目标为在主办方规定的结构外观、结构尺寸、结构总重量等硬性要求下进行理论设计，并实际建造一个结构。主办方为每支参赛队发放了实验所需的桐木条、锯条、壁纸刀、砂纸、卷尺、502 胶水等物资，各支队伍需要利用上述物资，在规则允许的范围内和一周的时间内完成结构搭建任务，并完成结构说明书的撰写。主办方在四平路校区、嘉定校区统一安排加载实验，最终团队的成绩取决于结构所能承受的荷载。

本次竞赛中，交通运输工程学院交通工程系 2019 级本科生王子易和道路与机场工程系 2018 级本科生施致远、2019 级本科生唐宇瀚三位同学共同组成了参赛队伍，指导教师为航空航天与力学学院的郑红浩老师。团队主要工作地点为嘉定校区友园 5 号楼学生厨房，工作时间为 4 月 19 日至 23 日每天 21:00 ~ 24:00。

（二）实验过程

首先，小组对结构承重主体进行了分析。由于主办方限定的结构外形为 $(150 \times 100 \times 300)$ mm³ 的立方体，因此竖直方向（Z 方向）的承重杆是最容易发生"压杆失稳破坏"[①]问题的，需要对其进行加固。杆件发生失稳破坏时往往会向外弯曲，在杆件中间位置有最大"挠度"[②]。因此，小组成员考虑在 1/2 位置附近用若干横向杆件对竖直杆件进行约束，从而使杆件在有向外弯曲变形

---

① 压杆失稳破坏：细长的杆件当所受压力达到一定值时，受压杆可能突然弯曲而破坏的失稳现象。失稳后杆件将丧失继续承受原设计荷载的能力，因此在工程上会导致很严重的后果。

② 挠度：在受力或非均匀温度变化时，杆件轴线在垂直于轴线方向的线位移。

倾向时，受到"向回拉"的作用力，在一定程度上提高了结构的稳定性。

其次，小组成员对结构其他部分的稳定性进行了分析。由于三角形具有很强的稳定性，因此考虑将原本的矩形侧面拆分成若干三角形。但由于总重量和物料的限制，无法在侧面对角线位置布置斜杆，因此考虑在结构的八个顶点处和其他连接处利用稍短的斜杆进行局部加固，以期实现"彼此牵制、减小形变"的效果。

图 2-5　所搭建结构实物

再次，小组成员根据确定好的方案进行实际操作。最先利用锯条和砂纸将桐木条切割成所需长度。根据材料力学知识，木条长度稍长或稍短都会导致"装配应力"[①]的出现，对于结构稳定性有很大的潜在威胁，这就对测量和裁切提出了很高的要求。在两天的谨慎操作后，小组成员开始进行木条的粘贴。涂抹胶水同样是一个复杂的步骤，需要控制每次的使用量，并将其迅速涂抹到指定位置，待其风干、粘贴牢固。此外，要避免胶水滴到皮肤、衣服上。由于 502 胶水具有刺激性气味，因此在拼接过程中，成员轮流操作，并进行了人工通风。经过了四天的裁剪与粘贴，结构的雏形已经显现（见图 2-5）。

最后，小组希望利用剩余的少量木条和胶水进行加固。小组成员对结构进行了检查，发现许多拼接处仍然存在不明显的松动现象，因此成员制作了若干小木楔，在涂抹胶水后将其垫在主体结构的拼接处，这既是对物资最大效益的利用，也是对潜在风险的防范。剩余的胶水涂抹在结构外围，让胶水渗透到结构的裂缝中，提高强度。

（三）实验结果

2021 年 4 月 24 日，小组在嘉定校区 H204 力学实验中心进行了加载试验，利用加载机器逐步对结构施加压力（见图 2-6），直到结构发生破坏（无法继续对其施加压力）为止。加载前期非常顺利，结构没有发生破坏的征兆，一连突破了 0.25kN、0.5kN、0.75kN 三个大关，但在加载至 0.95kN 时，结构突然

---

① 装配应力：机械零组件在装配时由加工误差引起的内应力。换言之，加工误差导致组件在装配时"被迫"伸长或缩短，从而产生不必要的内力。

传出断裂的声音，荷载也无法继续施加。

加载结束后，小组成员与郑红浩老师进行了深入交流。郑老师指出，破坏的点仍然在竖向杆件上。虽然小组成员对连接处的细节处理非常到位，但整体结构还是缺乏"大三角形"以提升稳

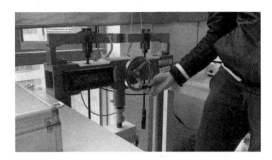

图 2-6　结构加载实验现场

定性。郑老师同时指出，利用所给物资，理论上可以实现至少 2.5kN 的承载。多数参赛者会认为较大的侧面更加危险，但事实上，较小侧面的危险性同样很高，关注这一问题有助于提高结构的强度。

（案例材料来源：同济大学交通运输工程学院王子易同学的课程论文《马克思主义基本原理在应用力学创新竞赛中的体现》）

二、案例提问

1. 上述案例体现了哪些马克思主义基本原理？
2. 马克思主义基本原理对于此次竞赛实验有何现实指导意义？

三、案例解析

1. 上述案例体现了事物是普遍联系的，把握主要矛盾和矛盾的主要方面，量变质变规律，否定之否定规律，透过现象把握事物的本质，实践是认识的来源，实践是检验真理的唯一标准等一系列马克思主义基本原理。

第一，此次竞赛实验体现了事物是普遍联系的观点。世界上的万事万物都处于普遍联系之中，没有孤立存在的事物。认清事物是普遍联系的，对于设计、分析结构至关重要。在结构中，每根木条都不是孤立存在的，一根木条的受力或形状发生微小改变，都会对与它相连接的其他木条产生影响。因此，必须通盘考虑整个结构的设计，不能对其中的某个部分进行孤立的分析。

第二，矛盾存在于一切事物中，矛盾无时不有、无处不在，主要矛盾决定事物的发展。事物是由多种矛盾构成的，其中主要矛盾处于支配地位，次要矛盾处于从属地位。以实验中固定结构的侧面为例，成员需要在各危险点中找出

最为关键的一点明确为主要矛盾，其余明确为次要矛盾，这样才能在物资有限的情况下更有针对性、更高效地解决问题。我们将结构的主要矛盾——最危险的部分确定为大侧面，使用更多物料对该处进行固定与支撑，将少部分物料用于其他地方，实现了效益的最大化。只有坚决反对形而上学的一点论和均衡论，才能分析出主要问题所在，进而对有限的资源进行最优化配置。换言之，我们既需要全面看待结构中的各种问题，又要着重关注其中的关键问题。

第三，此次竞赛实验体现了量变质变规律。量变是事物数量的增减和组成要素排列次序的变动，在"质"的方面没有发生显著变化。而质变是事物性质的根本变化。量变的积累会引发质变，质变是量变的必然结果。在本次竞赛中，量变质变规律表现在木条的裁切过程和结构的破坏过程中。在木条的裁切过程中，小组成员通过锯条对木条施加外力。起初，1~2秒木条没有发生明显变化，只是产生划痕，之后木条会产生裂缝，随着切割的深入，裂缝不断加深，最终发生断裂。切割木条大致经过了以下过程：起初，尽管木条没有出现明显的裂缝，但与锯条的反复摩擦一定伴有表层木屑的损失，以及表面抗破坏能力的降低。量变逐渐积累，最终导致第一次质变的发生，即产生裂缝。产生裂缝后，伴随着进一步摩擦，裂缝会逐步加深。在裂缝加深的过程中，木条仍然是一整块物体，没有发生"一分为二"的质变。但在裂缝深度增加这一量变积累至一定程度后，木条就发生了断裂，即第二次质变。整个过程虽然简单，但多次体现了量变引发质变。一次质变发生后又会积累新的量变，进而引发新的质变。如此循环往复，构成了事物的无限发展过程，也体现了事物发展的渐进性和飞跃性的统一。

结构加载时，需要一点一点地增加载重，最终衡量结构载重的极限。最初的加载并没有造成结构外观上的明显变化，但每提高一点载荷，就会使结构内部多产生一点细小的破坏。例如，竖向杆件有向外弯曲的趋势，但固定杆件能够持续约束它的变形。然而，随着载重增加，杆件弯曲的趋势越发强烈，约束力也在不断加大，对连接处的胶体、木条不断造成冲击与破坏。当这种内部约束与冲击达到一定程度，即量变积累到一定阈值后，就会引发质变，造成结构的破坏。在现实中，桥梁的坍塌就与此类似。少数货车司机冒险超载行驶，前几次都能够顺利通过大桥，助长了他们的侥幸心理。但此时，桥梁内部已经因为过载而发生构件疲劳或破坏，这种量变逐渐积累，终会在某一时刻引发质变，造成严重的事故。

第四，此次竞赛实验体现了否定之否定规律。否定之否定规律揭示了事物自我发展的过程。事物在两次否定中不断"扬弃"自我，实现螺旋式上升和发展。这集中体现在小组成员对顶层结构的设计中。最初，小组成员采用"两长夹两短"的布局［见图2-7（a）］，但大家很快意识到，在这种结构中，木条粘贴处是十分危险的：胶体能够承载的切应力①是比较小的，稍大一点的载荷就会导致胶体松动，使短木条承受能力迅速下降，进而导致竖直木条承受的正压力迅速升高，发生破坏。为此，小组成员针对这一系统问题进行了第一次否定：四个承受正压力的顶点均匀分配给四根木条，保证每根杆都有正压力和切应力的分担，危险系数大致相同，形成蕾丝"麻将"型的布局，见图2-7（b）。

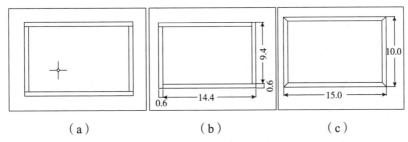

（a） （b） （c）

图 2-7　顶层结构设计改进过程（俯视图，四个顶点下方是竖向承重木条）

经过分析，图2-7（b）所示的结构仍然不够稳固，即没有从根本上解决胶体切应力分担较大载荷的问题，结构仍然存在松动的风险。因此，小组成员进行了第二次否定：将木条两侧均加工成45°的斜面，将相邻两根木条的斜面粘贴在一起，见图2-7（c）。这样的结构设计使每根木条的两侧均以正压力的形式传导荷载，避免了胶体承受较大切应力的问题，提高了顶层结构的稳定性，为后续设计提供了更强有力的保障（此时切应力存在于木条内部，可破坏阈值大大提高）。

第五，此次竞赛实验表明，我们必须透过现象看本质。本质是事物的根本性质，是构成事物的诸要素之间的内在联系；现象是事物的外部联系和表面特征，是事物本质的外在表现。事物的本质决定了事物的现象，通过事物的现象也可以分析事物的本质。通过现象研究本质，对于项目的逻辑梳理与实际情况分析具有重要的指导意义。例如，进行胶水实验时，小组成员发现对连接好的结构补充胶水反而会使木条产生松动。通过对这一现象的分析，小组成员发现

① 切应力：截面某一点单位面积上的内力称为应力，同截面垂直的称为正应力，与截面相切的应力称为切应力，二者相对。

其本质在于固态胶的量减少了。将本质作为结果继续追溯其原因，小组成员推断，凝结为固态的 502 胶水与补充的液态胶水之间发生了有机物的"相似相溶"①。补充的胶水会溶解原有固态胶，导致木条的松动。同理，根据木条破坏时的外观变化、发出的声音追溯其内部发生的"本质变化"，可进一步探寻这种变化产生的原因，如结构本身设计问题、组装问题等。

第六，此次竞赛实验体现了实践是认识的来源。小组进行木条的拼接时，就如何使用 502 胶水以及粘贴后需要进行怎样的后续处理展开了讨论。王子易认为需要多涂抹一些胶水，从而增强连接处的稳定性和强度，而施致远主张适量使用，认为胶水使用量达到一定值后效果不会有进一步的提升。为此，小组成员利用备用材料②开展了实验：在拼接时分别涂抹不同量的胶水，晾干后通过人工拉拽的方式粗略判断其强度。最终发现：2 滴胶水和 4 滴胶水的效果没有明显差别，4 滴胶水在粘贴时会有很多不便，如胶水顺木条下流、胶水会滴到手套或衣服上、刺激性气味较浓烈等。同时，小组成员还发现，木条粘贴在一起后需要晾晒一段时间才能接合牢固，最开始的一段时间内并不会有明显效果，即两根木条轻易就可分离，晾晒后则难以分离两根木条。木条粘贴在一起后，不需要进行人工挤压或补充胶水，这与王子易之前的认识有很大差异，也让他对胶水的使用有了新的认识。

第七，此次竞赛实验体现了实践是检验真理的唯一标准。最终制作出来的结构好不好？究竟能承受多大的荷载？用所给材料最大能实现多大荷载？小组成员做过一些计算，也得到过几种不同的答案。但这不是通过简单的计算或指导教师三言两语的评判就能得出的，必须通过实践对其加以验证。只有实际进行了加载，才能验证结构的强度，才能证实指导教师所言最大理论荷载的准确性。经过几分钟的加载实验，小组成员发现自己制作的结构大约可以承受 1kN 的荷载。他们还观察了其他小组的作品，有的作品看起来设计缜密、布局合理，但只能承受很小的载重；而有些看似简单的结构却异常稳固。可见，只有实践才能真正检验认识是否为真。

2.从这次结构设计实验中，我们可以得到以下启示：

第一，事物是普遍联系的这一原理告诉我们，设计最佳的结构，既要进

---

① 相似相溶原理：溶剂对与其极性相近的物质有较高的溶解性。本实验中 502 胶水与固态胶均属非极性物质，因此具有很强的溶解作用。

② 为给参赛者提供实验用品，防止木条在制作中损坏，主办方为每组提供了二倍数目的桐木条备用。

行局部计算，更要有整体意识，充分认识到各部分之间的相互联系与相互作用。此外，联系是多样的，这警示我们，在分析破坏风险时不能仅从一个角度考量。材料力学指出，拉伸、弯曲、扭转、失稳都会导致结构的破坏，这说明结构中各元素、各部分之间始终以多种形式相互联系着。因此，我们要打开思路，避免分析问题的局限性。

第二，要防微杜渐，避免量变的积累引发坏的质变。有的质变是我们需要的，而有的质变对我们则是不利的。这就需要我们预先准确把握事物的发展态势，判断其发展后的结果和可能带来的各种影响。对于有利的质变，我们要推动其量变的积累，为质变的发生做必要准备。对于不利的质变，我们需要分析导致其发生的量变是如何积累的，根除量变产生的源头，或对量变的积累过程加以控制，并定期评判积累的量变是否能引发质变，提前进行预警，采取有效措施，避免或减少损失。

第三，否定之否定规律指导我们要不断通过"扬弃"推动事物的发展，同时要坚决摒弃肯定一切或否定一切的错误思想。设计结构时的两次否定是结构不断发展和完善的根本动力，没有对前一阶段的否定，就不会有一系列的改进。每次否定都是对旧结构设计的扬弃：抛弃旧设计中胶体承载切应力这一不合理的因素，保留其他可以承受荷载的合理因素，最终实现矛盾的解决。除此之外，小组成员对木条的加工方式也进行了多次否定，从最初的利用壁纸刀强行切割，到利用锯条反复摩擦，再到利用锯条单方向摩擦，每次对原方法的否定都保留了合理的处理方法，舍弃了不合理的工具使用方法，最终实现了对木条的高效加工。事物的发展是螺旋式上升的，不可能一次性解决所有问题。所以，否定之否定规律要求我们注意分析每个阶段的矛盾，不断改进旧的方案，推动事物的发展。

第四，实践是认识的来源，是检验认识真理性的唯一标准告诉我们，必须通过实践验证我们所掌握的知识和各种固有想法，避免主观臆断。在实验中，小组成员一致认为面积较大的侧面更加危险，因此投入了更多的木料对其进行加固。在加载后，郑红浩老师给成员留下了一道思考题：虽然小侧面面积更小，但会不会因其更大的长宽比而更具有危险性呢？这让成员意识到自己在主体结构的设计中存在主观臆断的问题，这对于结构的承载量有着较大影响。由此可见，人原有的主观认识有可能是不正确的，必须通过实践加以验证，以此不断更新、纠正自己的认识。平时要注意培养自己的批判性思维，塑造实事求是的精神。

究竟什么样的结构才是好的结构呢？仅凭外观无法断定，唯有实践才能检验真理。同样，在比赛开始之初，有的参赛队伍计划利用材料的各种力学参数进行计算，但又不敢轻信网络上的各种资料，在这种情况下，我们必须通过实践去检验网上的信息是否准确，因为只有实践是检验材料性能参数的唯一标准。

四、教学反思

该教学案例的实施效果较好。马克思主义基本原理对于专业学习、专业实验而言具有非常重要的指导作用。它是一门活的学科，其中的唯物辩证法和认识论每时每刻都在指导我们的思维与行动。把马克思主义基本原理与专业学习相结合，能够帮助学生感知马克思主义理论的真理性魅力，使他们能够发自内心地认同，并自觉运用马克思主义理论，牢固树立理论与实践相结合的意识。同时，也能够加深他们对专业知识的理解，领悟自然科学知识背后的本质和奥秘。

实施该教学案例需要改进之处：把马克思主义基本原理与学生的专业学习相结合，需要教师和学生双方都投入巨大的精力。如何更好地激发教师和学生对这种教学模式的兴趣，是亟须思考的问题。改进思路：充分发挥学生的主动性，把"马克思主义基本原理在专业学习中的体现和应用"作为学生课堂展示的一个主题，供学生自由选择。我们发现，自愿选择这一主题的同学往往能够完成一次精彩的展示，而教师也受益匪浅。

（本案例由柯萌编写）

案例十四

马克思主义基本原理在驾驶员状态监测系统制作实验中的应用

一、案例描述

中国的道路交通安全形势非常严峻，统计数据表明，中国每年因交通事故死亡人数超过 10 万人,位居世界第一,每 5 分钟就有一人丧生车轮,每 1 分钟就会有一人因为交通事故而伤残,每年因交通事故所造成的经济损失达数百亿元。而在导致交通事故的因素中,驾驶员因素所占比例最大。如果能够及时监测驾驶员的驾驶状态,在驾驶员出现不良驾驶行为时及时报警并向其他车辆发出危险信号,交通事故的发生率将会大大下降。由此,某团队决定研发一个多功能的驾驶员状态监测系统,对驾驶员的驾驶证状态,是否酒驾、疲劳驾驶进行全面监测,以提高驾驶员素质,进而提升驾驶安全性。

该团队通过讨论和思考,决定用 Arduino 作为开发主板,用酒精传感器进行酒驾检测,利用人脸识别技术进行驾驶员驾驶证和疲劳驾驶的检验,利用智能网联车辆技术进行信号发送,最终制作出用于提高交通安全性的驾驶员状态监测系统。仅凭嘴上说说一定是不够的,只有亲自动手实践,才能真正验证想法的可行性。于是,团队出资购买了 Arduino 主板,以及酒精传感器、Wi-Fi 模块、人脸识别主板等相关配件,决定自己动手做出一个监测系统的简易模型,最后申请专利,广泛投产使用。

在着手研究之初,团队遇到的最大困难是 Arduino 主板的操作,此项操作对团队成员的理论基础有着较高的要求。针对这一矛盾,成员在网上找到相关教程,利用课余时间进行学习,逐渐掌握了元件的基本操作方法。在团队的共同努力下,酒精传感器模块、人脸识别模块和 Wi-Fi 模块均已调试成功。接下来的工作是将三者有机结合。通过分析三种元件的工作原理,团队成员发现酒精传感器模块与人脸识别模块最终都可以将所得结果转换为数字或模拟信号,而 Wi-Fi 模块则可以实现 Arduino 主板和小程序之间的连接。综合考虑后,团队成员一致认为可以利用 Arduino 多线程的编程方法使主板同时控制三种元件,并通过 Wi-Fi 模块,将信息传递到小程序上。最终,该团队的驾驶员状态监测系统研发取得了成功。

(案例材料来源:同济大学交通运输工程学院车辆工程专业李易铮同学的课程论文《用马克思主义哲学指导汽车竞赛理论与实践课程设计》)

二、案例提问

1. 运用物质与意识的辩证关系分析该团队的驾驶员状态监测系统研发过程。

2. 运用联系的观点分析驾驶员状态监测系统研发中酒精传感器、Wi-Fi 等各模块之间的关系。

三、案例解析

1.物质决定意识。意识是社会历史发展的产物。社会实践，特别是劳动，在意识的产生和发展中起着决定性作用。社会实践中客观存在的交通安全问题，不随人类意识的改变而改变。该团队思考汽车产业问题的意识也是在汽车产业现有物质条件基础之上形成的。意识对物质具有反作用：①意识具有目的性和计划性。该团队通过思考和讨论，选择 Arduino 作为开发主板，用酒精传感器进行酒驾检测，利用人脸识别技术进行驾驶员驾驶证和疲劳驾驶的检验，利用智能网联车辆技术进行信号发送，体现了意识活动的目的性和计划性。②意识具有创造性。该团队在已有知识基础上，利用 Arduino 多线程的编程方法，创造性地研发了驾驶员状态监测系统。③意识具有指导实践改造客观世界的作用。该团队通过网络查找 Arduino 操作教程，课余时间学习理论知识，掌握了元件的基本操作方法，在此基础上研发出驾驶员状态监测系统，并通过申请专利，广泛投产使用。

2.联系具有客观性，没有事物可以孤立存在，作为驾驶员状态监测系统的一部分，各模块之间必然存在某种联系。联系具有普遍性，任何事物都有内在的结构性，通过分析三种元件的工作原理发现，系统中的酒精传感器模块与人脸识别模块最终都可以将所得结果转换为数字或模拟信号，而 Wi-Fi 模块可以实现 Arduino 主板和小程序之间的连接。联系具有条件性，运用 Arduino 多线程的编程方法，酒精传感器、人脸识别和 Wi-Fi 三个模块才得以结合。联系具有多样性，各模块间既有直接联系，又有间接联系。酒精传感器模块和人脸识别模块之间是直接联系，但它们通过 Wi-Fi 模块同小程序发生间接联系。

四、教学反思

该案例的实施效果较好。第一，物质与意识的辩证关系以及联系的观点都是世界的物质性及其发展规律中的重要内容。对于车辆工程专业的学生而言，汽车系统的研发是其重要的学习实践活动，本案例将抽象的理论具体化、通俗化，便于学生理解和掌握。第二，本案例主要介绍了某团队研发驾驶员状态监测系统的过程，能够指导学生如何运用专业知识以及马克思主义基本原理分析、解决汽车行业发展中存在的实际问题。

实施该教学案例需要改进之处：由于授课教师对该系统的具体研发过程不够熟悉，在运用马克思主义基本原理进行分析讲授时可能存在不够深入的问题，学生的参与感不高。改进思路：教师要深入跟进该系统研发过程，了解该系统各模块的基本作用、系统运作的过程等，以便讲授能够吸引学生注意力。同时，可让相关专业学生进行补充和发言，调动学生的思维积极性，增强学生的参与感。

（本案例由杨小勇、杨柯鋆编写）

案例十五

唯物辩证法分析充电桩设备的建设难题

一、案例描述

当下，以电动汽车为主的新能源汽车蓬勃发展，而与其配套的充电设施，即充电桩设备的建设却迟迟未能推进，这在一定程度上制约了电动汽车的普及与发展。

一方面，由于充电桩设备建设成本高昂，成本回收效率低下，设备生产商缺乏足够的动力进行大规模生产投放；另一方面，电动汽车的普及率低、用户分布不均匀导致部分设备使用率较低，甚至沦为"僵尸充电桩"，造成资源浪费，而面对区域间差异较大的用户分布密度，商业性质的充电桩如何投放与定价也成了棘手的问题。企业生产与运营驱动力的缺乏导致了设备投入量不足，以及技术革新缓慢，引起用户与设备运营方——社区的不满，而用户与社区给予企业的负反馈，则进一步削弱了企业生产的积极性，如此恶性循环，使商业充电桩长时间得不到普及，因而目前充电桩仍以电动汽车用户自行安装的私人充电桩为主。

解决充电桩难题，关键在于协调相关利益群体的矛盾。在充电桩问题中，主要存在三大核心利益相关方，即设备的提供商——企业、设备的实际运营商——社区，以及电动汽车的用户。三者并非独立的个体，而是彼此间存在利益关系的利益相关方。由于充电桩设备效率低、数量少，引发企业与用户之间充电效率和商业利益的矛盾。低效的设备使社区管理混乱，社区的管理成本增加，导致用户物业费用的上涨，引发社区与用户之间的矛盾。因此，应当建立更合理的区域模型，对充电桩在不同区域的投放数量进行合理部署，以求在现有技术条件下，商业充电桩可以依靠经营模式的高效率而尽快摊平研发成本获得盈利。随着充电桩建设的推进，在高效率低价格设备得到普及、用户数量达到一定程度的未来，土地资源的日益紧张，或许会使设备的运营与管理成为比充电设备本身更为重要的问题。

（案例材料来源：同济大学交通运输工程学院车辆工程专业沈路同学的课程论文《马克思主义基本原理在充电桩难题探究实验中的指导作用》）

二、案例提问

1. 根据主要矛盾和次要矛盾的辩证关系，分析案例中充电桩设备建设难题的主要矛盾与次要矛盾。

2. 运用唯物辩证法的基本原理，谈谈如何解决充电桩设备建设难题。

三、案例解析

1. 主要矛盾是矛盾体系中处于支配地位、对事物发展起决定作用的矛盾。次要矛盾是矛盾体系中处于从属地位、对事物发展起次要作用的矛盾。不仅如此，在每一对矛盾中，处于支配地位、起着主导作用的一方，是矛盾的主要方面，处于被支配地位、不起主导作用的一方，则是矛盾的次要方面。事物的性质是由主要矛盾的主要方面所决定的。把主要矛盾和次要矛盾、矛盾的主要方面和次要方面的辩证关系运用到实际工作中，就是要坚持"两点论"和"重点论"的统一。"两点论"是指在分析事物的矛盾时，不仅要看到矛盾双方的对立，而且要看到矛盾双方的统一；不仅要看到矛盾体系中存在着主要矛盾、矛盾的主要方面，而且要看到次要矛盾、矛盾的次要方面。"重点论"是指要着重把握主要矛盾、矛盾的主要方面，并将此作为解决问题的出发点。"两点论"和"重点论"的统一要求我们，看问题既要全面地看，又要看主流、大势、发展趋势。

在充电桩设备建设难题中，由高成本而低效率的设备引发的用户与企业之间的矛盾是主要矛盾。就社区和企业、社区和个人之间的矛盾而言，由于目前充电桩数量与用户基数并不算庞大，即使充电效率低下，也不太会出现诸如长时间排队拥挤的管理问题，因而在现阶段属于次要矛盾。现阶段应该建立更合理的区域模型，对充电桩在不同区域的投放数量进行合理部署，以求在现有技术条件下，商业充电桩可以依靠经营模式的高效率而尽快降低研发成本获得盈利。对于充电桩设备运营管理问题，也应该做到兼顾处理。一切事物都处于变化和发展之中，主次矛盾也会在一定条件下发生转化。随着充电桩建设的推进，在高效率低价格设备得到普及、用户数量达到一定程度的未来，土地资源的日益紧张会使设备的运营与管理成为比充电设备本身更为重要的问题，因此由设备运营管理而引发的社区与企业、用户之间的矛盾或将上升为主要矛盾。

2. 根据矛盾的特殊性原理，解决充电桩设备建设难题应结合实际做到具体问题具体分析，在不同的地域与时期，应改变充电桩设备相关建设策略。比如，在偏远的地区，可以通过与政府合作的方式来确保充电桩价格的相对稳定以及投放数量的充足。而在不同的时间段，随着电车行业的发展和电车数量的增加，充电桩的数量也应进行调整，避免一成不变。

联系具有普遍性，任何事物都不能孤立存在，都同其他事物处于一定的联系中。在现阶段，充电桩的运营商使用的是效率相对较低的充电设备，当确定合适的车桩配比数以及定价，企业实现成本回收并开始盈利时，其运营的动力便会提升，反馈给上游企业的将是更多的订单与更好的评价，从而激发设备供应商的生产动力，进而在技术上不断突破，提供更高效的充电设备，为二者带来更大的益处，如此良性循环，商业充电桩的建设将稳步推进。

一切事物都处于不断变化发展之中，当充电桩设备前期的建设得到有效推进后，主次矛盾将随着外界条件的变化而转化。随着更高效、更低价的充电桩设备的出现，企业与用户之间的矛盾将成为次要矛盾，而不断增多的充电桩所引发的社区管理与用户、企业之间的矛盾或将成为主要矛盾。为解决上述矛盾，需要在充电桩建设的中期加强政府的调控与介入。在全球汽车新能源化的趋势下，与电动汽车配套的充电桩设备将逐渐成为国民的硬性需求。因而，在充电桩设备建设中期，国家可逐步收购并统一部署商业充电桩设备，实现商业化向国有化的过渡，使之成为一项民生建设，将公共充电桩设备列为城市规划的一个内容，从根本上解决社区与用户之间的矛盾，彰显社会主义制度的优越性，使这项技术真正为人民服务，惠及全国人民。

四、教学反思

该案例的实施效果较好。首先，本案例贴近现实，新能源电动汽车作为国家发展的一项重点工程，在未来将成为社会主要的出行工具，因此本案例分析充电桩设备建设的问题具有现实性。其次，本案例贴近汽车学院相关专业学生未来即将从事的工作，能够引导学生运用马克思主义基本原理分析新能源汽车、充电桩等专业领域发展面临的问题，从而总结规律推动充电桩建设技术及管理创新。最后，本案例涉及马克思主义唯物辩证法联系、发展和矛盾三方面的基本理论，可应用的知识场景广泛。

实施该教学案例需要改进之处：本案例仍以教师教授为主，学生的主动性有待提高。改进思路：通过设置小组讨论、互动分享等环节，使学生进一步掌握马克思主义唯物辩证法的相关知识，增强理论与现实的黏性，调动学生的听课兴趣。

（本案例由杨小勇、杨柯莶编写）

案例十六
"交通强国"战略是马克思主义基本原理的经典写照

一、案例描述

材料一：以习近平新时代中国特色社会主义思想为指导，深入贯彻党的十九大精神，紧紧围绕统筹推进"五位一体"总体布局和协调推进"四个全面"战略布局，坚持稳中求进工作总基调，坚持新发展理念，坚持推动高质量发展，坚持以供给侧结构性改革为主线，坚持以人民为中心的发展思想，牢牢把握交通"先行官"定位，适度超前，进一步解放思想、开拓进取，推动交通发展由追求速度规模向更加注重质量效益转变，由各种交通方式相对独立发展向更加注重一体化融合发展转变，由依靠传统要素驱动向更加注重创新驱动转变，构建安全、便捷、高效、绿色、经济的现代化综合交通体系，打造一流设施、一流技术、一流管理、一流服务，建成人民满意、保障有力、世界前列的交通强国，为全面建成社会主义现代化强国、实现中华民族伟大复兴中国梦提供坚强支撑。

——摘自中共中央 国务院印发《交通强国建设纲要》

材料二： 因遭受抗日战争和解放战争的炮火，我国交通基础设施破坏严重。中华人民共和国成立初期，铁路仅有 2.18 万千米，能够通车的仅有 1.1 万千米；有路面的公路仅有 3 万千米；航空旅客运输量只有 1 万人次。截至 2020 年，全国高铁营业里程 3.8 万千米；高速公路里程 16.10 万千米；农村公路里程 438.23 万千米；全国港口万吨级及以上泊位数量增加 72 个；民航客运量 4.18 亿人。

——部分摘自中华人民共和国国务院新闻办公室印发的《中国交通运输发展》

材料三： 从古到今，交通工具发生了许多变化。人们最初依靠双腿出行，后来发展到以动物为动力。近代以后，随着社会发展，动物逐渐从鞍具中解放出来，人类发明了靠机械运动驱动的自行车。18 世纪 60 年代，蒸汽时代的到来，催生了以蒸汽机为动力的两轮车、四轮车，而后随着能源的改进，演变成为摩托车、汽车、火车等。

在陆地交通工具发展的同时，水上、空中的交通工具也逐渐成形。从人力板船到风力帆船，再发展到汽船、轮船、潜水艇。20 世纪初，莱特兄弟发明了飞机，深刻地改变和影响了人们的生活，开启了人们征服蓝天的历史。

（案例材料来源：同济大学交通运输工程学院交通工程专业周鹏飞同学的课程论文《"交通强国"战略是马克思主义基本原理的经典写照》）

二、案例提问

1. 基于材料一，"交通强国"战略体现了哪些马克思主义基本原理？

2. 基于材料二，试运用量变质变原理分析中国交通运输取得如此成就的原因。

3. 基于材料三，试运用生产关系与生产力的辩证关系分析运输工具不断发展革新的必然性。

4. 马克思主义基本原理对于"交通强国"战略有何现实指导意义？

三、案例解析

1. "交通强国"战略是对马克思主义交通建设思想的继承和发展。

马克思主义交通建设思想是马克思主义政治经济学的重要组成部分，其核心观点即以机器为动力的交通运输业是一种适应了大工业的生产方式，将有助于推动现代工业社会的大发展。马克思所在的时代，恰逢第一次工业革命和第二次工业革命交接之际，两次工业革命的发展促使交通运输业突飞猛进。正是基于这种交通运输的巨大变革，马克思和恩格斯从交通运输领域发生的伟大革命中提炼总结出了马克思主义交通建设思想。

以航运、铁路、公路等为代表的交通运输业体现为一种先进的社会生产力，在打破传统农业社会壁垒、推动现代工业社会发展方面发挥着重要作用。"交通强国"战略正是在继承马克思这一基本观点的基础上，结合新时代中国发展面临的新变化、新情况、新目标得出的。

2. 从上述案例中可以发现：量变和质变是辩证统一的。

第一，任何事物的变化都是量变的积累过程，没有量变的积累，质变就不会发生。中华人民共和国成立初期，国家道路建设基本依靠苏联的技术经验，在向苏联学习先进技术的同时建设了一定量的交通设施，为质变做准备。

第二，质变是量变的必然结果。单纯的量变不会永远持续下去，量变达到一定程度后必然引起质变。为了技术不受制于人，我国大力发展交通行业，实现了自主研发核心技术的重大突破，从此我国交通基础设施开启了一马平川的大建设时代。

第三，量变和质变相互依存、相互贯通，量变引起质变，在新质的基础上，事物又开始新的量变，如此交替循环，形成事物质量互变的规律性，体现了一切事物发展的渐进性和飞跃性的统一。当下，路面材料与新建造技术、养护技术、车路协同通信技术、大数据信息化管控道路网络等已经形成建设体系，我国交通基础设施迈入了"降本增效"的新发展时期。回首这条充满波折坎坷，而又是一片光明的交通运输业发展道路，一方面质变体现并巩固了量变的成果，结束旧质基础上的量变，开拓新质基础上的量变；另一方面总的量变过程中有阶段性和局部性的部分质变。

3. 从上述案例中可以发现：世界交通发展史是马克思关于生产关系和生产力辩证关系的生动体现。

第一，在社会生产中，生产力是生产的物质内容，生产关系是生产的社会形式，二者的有机结合和统一构成社会的生产关系。

第二，生产力决定生产关系，随着生产力的发展，古人发现仅靠步行难以实现人和物在更广阔空间内的移动，因此出现了以人力驱使畜力的马车时代。随着两次工业革命的到来，生产力得到了空前的解放，蒸汽时代和汽车时代相继步入世界交通发展的历史舞台。

第三，生产关系对生产力具有能动的反作用力，随着社会发展，运输需求不断扩大，原有的运输方式难以为继，于是不断催生新的运输工具。

第四，无论二者如何演进，始终围绕生产关系要适应生产力的基本规律。新生产力的出现，使原有生产关系不再能够适应生产力的发展，因此需要变革以适应生产力的发展。

4. 习近平总书记在纪念马克思诞辰200周年活动中指出，学习马克思主义基本理论是共产党人的必修课。马克思主义无疑是观察认识当代世界变化的工具，是指引当代中国发展、引领人类社会进步的根本行动指南。无论从事什么行业，我们都必须坚持以马克思主义基本原理武装头脑，将其内化于心、外化于行。作为新时代青年，更需要努力学好马克思主义基本原理，解决好理想信念问题，扣好人生的第一粒扣子。

马克思主义交通建设思想作为"交通强国"战略的深厚理论渊源，是经过长期的历史实践总结出的真理。"交通强国"战略是对马克思主义交通建设思想的继承和发展，继续深入学习掌握马克思主义交通建设思想和工作方法，对于强化本领提升能力，努力推动"交通强国"建设具有重大现实意义。

量变质变规律对现阶段"交通强国"建设同样意义重大。这启示我们现阶段构建综合交通立体网络要高度重视量的积累，扎实理论研究和科技创新基础。要有敢于突破的勇气，敢于破旧立新的精神，把工作和事业推向新的阶段。同时，要努力实现质的飞跃，将理论研究成果付诸实践检验。

生产力与生产关系的辩证关系作为社会主义改革及中国改革开放的哲学依据，时刻提醒我们"交通强国"建设要遵循生产关系适应生产力的规律。改革和调整生产关系中与生产力发展不相适合的部分，从而解放生产力，发展生产力，使上层建筑适应经济基础的发展。既要大力发展生产力，也要继续改革开放，解放束缚生产力发展的制度因素，促进生产力发展。

四、教学反思

本案例适用于《马克思主义基本原理（2021 年版）》第一章第二节"事物的普遍连续和变化发展"以及第三章第二节"社会历史发展的动力"的辅助教学。该案例旨在引导学生从理论依据和时代背景两个方面认识中国现阶段"交通强国"建设的历史必然性。理论依据重在突出量变质变规律、生产力和生产关系的辩证关系，时代背景重在突出新时代中国发展面临的新变化、新情况、新目标。

该教学案例的运用，能够使学生更好地把握量变质变规律对社会主义现代化建设具有的重要意义，生产力和生产关系的辩证关系是马克思主义政党制定路线、方针和政策的重要依据。

（本案例由陈红睿编写）

案例十七
马克思主义基本原理在多元线性回归实验中的运用

一、案例描述

多元回归分析（Multiple Regression Analysis）是指在相关变量中将一个变量视为因变量，其他一个或多个变量视为自变量，建立多个变量之间线性或非线性数学模型数量关系式并利用样本数据进行分析的统计分析方法。探究影响机动车车速的因素及其显著性可以通过建立多元回归分析模型进行分析评估。

实验第一步为收集数据，基于数据构建模型、进行研究，选定模型中的因变量与自变量。为了保证回归模型的合理性，需要对变量进行筛选以及变更。首先，对自变量与因变量的变化趋势进行分析，初步分析因变量与自变量之间是否有相关性，在模型拟合中是否要添加此自变量。其次，对变量的相关性进行定性与定量分析，寻找最适合线性回归而非曲线回归的变量形式，为后续选择合适的变量及变量形式做准备。例如，在车速与流量的线性相关关系分析中，基于变量原始形态得到的分析结果就已显示车速与流量显著线性相关。

但为保证模型的合理性，回归模型中需要改变变量形式，并分别分析流量平方值、平方根值与速度的相关性。分析结果为流量平方值与车速之间的线性关系较弱，而流量平方根值与车速之间仍存在较强的线性关系。因此，建模时会分别将流量与流量平方根值作为自变量，从而选取拟合优度较高的一个变量。

进行多元线性回归参数估计为计算机作业，但根据参数与模型整体的显著性进一步调整模型需要人工分析操作。初步回归时会得到模型整体拟合度 R^2 和表明系数显著性的 p 值。在本次案例分析中，道路长度这一自变量的 p 值远大于规定边界，即系数不显著。这表明道路长度这一变量对车速的影响并不是线性的、显著的。之后，第二次拟合与第三次拟合对数据进行调整，利用道路长度的对数与平方根进行拟合，拟合结果中模型整体拟合度 R^2 有所提高，但系数显著性依旧达不到要求，故在最终模型中删除道路长度这一变量。

模型拟合结束后，还需要进行总结与讨论，评价此次拟合过程和结果是否与预期相符，在实验过程中是否仍有不足之处等，以在后续研究与同类型研究中继承优点、改进不足。

（案例材料来源：同济大学交通运输工程学院交通规划专业王楷同学的课程论文《马克思主义基本原理在多元线性回归实验中的运用》）

二、案例提问

1. 上述案例体现了哪些马克思主义基本原理？
2. 马克思主义基本原理对多元线性回归实验有何现实指导意义？

三、案例解析

1. 第一，多元回归分析模型建立过程中的"收集大量样本数据"体现了量变质变规律。收集数据，基于数据建立模型开展研究，渗透着一切从实际出发和实事求是的思想。一切从实际出发，就是要把客观存在的事物作为观察和处理问题的根本出发点，这是马克思主义认识论的根本要求和具体体现。从实际出发，就是要从变化发展着的客观实际出发，从特定的社会历史条件出发，按照客观世界的本来面目认识世界而不附加任何外来的主观成分。从根本上说，就是要从客观事物存在和发展的规律出发，在实践中按照客观规律办事。其中也渗透着量变质变规律。量变和质变是事物变化的两种基本状态和形式。量变与质变的相互作用、相互转化构成了量变质变规律。量变是事物数量的增减和组成要素排列次序的变动，是保持事物的质的相对稳定性的不显著变化，体现了事物发展渐进过程中的连续性；质变是事物性质的根本变化，是事物由一种质态向另一种质态的飞跃，体现了事物发展渐进过程和连续性的中断。量变和质变存在着辩证关系：量变是质变的必要准备，质变是量变的必然结果，量变和质变是相互渗透的。量变和质变是相互依存、相互贯通的，量变引起质变，在新质的基础上，事物又开始新的量变，如此交替循环，构成了事物的发展过程。

在样本数量较少的情况下，无论是进行散点图、箱形图的绘制，还是进行皮尔森、斯皮尔曼与肯德尔系数计算，都无法得出相应的规律，或者即使进行两个变量之间的关系拟合，也无法得到准确的模型。这是由于数据的量还不足以使量变转换为质变。

第二，改变与筛选变量的过程同事物联系与发展的基本环节"内容与形式"密切相关。

内容与形式是从构成要素和表现方式上反映事物的一对基本范畴。内容指构成事物的一切要素的总和，形式指把诸要素统一起来的结构或表现内容的方式。在线性回归中，各种变量为内容，而线性回归模型与自变量在模型中呈现的最终变量（如原始数据，进行对数处理，进行平方处理等）为表现内容的方式。

任何事物都是内容与形式的统一。一方面，内容是事物存在的基础，对形式具有决定作用。有什么样的内容，就有什么样的形式；内容发生了变化，其形式也要发生相应的变化。另一方面，形式对内容具有反作用。适合内容的形式，对内容的发展起积极的推动作用；不适合内容的形式，对内容的发展起消极的阻碍作用。形式对内容的反作用表明，形式具有相对独立性，这种相对独立性使同一内容可以通过多种形式体现。

在分析中，变量具有相关性并有一定线性关系，这决定了车速与其他因素的关系可以利用线性回归进行表达；在线性回归的限定下，部分自变量不满足线性相关条件，则在线性回归模型中这部分自变量与因变量车速的关系就不会得到很好的解释。另外，将同一自变量以不同的形式加入模型选取最优，符合同一内容可以通过多种形式来体现这一原理。

在车速与其他自变量线性相关性的分析中，也有原始形式的变量与车速线性相关度不显著，但其对数、平方或开根形式与车速的线性相关性较为显著的情况，这反映出内容与形式的矛盾贯穿事物发展过程的始终，从最初的基本适合到基本不适合，随着矛盾的解决，再到新的基本适合。

第三，"参数估计"环节中经过第二次拟合与第三次拟合对数据进行调整后才可以删除道路长度变量，体现了否定之否定规律。

任何事物内部都包含着肯定的方面与否定的方面，事物的辩证发展过程经过肯定—否定—否定之否定三个阶段。第一次否定使矛盾得到初步解决，而处于否定阶段的事物仍然具有片面性，还要经过再次否定，即否定之否定，实现对立面的统一，使矛盾得到根本解决。事物的辩证发展就是经过两次否定、三个阶段，形成一个周期。其中，否定之否定阶段仿佛是向原来出发点的"回复"，但这是在更高阶段的"回复"。事物的发展呈现出周期性，不同周期的交替使事物的发展呈现波浪式前进或螺旋式上升的总趋势。

否定之否定规律揭示了事物发展的前进性与曲折性的统一。前进性体现在每一次否定都是质变，都把事物推进到新阶段；每一个周期都是开放的，前一个周期的终点是下一个周期的起点，不存在不被否定的终点。曲折性体现在回复性上，其中有暂时的停顿甚至是倒退，但是曲折性终将为事物的发展开辟道路。这表明，事物的发展不是直线式前进，而是螺旋式上升的。

在初次拟合得到的模型中，存在"道路长度"这一不显著变量，即否定部分。但仅凭初次原始数据拟合删除道路长度这一变量具有片面性，需要经过再次否定，这个就是第二次拟合和第三次拟合的过程。经过再次否定，模型精度进行质变，推进到新阶段。

2. 唯物辩证法的一系列规律、范畴和原理，都具有科学的世界观和方法论意义。学习掌握唯物辩证法的根本方法，要求我们用联系和发展的观点看问题，不断增强辩证思维能力；加强调查研究，准确把握实际，真正掌握规律，妥善应对和处理各种矛盾；坚持实践第一的观点，在实践基础上不断推进理论创新。总之，按照唯物辩证法办事，就能达到应事而变、顺势而为，做到高瞻远瞩、运筹帷幄。

四、教学反思

该案例运用多元线性回归实验揭示了量变质变规律和否定之否定规律。

该案例对于学生的认识和实践活动具有重要的指导意义，它要求学生要重视量的积累，注意事物细小的变化，不可揠苗助长，急于求成，对于消极因素，要防微杜渐；同时又要根据事物的发展进程，不失时机地促使事物由量变向质变转化。

否定之否定规律对于学生正确认识事物发展的曲折性和前进性具有重要的指导意义。我们应该按照否定之否定规律办事，对一切事物都要采取科学分析的态度，反对肯定一切和否定一切的形而上学否定观，既要对事物发展的前途充满信心，又要冷静地对待可能出现的曲折性。

（本案例由陈红睿编写）

案例十八
唯物辩证法在材料力学拉伸压缩实验中的应用

一、案例描述

材料力学是物理科学的一个重要分支，其规律、定理、公式来源于历史上许多物理学家的智慧结晶。例如，梁的弯曲正应力理论最早起源于 17 世纪，当时机械、建筑业发展迅速，人们开始重视力学课题的研究——意大利著名科学家伽利略首先对梁的弯曲正应力进行了研究，并给出了理论解答，但后来被实践否定；之后伯努利导出新的计算公式，结果也不正确；直到 18 世纪中叶，由库仑求得正确的结论，才使这一理论得以正式确定。

材料力学作为物理科学的一个分支，也具有科学的客观性，我们通过观察来发现和认识物质世界的力学现象，如梁受力弯曲、材料受拉伸或压缩会产生变形，而物理学家通过研究这些现象，探究其物理学原理，从而认识其本质。

拉伸压缩实验是我们在学习材料力学时需要进行的一个重要实验，通过该实验可测定塑性材料和脆性材料在拉伸和压缩时的强度指标和塑性指标，对了解不同材料的力学性能至关重要。实验过程是将一根用低碳钢或铸铁制成的试样夹持于电子万能试验机上，通过机器对其进行拉伸或压缩，观察材料的拉伸、压缩破坏过程，对实验数据、端口特征进行分析，总结它的力学性能。

实验室常采用低碳钢或铸铁作为材料进行实验，以低碳钢拉伸实验为例，在低碳钢试样被拉伸的过程中，我们观察到试样变形逐渐伸长，经历弹性、屈服、强化三个阶段，最终试样出现不均匀的轴线伸长，在某薄弱处，截面明显收缩，直到断裂，称为颈缩现象。最后我们得出结论：低碳钢是塑性材料，在拉伸断裂前有一系列变化，延展性好，不易断裂，但容易发生形变；而铸铁不是塑性材料，很快被拉断，压缩特性优于其拉伸特性，但在压缩中易裂开。初次实验结束后，为了验证该结论是否正确，还要重复实验进行检验，以修正数据或提升精度。

（案例材料来源：同济大学交通运输工程学院交通工程专业胡佳欣同学的课程论文《唯物辩证法在材料力学拉伸压缩实验中的运用》）

二、案例提问

1. 上述案例体现了哪些马克思主义基本原理？

2. 试运用唯物辩证法的量变质变规律对材料力学拉伸压缩实验原理进行分析。

3. 学习马克思主义唯物辩证法对现实学习生活有何指导意义？

三、案例解析

1. 上述案例内容体现了马克思主义唯物辩证法。唯物辩证法是马克思主义哲学的重要组成部分，是关于自然、社会和人类思维发展一般规律的科学，是人们认识世界和改造世界的根本方法，其三大规律是对立统一规律、量变质变规律、否定之否定规律。首先，材料力学具有科学的客观性，体现了客观辩证法的规律，同时其规律是经过亿万次的重复在头脑中以逻辑的形式确定下来的，体现了主观辩证法的规律。其次，量变质变规律也深刻体现在材料力学的实验过程中，材料的变形、断裂等现象都蕴含着量变质变规律。最后，辩证唯物主义的认识论在材料力学拉伸压缩实验中也有所运用，实验贯穿着从感性到理性、从现象到本质的实践论。

2. 在材料力学拉伸压缩实验中，将低碳钢受拉伸变形逐渐伸长的过程看作量变，将其最终在薄弱处发生的断裂变化看作质变，发现它满足量变和质变的辩证关系。第一，量变是质变的必要准备，任何事物的变化都有量变的积累过程，没有量变的积累，质变就不会发生；低碳钢试样最终断裂，就是前三个阶段中微小变形不断累积的结果，如果没有不断对其施加拉力使其不断受拉伸长，试样最终被拉断的现象就不会发生。第二，质变是量变的必然结果，单纯的量变不会永远持续下去，量变达到一定程度必然引起质变；低碳钢就算再坚韧，也总有一个极限抗拉强度（拉伸过程中最大载荷与原始横截面积之比），不可能被无限拉长，当载荷超过其抗拉强度时，低碳钢试样一定会断裂。第三，量变和质变是相互渗透的，一方面，在总的量变过程中有阶段性和局部性的质变，低碳钢试样被拉断的实质是材料内部晶格剪切滑移，而其内部组织材料在被拉伸变形的过程中也在不断发生变化，可看作阶段性和局部性的部分质变；另一方面，在质变过程中也有旧质在量上的收缩和新质在量上的扩张，低碳钢试样在颈缩阶段被破坏时，也会出现不均匀的轴线伸长，即截面虽然不断变小，但其受到拉力变形伸长的形式没变，可看作质变过程中仍存在旧质在量上的收缩和新质在量上的扩张。总之，唯物辩证法的量变质变规律在材料力学拉伸压缩实验中有重要的运用，深刻体现出量变和质变是相互依存、相互贯通的，量变引起质变，在新的物质基础上，事物又开始新的量变，如此交替循环，构成了事物的发展过程，量变质变规律体现了事物发展的渐进性和飞跃性的统一。

3.马克思主义哲学指导着我们正确认识世界、改造世界，唯物辩证法是其重要的组成部分，是人们认识世界和改造世界的根本方法，与我们的日常学习生活息息相关，渗透于我们每一门学科的学习过程，只要我们悉心观察、勤于思考，就能发现其中千丝万缕的联系。案例证明唯物辩证法在材料力学中具有重要体现，在其他学科中也如是，这充分证明马克思主义哲学的内容丰富性、运用广泛性，以及指导我们正确认识世界、改造世界的重要性。学好马克思主义哲学，深刻贯彻其思想，灵活运用于生活各个方面，对于其他学科的学习、个人人生发展乃至社会整体进步都具有重要意义。

（四）教学反思

该教学案例的实施效果较好。第一，该案例体现了物理实验中的哲学思想，有助于引导学生将原理与方法论统一起来，做到"学以致用"。第二，许多实验现象都是由事物根本性质的变化引起的，是一个量变到质变的过程。典型的实验可加深学生对量变质变规律的理解，从而培养与训练其马克思主义哲学思维能力。

（本案例由陈红睿编写）

案例十九
马克思主义哲学在交通信息中的应用

一、案例描述

交通信息工程实验详细信息如表 2-1 所示。

表 2-1　交通信息工程实验详细信息

实验时间	2021 年春季学期 [2~16] 双周周四 1~2 节
实验地点	同济大学嘉定校区通达馆 A204 交通信息工程实验室
指导教师	黄世泽副教授
实验对象	交通信息工程实验——基于电子信息技术解决实际交通问题
实验过程	2~12 周学习电子技术基础理论，13~16 周搭建电路完成功能构建
实验结果	基于微波雷达技术的路段车流量监测

　　交通信息工程实验是一门依托电子技术（模拟电子技术和数字电子技术）的实验，完成该实验首先需要学习最基础的电子技术理论，如桥式整流滤波电路、CD4511 七段显示译码器的使用方法等；其次需要结合电子信息的基础知识，设计完整的电路，以解决实际的交通问题。本实验的目的是准确监测交通流量，实现道路交通的高效分流和顺畅运行，从而解决交通瓶颈和痛点问题，方法是利用电子信息技术解决交通瓶颈问题。

　　实验中设计的电路用于模拟基于微波雷达技术的路段车流量监测。在分析项目可行性与技术路线的过程中，实验人员始终把握交通流监测这一重点问题。因此，先要对现有的交通流信息采集手段进行文献调研，确定交通问题的技术瓶颈（见表 2-2）。

表 2-2　交通流信息采集手段

监测手段	优势	劣势
金属线圈技术监测	设计原理简易	安装难度大、维护成本高
视频目标监测算法	可以判别不同类型车辆	易受气候、光照影响
微波雷达技术监测	安装维护简单、寿命长	易受其他动态物体干扰

通过文献调研，实验人员最终选取了最适应复杂道路交通场景的微波雷达技术监测手段，基于微波雷达技术进行路段车流量监测。确定项目的重点，即交通流监测不准确的问题之后，需要通过电子信息技术解决这一问题。一方面，利用方波信号模拟稳定车流通过某路段横截面时雷达监测器接收到的微波信号；另一方面，利用手动脉冲开关模拟车流量较少的情况下，某车辆通过路段横截面时雷达监测器接收到的信号。数码管则显示某一周期内，通过该路段的车辆数，当车辆数达到 99 时，自动复位清零。

最后，对上述模块进行集成化封装，构建交通流监测系统。该系统可以落地应用在复杂道路交通场景的交通流监测中，实现从交通瓶颈、痛点问题出发，到解决交通流监测问题的闭环。

实验总体的技术路线如图 2-8 所示。

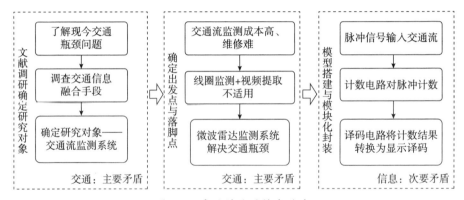

图 2-8　实验总体的技术路线

在实验设计初期，需要通过文献调研确定研究方向。主要包括：①选取哪些交通瓶颈问题进行解决；②该问题是否具备在几周内通过电子信息技术解决的可行性。通过学习数字电路技术基础知识，实验者设计了如图 2-9 所示的计数报警电路，在与指导教师黄世泽讨论后，确定了计数报警电路项目的可行性和交通背景等问题。

图 2-9　计数报警电路原理流程

确定了计数报警电路项目的可行性和研究思路之后，需要基于电子信息技术进行仿真实验设计，通过仿真实验的正确性检验后，再购买电子元器件进行实际电路的搭建和测试。

实验人员选用 Multisim14.0 作为仿真软件进行仿真，搭建的仿真电路如图 2-10 所示。在计数电路部分，采用两片 74LS192 芯片。利用开关的闭合与打开产生计数脉冲，将脉冲信号送到 74LS192 芯片的 UP 端。由于 74LS192 是双时钟方式的十进制可逆计数器，所以，当计数器计到 9 时，它就会产生一个进位信号。这个进位信号可以接在下一个 74LS192 芯片的 UP 端，这样就可以实现 00 到 99 的计数。在译码电路部分，则采用 74LS47 译码器。将 74LS192 芯片的对应接口接到 74LS47 芯片上，这时 74LS47 芯片便可以对接收到的信号进行译码，将译码后的信号送到数码管，数码管就可以显示当前计数器所计的数字，从而完成了交通流信号传输—计数电路—译码电路—交通流监测结果输出的完整路线。

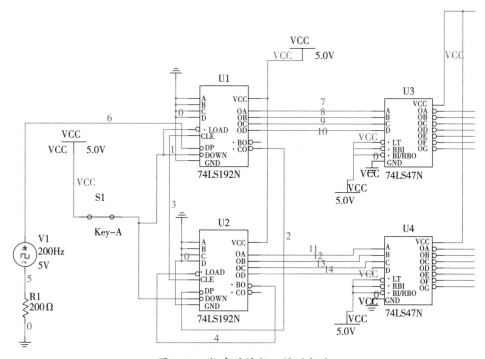

图 2-10　仿真的计数—译码电路

将此部分内容提交给黄世泽老师，并对后续进程进行讨论后，实验人员发现电路中的部分功能存在问题：①计数超过 99，则无法再次计数，对交通流密集路段的适用性弱；②新的计数周期无法保存上一次的计数结果，数据会被清零，需要重新计数。

　　为了解决计数进位的问题，实验人员在黄老师的指导下，决定以 15 分钟为进行路段流量监测的周期，当计数车辆＞99 时，输出进位的 LED 信号，如图 2-11 所示，表征实际道路的交通流密度的指示牌，如图 2-12 所示。

　　此外，实验人员设置了 CLEAR 开关，以实现计数清零复位功能，重新设计的仿真电路，如图 2-13 所示。

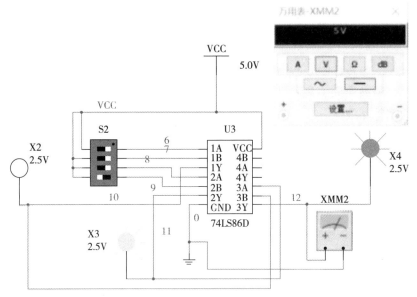

图 2-11　输出进位 LED 信号示例

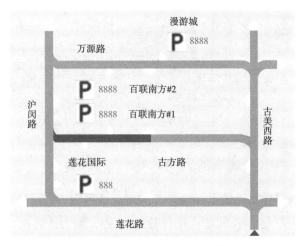

图 2-12　交通流密度导流电子指示牌

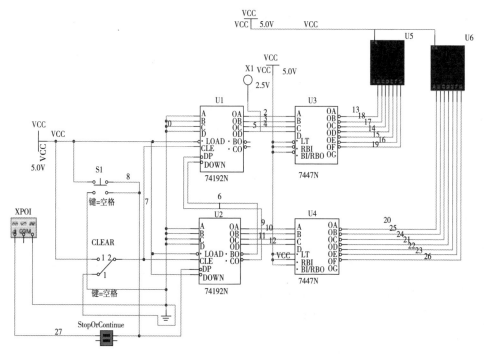

图 2-13 计数清零复位仿真电路

（案例材料来源：同济大学交通运输工程学院交通信息工程专业赵亦悦同学的课程论文《马克思主义哲学融合交通信息案例分析：以交通信息工程实验为例》）

二、案例提问

1.上述案例体现了哪些马克思主义基本原理？

2.试运用马克思主义基本原理分析此次实验。

3.马克思主义基本原理对于此次实验有何现实指导意义？

三、案例解析

1.第一，上述实验体现了我们要坚持抓主要矛盾的"重点论"。事物由多种矛盾构成，但各个矛盾的地位和作用又是不平衡的。在矛盾体系中处于支配地位，对事物发展起决定性作用的矛盾是主要矛盾，其他矛盾是非主要矛盾。

抓住了主要矛盾，就抓住了解决问题的关键。在该实验中，主要矛盾是交通流监测不准确这一痛点问题。

第二，上述实验体现了否定之否定规律。事物发展要经过"肯定—否定—否定之否定"的过程。"事物的发展是通过其内在矛盾运用以自我否定的方式而实现的。任何事物内部都包含着肯定的方面与否定的方面，由于矛盾双方的相互作用，当否定的方面上升至支配地位时，事物就会由肯定走向对自身的否定，再由否定进一步走向更高阶段的肯定，即否定之否定。否定之否定规律就是要揭示事物自己发展自己的完整过程及本质。"①在本次实验中，确定研究思路和方案是该实验的"肯定"阶段；发现原有实验方案中的计数器存在一系列缺陷，是该实验的"否定"阶段；解决计数器存在的问题，是该实验的"否定之否定"阶段。

第三，上述实验体现了实践是检验真理的唯一标准。"检验真理的标准，既不能是主观认识本身，也不能是客观事物。只有那种能够把主观认识与客观事物联系和沟通起来，从而使人们能够把二者加以比较和对照的东西，才能充当检验真理的标准。具有这种特性的东西，只能是作为主客观联系的桥梁、纽带或'交错点'的社会实践。"②"实践的直接现实性的品格，是实践能够成为检验真理唯一标准的主要根据，也使实践成为最公正、最有权威的'终极审判官'。"③只有通过这次实验，我们才能够验证电子信息技术中的若干基础理论是否正确，才能够从宏观上验证交通运输与电子信息技术实现有机融合的想法。

2. 从上述实验可以发现：

第一，本次实验中存在多种需要解决的矛盾和问题，但这些矛盾的地位和作用是不平衡的，其中只有一种矛盾在整个矛盾体系中处于支配地位，决定了实验能否取得成功。经过研究，实验人员发现交通流监测不准确的问题是需要解决的主要矛盾。因此，整个实验都围绕着解决这一关键问题展开。正是由于解决了这一关键问题，此次实验最终取得了成功。

---

① 《马克思主义基本原理（2021年版）》编写组编：《马克思主义基本原理（2021年版）》，北京：高等教育出版社，第38-39页。

②③ 《马克思主义基本原理（2021年版）》编写组编：《马克思主义基本原理（2021年版）》，北京：高等教育出版社，第88页。

第二，本次实验体现了事物的发展必须经历"肯定—否定—否定之否定"这三个阶段。首先，根据确定的研究思路为监测交通流搭建仿真电路是"肯定"阶段。其次，发现最初设计的仿真电路对交通流密集的路段缺乏适用性以及新的计数周期无法保存上一周期的计数结果等一系列问题是"否定"阶段。最后，根据旧的设计方案暴露出来的问题，重新设计仿真电路，确保对交通流进行准确监测是"否定之否定"阶段。这表明，任何事物的发展都不会是一帆风顺的，而是前进性与曲折性的统一。

第三，本次实验体现了实践具有直接现实性、自觉能动性和社会历史性这三大特征，证明了实践是检验真理的唯一标准。实践是人类能动地改造世界的社会性的物质活动。首先，这次实验作为一次社会实践活动，直接面对日常交通的痛点问题，本质是解决人或物的空间位移难题，体现了实践的直接现实性；利用电子信息技术解决交通痛点问题，与社会历史的发展和进步紧密相关，体现了实践的社会历史性。其次，实验主体的主观能动性是实验最重要的推动力，这体现了实践的自觉能动性。最后，通过本次实验，我们能够亲身验证课堂上学习到的电子信息技术基础理论，同时也能够证明电子信息技术基础理论可有效解决日常生活中的交通瓶颈问题，体现了实践是检验真理的唯一标准。

3. 首先，坚持抓主要矛盾的"重点论"对于此次实验具有重要的指导意义。实验人员认识到，实时监测交通流量从而引导司机避开拥堵路段和事故路段，实现交通的高效分流和顺畅运行是解决现代交通难题的重要途径，而交通流量监测不准确的问题又是其中的主要矛盾。实验人员坚持抓主要矛盾的"重点论"，即着重解决交通流量监测不准确的问题，就能够有效克服现代交通所遇到的一系列难题。

其次，否定之否定规律揭示了交通与电子信息的融合过程绝不是一帆风顺的，必须不断克服这一过程中的各种矛盾，切实解决前一发展阶段中暴露出来的问题，才能达成两者相融合的目的，推动交通问题的解决。因此，否定之否定规律是交通流监测系统朝着正确方向前进的重要理论指引。经过"肯定—否定—否定之否定"这三个阶段，交通流监测系统保持螺旋式上升的发展状态。尽管面临着不少挫折，但每次"否定"都使系统升级发生了质变，最终也实现了交通流监测系统的阶段性成功。

最后，实践是检验真理的唯一标准这一原理有效指导了此次实验。这一原理验证了实践在认识过程中的决定作用，而电子信息技术理论是否正确，是否能够有效解决现代交通瓶颈问题，均需要在实践中得到检验。以译码器输入电平信号子模块为例，理论推导结果为输入悬浮状态下等效高电平，即不接入输入端时默认输出为高电平信号 1（指示效果为小灯泡点亮）。但通过仿真实验，实验人员发现，若不接入输入端，等效为低电平信号 0。而当输入信号为 0 时，小灯泡反而被点亮，如图 2-14 所示，这与电子信息基本理论相悖。通过与指导教师讨论交流，实验人员了解到，仿真实验受限于各类仿真元器件的参数设置，可能导致真理验证失效。因此，实验人员决定利用实际电路对实践效果进行验证，输出结果如图 2-15 所示。当输入为悬浮状态时，小灯泡点亮，验证了输入悬浮状态下等效高电平 1 的真理。上述子模块的实践验证生动反映了"实践是检验真理的唯一标准"这一原理。

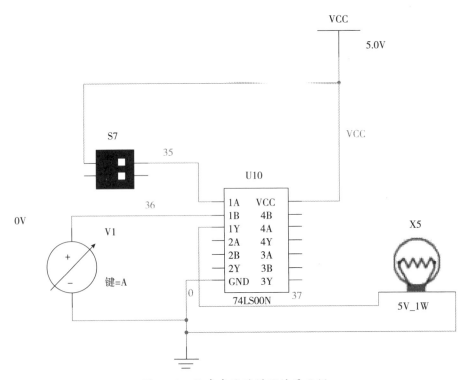

图 2-14　仿真实验的错误结果示例

图 2-15　实践验证真理的结果示例

　　此次实验证明，马克思主义哲学能够真正落地于工程领域，现实地解决交通瓶颈问题。由此，马克思主义哲学不再只是书本中的经典理论，而是每时每刻都在实际地推动民生和社会发展的先进指导思想。

四、教学反思

　　该教学案例的实施效果较好。讲授马克思主义哲学在现代交通领域中的应用，能够使学生深刻认识到，马克思主义哲学并不是空洞而枯燥的理论说教，而是具有鲜明的实践旨趣。同时，将马克思主义哲学与理工科的基础理论有机结合，能够充分激发学生学习马克思主义基本原理的兴趣，使学生由被动学习转变为主动学习。

　　实施该教学案例需要改进之处：采用这种教学方式，需要鼓励学生投入大量精力开展周期长且成本高的专业实验。一方面，有可能出现部分学生参与积极性不高的情况；另一方面，有可能出现部分学生实验质量不高的状况。改进思路：学校和学院投入一定的资金，派出专业教师支持和指导学生的实验，充分调动学生的积极性。同时，任课教师对积极参与专业实验，并认真撰写马克思主义基本原理在专业实验中的应用论文的同学，给予一定的加分鼓励。

（本案例由柯萌编写）

第三章

同济大学马克思主义基本原理的环境科学与工程学院专业案例

案例二十
辩证法在水体水质监测中的运用

一、案例描述

水体水质监测实验是一个综合性实验，监测对象为同济大学四平路校区内的同心河与三好坞，分为方案设计、水样采集、数据监测、实验结果处理、水体水质评价与最终水体治理方案制定六个部分。通过实验将环境工程微生物学、环境监测等专业理论知识与具体仪器操作、实地采样等实践进行融合，从而培养综合运用能力、对理论知识的转化能力以及对仪器的使用操作能力等。

实验中，各项指标与水质状况间的联系是由国家标准明确规定的，而不是由实验人员的主观判断决定的。在水质判断中，化学需氧量 COD（Chemical Oxygen Demand）是一个常用的指标，以化学方法测量水样中需要被氧化的还原性物质的量。COD 的数值若大于 20 且小于或等于 30，便可以粗略判定该水体为Ⅲ类水。

测定多个监测指标，联系每个指标对应的水质类型，才可以做出准确的判断。已知 COD 的数值若大于 20 且小于或等于 30，便可以粗略判定该水体为Ⅲ

类水，但此时水体中的有机污染物（可通过五日生化需氧量 BOD_5 的值来判定）通常较高，若经实验测得此时的 BOD_5 值为 8（BOD_5 大于或等于 6 且小于 10 时将水样判定为Ⅳ类水），则应将 BOD_5 值作为最终的判断依据。若忽略 COD 与 BOD_5 间的联系对于水质类型判断的影响，则无法做出正确的水质类型判断。

对实验数据进行分析后，需要制定出水质净化的方案。方案的制定受诸多条件影响，对于水质本身较好的水体，可利用万年青等植物的生态浮床技术，提升水体的自净能力；对于轻、中度污染的水体，生态浮床技术只能起到辅助作用，使用曝气装置则能获得最高的效益；对于严重污染的水体，采用厌氧消化的技术才能达到有效提升水质的效果。我们可以发挥主观能动性，将原先污染较重的水体净化为污染较轻的水体，进而应用对水体具有较小负担的生态浮床等技术进行后续处理。但是任意添加化学试剂只为消除水中污染物质的行为违背了事物发展的客观规律，不仅无法高效去除污染物，还可能会事与愿违地导致新的化学品污染。只有充分利用有利条件，又善于转化不利条件，才能够科学有效地从根本上解决问题。

（案例材料来源：同济大学环境科学与工程学院环境工程专业周文静同学的课程论文《马克思主义原理在水体水质监测中的运用》）

二、案例提问

1. 从联系的角度来解释水体水质实验。
2. 如何利用唯物辩证法指导水体水质实验？

三、案例解析

1. 联系具有许多特点。

首先，联系具有客观性。联系是客观世界自身固有的，不是人臆想出来强加给事物的。人们既不能"创造"事物之间的联系，也不能"消灭"事物之间的联系，而只能按照客观事物的本来面目如实地反映它们之间的联系，并在正确反映的基础上整合和利用这些联系。坚持联系的客观性，反对在联系问题上的唯心主义观点。事物间的联系是事物本身所固有的，各项指标与水质状况间的联系也是由国家标准明确规定的，而不是由实验人员的主观判断决定的。在水质判断中，化学需氧量 COD 是一个常用的指标，以化学方法测量水样中需要被氧化的还原性物质的量。COD 的数值若大于 20 且小于或等于 30，便可以粗略判定该水体为 Ⅲ 类水，这种实验结果与所得结论间的联系不随个人的主观意识而改变，是客观的存在。

其次，联系具有普遍性。联系的普遍性是指，世界上的任何事物和过程都不能孤立地存在，都同前后周围的其他事物和过程联系着；每一事物和过程的各个要素和环节也不能孤立地存在，都同其他要素和环节联系着；整个世界是一个相互联系的统一整体，任何事物和过程都是普遍联系之网上的一个部分、环节或阶段；孤立的、不与其他事物和过程相联系的事物和过程是不存在的。任何事物内、事物间都存在相互联系的关系。各个部分互相作用最终形成一个整体。测定多个监测指标，联系每个指标对应的水质类型，才可以做出准确的判断。已知 COD 的数值若大于 20 且小于或等于 30，便可以粗略判定该水体为 Ⅲ 类水，但此时水体中的有机污染物（可通过五日生化需氧量 BOD_5 的值来判定）通常较高，若经实验测得此时的 BOD_5 值为 8（BOD_5 大于或等于 6 且小于 10 时将水样判定为 Ⅳ 类水），则应将 BOD_5 值作为最终的判断依据。若忽略 COD 与 BOD_5 间的联系对于水质类型判断的影响，则无法做出正确的水质类型判断。

最后，联系具有条件性。部分联系只有在特定条件下才能对事物发展产生积极作用，通过分析实验数据，需要最终制定出水质净化的方案。该方案的制定是受诸多条件影响的，在水质本身较好的水体中，可利用万年青等植物的生态浮床技术，帮助提升水体的自净能力；在轻、中度污染的水体中，生态浮床技术只能起到辅助作用，曝气装置在该条件下具有最高的效益；对于严重污染的水体则需厌氧消化的技术，才能达到有效提升水质的效果。只有充分利用有利条件，又善于转化不利条件，才能够科学有效地从根本上解决问题。

2. 唯物辩证法是哲学中关于自然、社会和思维的最一般规律的理论。唯物辩证法关于世界普遍联系的观点告诉我们，任何事物都不是孤立存在的，而是与周围的事物、环境有着密切的联系。这要求我们坚持用联系的观点看问题，承认联系的客观性，反对主观联系，并且"一切以条件、地点和时间为转移"。随着当今科学技术的发展与理论研究的成熟，环境专业实验的内容、目的及方法不断更新，与时俱进。pH 值的测定最初采用比色法，将 pH 试纸与待测溶液的显色反应结果与比色卡上的颜色进行对照，测定结果受人眼对于色彩的分辨能力等因素的限制，往往产生较大误差。经过科学家的大量研究，把握化学物质结构组成的客观实际，掌握酸碱性强弱与其他因素之间相互影响的规律，发明了利用原电池原理工作的 pH 计，精确度可达到小数点后两位。

四、教学反思

该案例的具体实施效果较好。唯物辩证法的基本原理比较抽象，纯粹的理论讲解较为枯燥，因此由思政课教师带领学生探索他们专业实验中的马克思主义基本原理，不仅能够提高学生参与思政课程的热情，使学生更加深刻地认识到马克思主义基本原理对日常学习和生活的指导作用，还可以使思政课教授的知识真正发挥育人功能。

实施该教学案例需要改进之处：思政课教师既需要提高自身的专业理论水平，又需要结合授课班级同学的专业针对性地教学。改进思路：可以加强思政课教师与专业教师的交流，给学生提供更多的发言机会，促进教学相长。

（本案例由杨小勇、李锦晶编写）

案例二十一
我国生态环境建设中的辩证法

一、案例描述

党的十八大以来，我国的生态环境建设问题被提升到前所未有的高度，随着我国经济发展建设进入新常态，生态环境建设与经济发展、社会发展、人民群众的自身发展有了更为紧密的联系。但在祖国各项事业迅猛发展的同时也伴随着生态环境的恶化，生态环境建设中的问题越来越突出。我国生态环境建设思想起步相对较晚，对环境保护与建设的发展进程缓慢，生态环境脆弱的地区出现了生态危机。

在环境问题中，人作为问题的主体，有着不可推卸的责任，保护环境与其说是为了自然界，不如说是为了保护人自己，或者更确切地说是为了让人类自身及其后代可持续发展。我国现阶段生态环境建设问题仍然突出，其中较具代表性的问题有环境监管不到位、资源浪费以及主体环保意识不强等问题。

环境监管不到位、生产力的不平衡发展都影响了生态环境建设。同时民众的环保意识也亟待提高。我国现阶段人民生活水平有了显著提高，但就环境保护来讲，人作为生态环境建设的主体，仍存在意识不强等问题。

1949年后，我国在相当长一段时间内忽略生态环境，忽略环境保护，造成了严重的生态危机，从20世纪70年代起中国政府开始关注环境问题，但在一定程度上并未得到公众的广泛关注，一些恶性环境污染现象惊醒公众，环保与生态建设的理念又重归人心。进入新时代，我国不断加强生态文明建设，生态环境发生了历史性、转折性、全局性变化，我们的祖国天更蓝、山更绿、水更清。

（案例材料来源：同济大学环境科学与工程学院环境工程专业胡聪睿同学的课程论文《我国生态环境建设中的辩证法》）

二、案例提问

1. 我国的生态环境建设体现出什么辩证法思想？
2. 如何正确处理人与自然的关系？

三、案例解析

1. 经济快速发展，使环境、气候都有了巨大的改变，出现了温室效应、臭氧层破坏等问题。面对这些问题，习近平倡议开创合作共赢的气候治理新局面，形成各尽所能的气候治理新体系，坚持绿色复苏的气候治理新思路，宣布中国将落实一系列新举措。

这些举措基于两个方面提出。一方面，尊重客观规律是正确发挥主观能动性的前提。人们只有在认识和掌握客观规律的基础上，才能正确地认识世界，有效地改造世界。人创造历史，但不是随心所欲地创造。只有遵循历史发展的规律，把握时代的脉搏和契机，人才能真正成为历史的主人。另一方面，只有充分发挥主观能动性，才能正确认识和利用客观规律。承认规律的客观性，并不是说人在规律面前无能为力、无所作为。人能够通过自觉活动去认识规律，并按照客观规律去改造世界，以满足自身的需要。因此，尊重事物发展的客观规律性与发挥人的主观能动性是辩证统一的，实践是客观规律性与主观能动性统一的基础。

2. "坚持人与自然和谐共生"，并将其作为新时代坚持和发展中国特色社主义的基本方略之一，这为科学把握、正确处理人与自然的关系提供了基本遵循。坚持人与自然和谐共生，是马克思主义生态观在当代中国的最新发展，是以习近平同志为核心的党中央深入把握经济社会发展规律、人与自然发展规律的重要理论创新，彰显了对中华民族永续发展和人类未来的责任担当。人与自然是生命共同体，人类必须尊重自然、顺应自然、保护自然。

四、教学反思

该案例的实施切实提高了教学实效性。第一，促使教师结合不同专业进行教学思考，有针对性地开展教学，提高教学质量。第二，激发学生学习兴趣，使其结合现实问题思考马克思主义理论，有助于加深学生对马克思主义基本原理的理解。

实施该教学案例需要改进之处：教师没有将马克思主义理论同学生的专业或现实情况紧密结合。改进思路：要求教师将马克思主义基本原理同学生所学专业相结合解释现实现象，提升课程的趣味性、理论性。

（本案例由杨小勇、李锦晶编写）

案例二十二
环境监测实验中的量变质变规律

一、案例描述

生活中处处隐藏着马克思主义基本原理，马克思主义并非一条框定的概念，而是一种思想立场、一种思维方式。书本上，一行行的文字也许看起来离我们很遥远，但它们其实无时无刻不在影响着我们的学习和生活。就实验而言，人们通常运用某些技术手段，通过测得的某些量来评价某些质，通过计算量变进而推导出质变。在环境监测实验中，以监测同济大学中的三好坞及同心河水体水质为例，我们测得的各种指标即水体的质。酸度、碱度、COD、BOD_5、氨氮这些理化性质反映的是这段水体的"质"。这些量能够反映出该段水体质的好坏。

酸碱滴定曲线很好地体现了量变与质变的关系。用标准浓度的 NaOH 滴定未知浓度的 HCl，溶液的 pH 值随 NaOH 用量变化的情况如图 3-1 所示。

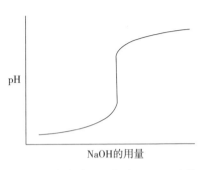

图 3-1　溶液的 pH 值随 NaOH 用量变化的情况

溶液的 pH 值随 NaOH 用量的改变在经历一个平滑区之后有一个突跃，这是量变到质变的另一种表现形式。

这些就是它作为一项事物的内在规定性。以我们对"质"的了解，就可以得知这段水体的具体情况以及其显示出的相关问题等。

此外，在环境监测实验中，有很多度需要把握。比如，该加多少试剂、滴定终点时溶液为什么颜色，实验结果的正常值域是多少……都是实验中与"度"有关的问题。控制好度，才能有最理想的实验状态与结果。以酸碱滴定这一操作过程为例，无论我们测多少水样，滴定时都该只加 2~3 滴染色剂（酚酞、石蕊、甲基橙等）。这是因为溶液本身就带有 pH 值，如果加入过多染色剂，会改变溶液原本的 pH 值对实验产生影响；加入过少，则看不清颜色变化。这就是我们需要掌握的度。拧仪器瓶盖时，我们不能用力过猛，否则可能会打破精细的玻璃容器，这也是需要掌握的度。换言之，我们就是在基于合适的度来操作，通过控制量变来达到质变。这就是环境监测的目的，而那个引起质变的关节点便是我们的研究方向。

（案例材料来源：同济大学环境科学与工程学院环境工程专业潘佳晴同学的课程论文《环境监测实验中的量变质变规律》）

二、案例提问

1.基于量变与质变关系分析一些理化性质与水质之间的关系。

2.请结合案例解释"度"。

三、案例解析

1.量变和质变是相互渗透、相互交织的。量变是事物数量的增减和组成要素排列次序的变动，是保持事物的质的相对稳定性的不显著变化，体现了事物发展渐进过程的连续性。质变是事物性质的根本变化，是事物由一种质态向另一种质态的飞跃，体现了事物发展渐进过程和连续性的中断。量变和质变的辩证关系：第一，量变是质变的必要准备。任何事物的变化都有一个量变的积累过程，没有量变的积累，质变就不会发生。第二，质变是量变的必然结果，单纯的量变不会永远持续下去，量变达到一定程度必然引起质变。第三，量变和质变是相互渗透的。本实验中，样本水相关理化性质的逐渐增长或降低，是一个量变的过程，当达到一定值时，水的品质就会发生"质"的变化。而这只能算部分质变，距离真正的质变还有一段路程。如果用一条曲线表示事物变化过程，把平滑的一段拉近放大来看，其实际上仍旧是阶梯状改变的，只是这些小的质变相比大的质变作用小了一些，因而在整体上，可以将其划分到总的量变阶段中。

2. 任何事物都是质和量的统一体，质和量的统一在度中得到体现。度是事物保持自己质的量的限度、幅度、范围。度是事物质和量的统一，是和事物的质相统一的数量界限。度的范围和界限的两端就是关节点，也叫临界点，它是一定质的事物所能容纳的量的变化的最高界限和最低界限，到了这个关节点，量变就要引起质变了。

从量变到质变要坚持适度原则。从对环境监测实验的分析中可以看出，量变只有在一定范围和限度之内，事物才能保持其原有的性质。因此，如果我们想保持所测水样的稳定性，就必须把量变控制在一定的限度之内。这样的分寸感同样适用于生活。"物极必反"，事物发展到极端时就会向我们未曾预料的反方向转化。因此，应坚持适度原则，分寸不仅适用于实验操作，也适用于日常生活。

四、教学反思

该案例的具体实施效果较好。第一，有助于加强马克思主义基本原理与环境工程专业的联系。这种引导式教学可以激发该专业学生主动学习的兴趣，将马克思主义基本原理同本专业相结合。第二，可以实现教学相长，既增强学生对该门课程的兴趣，也为教师进一步提升教学能力提供了路径。

实施该教学案例需要改进之处：若要将马克思主义基本原理同环境工程专业学习高度融合，马克思主义基本原理课程的授课教师就必须掌握一定的环境工程知识，能够熟练运用马克思主义基本原理解释环境工程专业的实验现象、规律等，这样才能够使学生更深入地理解原理的内核。改进思路：马克思主义基本原理课程的授课教师应掌握环境工程专业的相关知识，如典型的实验案例等，将此作为授课时的素材，使学生产生共鸣。同时，增加师生之间的互动，鼓励学生踊跃发言，既能激发学生思维，也有利于提升教师个人的教学素养。

（本案例由杨小勇、李锦晶编写）

案例二十三
唯物论和历史唯物主义在环境工程专业中的应用及指导价值

一、案例描述

生态文明建设、美丽乡村建设都是我国面临的时代课题。我国在推进美丽乡村建设的过程中取得了巨大成绩，使乡村面貌焕然一新，但不可否认实践过程中依然面临很多现实问题。作为一名环境工程专业的本科生，在 2019 年暑假，我与同专业的其他几名同学在同济大学环境科学与工程学院吴德礼教授的指导下，围绕"乡村振兴"主题，前往四川省兴盛镇开展了为期一周的暑期实践调研。实践过程中，马克思主义的生态文明思想对解决美丽乡村建设面临的生态难题发挥了积极的指导作用。新时代，美丽乡村建设以马克思主义生态文明思想为出发点，从整体上审视存在的问题，有助于明确美丽乡村建设的实现路径，促进美丽乡村建设，实现乡村振兴。

在深入乡村进行实际情况调研的过程中，我们发现兴盛镇乡村人居环境改善存在一些问题，兴盛镇下辖的五个行政村的生态环境遭到破坏，乡村发展的可持续性不足。在过去几十年的发展中，村民"依山吃山""傍水吃水"的思想观念牢固，这一思想引导下的生产生活实践对农村生态环境造成了严重的破坏。尤其是 20 世纪 90 年代以来农民为了获得大量耕地而进行的"开山修田""围湖造田"造成了严峻的生态环境问题。植被大量减少，水土流失严重，植被防风固沙作用大大减小，遇到恶劣天气发生自然灾害的危险显著增加。另一个问题就是乡村经济发展滞后，乡村建设资金来源有限。尽管有国家项目和资金的扶持，但是要照顾到乡村发展的方方面面，国家财政也略显不足，且国家也不能一直承担"输血"任务，农村发展依靠自身"造血"才是关键。反观乡村经济发展，传统的种植、养殖经济活力不足，现代的农作物加工、手工艺品制作等带来的经济效益一般。农户每年的收益用于生产、生活的各项支出后盈余不足，即便有为乡村建设投入的想法，也因为没有经济实力而无法落实。

面对乡村建设过程中的种种问题，如何解决人与自然间存在的矛盾成为我们小组成员要思考的一大难题。将马克思主义的自然生态观运用到乡村环境治理中可以帮助我们更有效地探索出加快美丽乡村建设的途径，马克思的自然观可以概括为人与自然和谐共处是共同发展的前提，二者是辩证统一的，并且提出要大力保护自然生产力。

由此，马克思主义生态观在指导我们以"美丽乡村建设"为主题的暑期实践中逐渐成为一种价值遵循。我们小组组员在老师的指导下，共同参与编制了兴盛镇人居环境改善战略方案。

（案例材料来源：同济大学环境科学与工程学院环境工程专业陆文祺同学的课程论文《马克思主义对环境工程的应用及指导价值》）

二、案例提问

1. 如何理解"人与自然和谐共处"？

2. 根据以上案例，利用马克思主义基本原理相关内容谈谈如何构建美丽乡村？

三、案例解析

1. 世界的物质统一性问题，是回答世界上的万事万物有没有统一性，即有没有共同本质或本原的问题。马克思主义认为，世界的统一性在于它的物质性，世界统一于物质。第一，自然界是物质的；第二，人类社会本质上也是物质的；第三，人的意识统一于物质。世界的物质统一性是多样性的统一。物质世界包含着不同的物质现象和物质形态、不同的物质层次和物质结构、不同的物质过程和物质活动，包含着自然界和人类社会，是一个充满多样性的世界。

人与自然都是物质世界的一部分，共存于物质世界中，因此，乡村振兴需要调节人与自然的关系。人与生态系统的协调发展仍应以人类为主体，仍应包括改造自然的内容，注重保护生态环境和防灾减灾，生态自然界是天然自然界和人工自然界的统一，是人类文明发展的目标。因此，要正确认识人类与生态系统的关系、人类在实施和实现可持续发展中的地位和作用，做到人与自然和谐相处。

2.乡村振兴包括多个方面，不仅要做到乡村生态振兴，实现人与自然和谐共生，还要实现乡村经济振兴，发展特色乡村经济，靠内生动力实现乡村经济的稳步增长。

社会存在是指社会物质生活条件，是社会生活的物质方面，主要包括自然地理环境、人口因素和物质生产方式。自然地理环境是指与人类社会所处的地理位置相联系的自然条件的总和，是人类社会生存和发展永恒的必要条件，是人民生活和生产的自然基础。人在自然面前不是被动的、无能为力的，而是能动的、积极的，因此要坚持人与自然和谐共生，建设生态文明，这是中华民族永续发展的千年大计。实现乡村生态振兴，要着力解决以往过度追求经济利益造成的乡村生态环境破坏现象，不断推进植树造林、退耕还林、退耕还草等防风固沙工程，不断完善乡村垃圾处理、污水排放形式，通过专业部门检测将不善于耕种的田地种植适合的植被，将绿水青山还给乡村、还给自然。要像爱护眼睛一样爱护生态环境，形成绿色、低碳、环保的生产生活方式。

社会存在决定社会意识，社会意识对社会存在具有能动的反作用。社会存在具有相对独立性，先进的社会意识反映了社会发展的趋势和要求，对社会发展起着积极的促进作用。因此，实现乡村振兴，要在乡村规划时牢固树立生态环境保护意识，不能流于形式。同时要不断提升农民的思想道德素质，以文明的生态行为造福家乡，利用文化墙、乡村舞台、宣讲课堂等为村民宣传自然对于人类生存发展的重要价值，使村民将生态环境保护理念内化于心、外化于行。社会意识的能动作用是通过指导人们的实践活动实现的，因此在实现乡村振兴的过程中，不仅要进行顶层设计，还要将社会实践的主体——人民群众动员起来，一起为实现乡村振兴出谋划策、贡献力量。

四、教学反思

该案例的实施坚持了具体问题具体分析。第一，同学生专业相结合，能吸引学生注意力。课堂上，学生对本专业学习同马克思主义基本原理相结合充满好奇，会积极参与到课堂讨论中。第二，有助于学生理解马克思主义基本原理。马克思主义基本原理课程的内容主要是概念性的知识，会让人感到枯燥，让学生参与案例讨论，能够让学生发现马克思主义基本原理同专业学习之间的联系，帮助同学加深理论理解。

实施该教学案例需要改进之处：将马克思主义基本原理同学生所学专业相联系，会触碰到教师的知识盲区，影响教学效果。改进思路：教师要加强对学生所学专业的基本知识的学习，在此基础上，根据案例及学生所学专业，从专业的角度阐释马克思主义基本原理，及时解答学生的疑惑，满足学生的求知欲望，真正达到教学目的、实现教学目标。

（本案例由杨小勇、李锦晶编写）

案例二十四
分析化学实验中的马克思主义原理

一、案例描述

分析化学是一门严谨求实的学科，分析化学实验更是实践支撑理论的重要体现。沉淀重量分析一方面要保证较高的准确度，即要使沉淀完全、纯净，另一方面还要使沉淀易于过滤和洗涤。沉淀是否完全主要取决于沉淀的溶解度以及影响沉淀溶解度的因素（如同离子效应、盐效应、酸效应、络合效应、温度、溶剂、沉淀颗粒大小及析出形态等）。沉淀是否纯净主要取决于沉淀的类型（晶形沉淀或无定形沉淀）以及影响沉淀纯度的因素（共沉淀和后沉淀现象）。沉淀是否易于过滤和洗涤主要取决于沉淀的类型。就晶形沉淀而言，设法降低相对过饱和度以获得易于过滤和洗涤的晶形沉淀是重点，因此要掌握"稀"（在适当稀的溶液中进行沉淀）、"热"（在热溶液中进行沉淀）、"慢"（缓慢加入沉淀剂）、"搅"（在不断搅拌下加入沉淀剂）、"陈"（陈化）。就无定形沉淀而言，由于其溶解度一般都很小，很难通过降低相对过饱和度来改变沉淀的物理性质，所以应设法破坏胶体，防止胶溶，加速沉淀微粒的凝聚，减少杂质的吸附，便于过滤和洗涤，因此，要掌握"浓"（在较浓的溶液中进行沉淀）、"热"（在热溶液中进行沉淀）、"电"（加入电解质以利于胶体凝聚）、"快"、"过"（快速过滤，不陈化）。

在分析化学实验中，也存在许多对立统一的例子。以 $NaCO_3$ 标定 $KMnO_4$ 溶液为例，最开始参与反应的物质浓度较低，反应速度比较慢，不过反应产物 Mn^{2+} 对该反应有正催化作用，所以随着反应的不断进行、Mn^{2+} 的不断增加，反应速度不断加快，逐渐到达顶峰，但之后因反应物浓度降低，催化剂的作用抵消不了浓度的影响，反应速率又会逐渐降低直至反应完成。矛盾是事物发展的动力和源泉，世上万事万物无不处于矛盾对立统一的关系中，相互影响而存在。矛盾着的对立面相互依存，互为前提，并共存在一个统一体中，同时矛盾着的对立面相互贯通，在一定条件下可以相互转化。

（案例材料来源：同济大学环境科学与工程学院环境科学专业贾坤燊同学的课程论文《分析化学实验中的马克思主义原理》）

二、案例提问

1. 上述案例体现了哪些马克思主义基本原理？

2. 试运用对立统一规律和量变质变规律分析化学实验中的必然性及其成效。

3. 对立统一规律有何现实指导意义和作用？

三、案例解析

1. 上述案例内容体现了：①事物的矛盾运动表现为量变与质变及其相互转化。量变和质变是事物矛盾运动中两种最基本的状态，事物的发展变化都是由量变到质变再到新的量变的质与量的转变过程。②矛盾的发展是不平衡的，因而存在着主要矛盾和次要矛盾。③矛盾是反映事物内部和事物之间对立统一关系的哲学范畴，对立和统一分别体现了矛盾的两种基本属性。矛盾的同一性是指矛盾双方相互依存、相互贯通的性质和范畴，矛盾的斗争性是矛盾着的对立面相互排斥、相互分离的性质和趋势。

2. 分析化学实验中，也有许多量变质变相互转化的例子。比如 $NaCO_3$ 与 HCl 的反应，如果两者的物质的量之比为 $Na_2CO_3 : HCl = 1 : 2$，那么反应的产物将会是 NaCl 与 CO_2，如果两者的物质的量之比为 Na_2CO_3 ： HCl=1 ： 1，那么反应产物将会是 $NaHCO_3$ 与 NaCl。分析化学实验中的酸碱滴定、络合滴定、氧化还原滴定、电位滴定等，都存在因为反应物物质的量之比不同，造成反应产物有所区别的情形。这些现象也验证了量变是质变的必要准备、质变是量变的必然结果、量变质变互相渗透的量变质变规律，体现了事物发展的渐进性和飞跃统一性。

内因是事物发展变化的根本原因，它规定了事物发展的方向；外因是事物存在和发展的必要条件，外因通过内因而起作用。比如，碘量法。I 是非极性的，在水中的溶解度很低（0.00133 mol/L），易挥发；I_2/I^- 的 E（0.5345 V）低于 O^{2-}/H_2O 的 E（1.229 V），因此 I^- 易被空气氧化。I_2 的挥发和 I^- 的氧化就是碘量法产生误差的两个重要的原因，这是由其物质的性质决定的，属于内因。为了提高碘量法的准确度，实验过程中可以通过控制实验条件减小误差。例如，为增大 I_2 的溶解度，防止 I_2 的挥发，须做到：①加入过量 KI 使 I^- 生成 I_2 ；②在碘量瓶中析出 I_2 ；③在室温下进行反应和滴定；④析出 I_2 后进行滴定时不要剧烈摇动碘量瓶。为了避免 I^- 被空气氧化，须做到：①避光；②溶液的酸度不要太高；③某些离子（如 Cu^{2+} 等）可以催化 I^- 被空气氧化，需提前掩蔽或分离。以上这些实验条件的控制都是减小误差来源的外因，这些实验条件的确定都是基于 I^- 和 I_2 的性质得到的，即外因通过内因起作用，也进一步印证了外因是事物存在和发展的必要条件。

3. 矛盾是反映事物内部和事物之间对立统一关系的哲学范畴，对立和统一分别体现了矛盾的两种基本属性。矛盾的同一性是指矛盾双方相互依存、相互贯通的性质和范畴，矛盾的斗争性是矛盾着的对立面相互排斥、相互分离的性质和趋势。

这启示我们矛盾是客观存在的，我们无法回避、逃脱，必须敢于正视、直面矛盾。进入新的历史境域，我们比以往任何时候都更加接近中华民族伟大复兴的宏伟目标，但与此同时，我国的发展也开始进入各种矛盾不断积累甚至集中显露期，这些矛盾既涉及国家间在政治、经济、外交方面的摩擦与交锋，也包括国内经济、政治、文化、社会以及生态文明建设等方面的矛盾，还包括一些突发性的问题和矛盾。面对这些客观存在的矛盾，我们无法回避更无法逃脱，必须以大无畏的勇敢姿态承认和正视这些矛盾，这是对待矛盾最本然、最正确的姿态。

四、教学反思

1. 在教学设计上充分重视学生的主体地位，贯彻自主学习与合作学习策略，把自主学习与合作探究结合起来，让学生自己去分析、思考，引导学生自己得出结论，从而培养学生运用所学知识分析问题、解决问题的能力。

2. 对该教学案例的运用，达到了教学内容与学生专业知识结合的目的。该案例分析突出运用对立统一关系原理分析化学实验，有助于学生更好地理解对立统一规律并将其运用于具体实践中。

3. 立足于学生现实生活，从现实中寻找材料，将感性认识与理性认识相结合、理论与实践相结合，引导学生运用所学知识分析和解决生活中的实际问题，运用矛盾分析法来认识世界、改造世界。

（本案例由陈红睿编写）

案例二十五

联系的辩证法在环境监测实验中的运用

一、案例描述

随着科学技术的发展、环境保护重要性的进一步凸显，有关环境保护的产业与学科也发展起来。为了追求更健康的生存环境，人类开始从现象入手开展环境监测，通过积累长期的数据分析及追溯污染源头，环境监测实验逐渐发展起来了。

环境监测实验课程是一门偏应用性的课程，它的理论基础是化学、生物、物理、数学等学科，同时也与人文、管理等学科有着千丝万缕的联系。

环境监测实验课程是一门非常严谨的课程，课程内容的各个板块都是相互渗透、相互承接的。想要学好环境监测实验这一门课就必须重视其课程内容内在的联系性。

环境监测实验课程还是一门实用性很强的课程，它所对接的环境监测是环境保护活动中的重要环节，涉及社会的方方面面。例如，环境监测涉及环境法律条文的编写、环境保护部门监测环境的具体方法等。

世界上的一切事物都处在永不停息的变化发展中，环境监测实验这门课程也不例外。随着时代的进步，互联网与人工智能等技术蓬勃发展，推动了整个社会的智能化发展，环境监测也不例外。环境监测方法越来越智能化，环境监测仪器也越来越精密。至于环境监测的未来会是怎么样的？无法预测，但我认为一定会越来越好。

（案例材料来源：同济大学环境科学与工程学院给排水科学与工程专业马丽清的同学的课程论文《联系的辩证法在环境监测实验中的运用》）

二、案例提问

1. 上述案例体现了哪些马克思主义基本原理？
2. 试运用联系的辩证法原理分析环境监测实验课程的产生、现状（包括其理论基础、学习方法及其与社会的联系）以及未来的发展。

三、案例解析

1. 唯物辩证法认为，世界上的万事万物都处于普遍联系之中，而普遍联系能引起事物的运动发展。谈起事物的普遍联系，我们要从多个角度进行分析。首先，这种联系是普遍的，任何事物都不能孤立存在，它无法逃脱世界的普遍联系之网。其次，联系是客观的，联系的客观性指联系是事物本身所固有的，它不以人的意志为转移。再次，联系是多样的，包括直接联系与间接联系、内部联系和外部联系、本质联系与非本质联系、必然联系与偶然联系等。最后，正是这丰富多彩的联系促使了事物本身的发展与前进。

（1）以联系的普遍性和客观性分析环境监测实验课程的产生。

唯物辩证法认为，联系是普遍的。环境监测是环境保护的一个环节，它不是孤立存在的，而是与周围的事物存在普遍联系，环境监测的产生也是有现实基础的。自工业革命以来，科学技术不断发展，对能源的应用程度逐渐加深，污染也随之产生。例如，使用煤等能源产生的二氧化碳污染、汽车尾气污染、使用农药等造成的有机物污染、重金属污染等。污染的产生与加剧使国家越发重视环境保护，提出了"绿水青山就是金山银山"的口号，环境监测实验这门课程也因此产生并迅速发展起来。

（2）以联系的多样性详细分析环境监测实验的现状。

唯物辩证法认为，由于事物是千差万别的，所以事物的联系也是多种多样的。在实际生活中，人们容易看到的是那些直接的、表面的和眼前的联系，而往往忽视那些间接的、本质的和长远的联系，忽视事物之间相互联系的中间环节。把握联系的多样性，对于我们正确认识事物具有很重要的意义，接下来将利用联系的多样性详细分析环境监测实验的现状。

（3）基于直接与间接联系分析环境监测实验的理论基础。

环境监测实验是一门课程，从联系的辩证法来看，其是无法孤立于其他学科而存在的。

环境监测实验课程是一门偏应用性的课程，它的理论基础是化学、生物、物理、数学等学科。也就是说，环境监测实验与化学、生物、物理、数学等学科是存在直接联系的。进一步说，环境监测仪器的制作需要参考物理原理以及化学原理；在实际监测的过程中我们会用到不同的方法，而这些方法的选择是基于丰富的化学、物理等理论知识进行的；监测实验之后，我们还要对获得的数据进行处理，而要想做到这一点，数学知识是必不可少的。所以若想学好这门专业基础课，就需要掌握一定的理论知识，否则将只能学到皮毛，不明白真实的原理，更不会举一反三、灵活变通，也就学不好这门课。

那环境监测实验与其他学科是否存在关联呢？答案是肯定的，虽然它与人文、管理等学科没有直接联系，但它们之间是存在间接关联的。例如，我们需要在不同的地方进行环境监测以获取数据，实验过程中势必与当地居民进行交谈，而丰富的人文知识会让你熟知当地的风土人情，从而避免冲突的发生，有利于监测的开展。所以，环境监测实验课程看似是一门独立的课程，实际上它与众多课程均存在一定的联系。

（4）基于内部联系分析学好环境监测实验课程的方法。

环境监测实验课程内部的各个板块也不是相互割裂的，而是相互渗透、相互承接的。环境监测实验包括多个环节，其中就有水样的采集与保存等，这两个环节是相互联系的，前一个环节若未能做好势必影响后一环节的进行。学习是一个从一而终的过程，我们不能将其割裂，换句话说，即使你对某一部分的知识学得再好，若你之前的知识未能学好，环境监测实验也是不能圆满完成的。

（5）基于外部联系分析环境监测在社会中的应用。

将环境监测实验这门课程置于社会中去考虑，又涉及诸多方面。环境监测涉及环境法律条文的编写、环境保护部门监测环境的具体操作方法等，这是环境监测与社会的联系。再往大的方面讲，它是社会活动中的一个环节，涉及社会的方方面面，环境监测包括具体采样和在实验室进行监测两大环节，这两个环节的工作人员隶属不同的机构，他们之间需要沟通、交流与协作。同时，因为他们共同完成这个监测，所以必须对彼此负责。由此我们便可看出，环境监测并不只涉及环境监测，它还涉及人与人之间的沟通，涉及社会学。所以，环境监测是统一的联系之网上的一个网结，它四通八达，通向各个方向。

（6）基于联系的相互作用分析环境监测实验未来的发展。

唯物辩证法认为，事物与事物之间是相互联系的，而这相互联系中包含了事物的相互作用，而这相互作用必然导致事物的运动、变化和发展。

世界上的一切事物都处在永不停息的变化发展之中，环境监测实验这门课程也不例外。随着时代的进步，互联网与人工智能等技术蓬勃发展，推动了整个社会的智能化发展，环境监测实验也不例外。之前对湖泊的环境进行监测需要工作人员划船到指定采样点去采集样品，而如今我们可以使用无人机技术到指定地点采样而不需要耗费大量的人力物力。同时，随着技术的发展，环境监测的效率也大大提高，目前已经有自动注射技术可以节省大量的时间成本，计算机可帮助处理监测数据，使办事效率大大提高。另外，随着技术的发展，环境监测的仪器变得更加便于携带与操作，处理样本的时间也大大缩短，测得的数据越来越多，使用的药剂也有所减少，对环境的污染也逐渐下降。这一切都使环境监测变得更加常态化。至于环境监测的未来是怎么样的？我们可以在此进行大胆猜测，随着技术进步，环境监测或许会实现全球的实时监测，而这一切都少不了人工智能技术的发展。

2. 环境监测实验课程不是一座孤岛，而是统一的联系之网上的一个网结，与其他事物有着普遍的联系，同时这些联系使它们彼此之间相互作用，促使了环境监测实验的产生及发展。所以，要真正了解这门课程，我们也必须了解其与其他事物之间的联系，并运用这些联系使其发展，进而利用环境监测的手段守护好我们的绿水青山。

四、教学反思

该教学案例的实施效果较好。第一，该案例通过从现实生活事例中提取哲学观点的方法来加深学生对事物普遍联系原理的理解。世界上的事物都处于普遍联系之中，唯物辩证法是关于物质世界的普遍联系与永恒发展的一般规律的原理，是认识世界和改造世界的根本方法，其基本范畴和规律是揭示了事物普遍联系和永恒发展的本质。第二，该案例与教学内容紧密结合，培养了学生用马克思主义基本原理分析和解决现实问题的能力。

（本案例由陈红睿编写）

案例二十六

马克思主义真理观在工科实验中的具体应用
——以给排水科学与工程专业为例

一、案例描述

马克思主义有着鲜明的科学性、实践性、人民性、发展性特征，它是观察当代世界变化的认识工具、指引当代中国发展的行动指南和引领人类社会进步的科学真理。马克思主义真理观是马克思主义的重要组成部分，是对真理及其性质、真理与谬误之间的关系等内容的科学性论述。马克思主义真理观对人们的现实生活具有重要的指导作用。

水样中的氨氮测定实验是环境类专业本科生的基础性实验，其测定方法为分光光度法。分光光度法是物质含量测定的一种常见方法，原理较为简单，易于理解。分光光度法实验过程的很多方面都体现了马克思主义真理观。

物质含量的测定方法有很多，包括重量法、滴定法、分光光度法等。分光光度法是仪器分析的重要组成部分，具有灵敏度高、操作简便等诸多优点，应用十分广泛。分光光度法是通过测定被测物质在特定波长处或一定波长范围内光的吸收度，对该物质进行定性和定量分析的方法。简而言之，分光光度法的原理大致如下。

对于含某一物质 M 的溶液而言，选取一个合适波长的光，让这束光去照射浓度为 c 的含 M 的溶液。物质 M 对该波长下的光有一定的吸收，光的吸收程度用吸光度 A 表示。在相同波长、相同强度的光的照射下，改变溶液中物质 M 的浓度 c，我们可以得到不同的吸光度 A，即得到一个 A 与 c 的函数关系。根据吸光度与物质浓度之间的函数关系，我们可以绘制一条标准曲线，用标准曲线来拟合这个函数关系。当我们需要测定某一样品中 M 的浓度时，继续在相同条件下测定其吸光度 A′，根据之前所获得的标准曲线，可以计算出该样品中指定物质 M 的浓度 c′。

当吸光度与物质浓度呈线性变化时，吸光度与物质浓度之间的关系式是最方便求解的，此时标准曲线为一条直线。用直线拟合各数据点，得到一条回归直线，再将待测样品的吸光度代入直线方程，可以求得待测样品中待求物质的浓度。根据相关数学知识，回归直线的拟合程度可以用线性相关系数进行描述。

朗伯 - 比尔定律是关于分光光度法的基本定律，它指出：当一束平行单色光垂直通过某一均匀非散射的吸光物质时，其吸光度 A 与吸光物质的浓度 c 及吸收层厚度 b 成正比。在绘制吸光度与物质浓度关系的标准曲线时，一般保持吸收层厚度不变，因此在分光光度实验中所绘制的标准曲线恰为一条直线。

水样中氨氮的测定所使用的方法便是分光光度法。碱性条件下，水样中的氨氮能够与纳氏试剂反应，生成一种棕黄色络合物，而这种棕黄色络合物可在波长为 420nm 的光下进行分光光度测定。实验过程中，需要先配制已知系列浓度的氨氮标准溶液，随后向水样中加入纳氏试剂，测定吸光度，并根据标准曲线求得水样中氨氮的含量。

（案例材料来源：同济大学环境科学与工程学院给排水科学与工程专业雷立玉同学的课程论文《马克思主义真理观在工程实验中的具体应用——以给排水科学与工程专业为例》）

二、案例提问

1. 上述案例哪些内容体现了真理的客观性？
2. 如何理解真理的绝对性与相对性？
3. 正确理解真理与谬误的关系对实践有哪些指导作用？

三、案例解析

1. 真理是对客观事物及其规律的正确反映，真理中包含不依赖于人和人的意识的客观内容，这便是真理的客观性。以朗伯－比尔定律为例，用符合条件的光照射一定浓度的溶液，其吸光度必然随着其吸收层厚度的增加而增加，且呈线性关系；若维持吸收层厚度不变而改变溶液中物质的浓度，则其吸光度必然随着溶液中物质浓度的增加而增加，且呈线性关系。这一事实是不会随着人的意志的变化而发生改变的。再以待测溶液浓度的求解过程为例，获得吸光度后，根据标准曲线即可求得对应浓度，这一求解过程并不会因为实验者心情变化而产生求解结果不能正确反映待测溶液中待测物质浓度的现象。

2. 真理的绝对性包括真理主客观统一的确定性和发展的无限性。任何真理都标志着主观和客观之间的符合，且人类认识每前进一步，都是对无限发展着的物质世界的接近。在氨氮测定实验中，从选用纳氏试剂到测定溶液的吸光度，各过程均能很好地体现真理的绝对性。无论是纳氏试剂与氨氮反应生成棕黄色络合物，还是最后绘制出的标准曲线呈现为一条直线，都是人的视觉、逻辑思维等主观活动与客观事实相符合的结果。相关学者的研究成果显示，以无氨水代替硼酸作为吸收液对水样进行预蒸馏处理，能够消除众多氨氮测定干扰物的影响。这是对原氨氮测定方法的改进，不仅令操作更简易，而且测定的氨氮含量数值也更加精确。测定方法不断改进的过程，体现了人类认识前进的过程，而这一过程正是人类对无限发展着的物质世界的接近。

真理的相对性是指人们在一定条件下对客观事物及其本质和发展规律的认识总是有限度的、不完善的。朗伯－比尔定律的提出便能很好地体现真理的相对性。朗伯和比尔出生于不同时代，而现在所说的朗伯－比尔定律是对两人的实验结论进行总结得出的定律。1760 年，朗伯发现物质对光的吸收与物质的厚度成正比，但并没有考虑到物质的浓度对吸光度的影响；直到 1852 年，比尔才发现物质对光的吸收与物质的浓度成正比。由此可以看出，人们对客观世界的认识是在不断完善的。

3. 马克思主义真理观认为，真理与谬误相互对立，但它们在一定条件下又能够相互转化。在水样氨氮测定实验中，若绘制的标准曲线的线性相关系数过低，即实验数据线性不好时，教师会要求重新进行实验，这正是依据了真理与谬误相互对立的原理。在确定的对象范围内，真理与谬误的对立是绝对的，若实验操作得当，标准曲线必然不会是由一堆线性不好的点绘制而成的。出现标准曲线线性不好的情况，必然是实验操作过程中存在失误。

然而，改变实验的条件，标准曲线可以出现非线性的情况，则体现了真理和谬误在一定条件下能够相互转化的特点。在对分析化学的学习过程中我们了解到，朗伯－比尔定律适用的条件包括五点：入射光为平行单色光且垂直照射、吸光物质为均匀非散射体系、吸光质点之间无相互作用、无荧光和光化学现象发生、吸光度为 0.2~0.8。若这些条件有一个不满足，则绘制出的吸光度随浓度的变化曲线就可能不是直线，这就与我们之前所说的"吸光度与浓度成正比"这一结论相矛盾。在朗伯－比尔定律适用条件下的真理，放在朗伯－比尔定律适用条件外就成了谬误，这正体现了真理与谬误之间相互转化。

四、教学反思

该教学案例的实施效果较好。通过学生在实验中的设计，验证了真理有界限，并且人们对真理的认识有碍于当时的认识条件。任何真理都是对于特定对象的反映，都适用于一定的范围。认识也是不断发展的，对某一问题的认识在一定历史条件下具有局限性，不可能一次性认识到事情的全部，但同时人的认识能力是无止境的，真理同样需要经过从相对走向无限深化的过程。在工科学习过程中树立马克思主义真理观具有重要意义。

（本案例由梁冰洋编写）

案例二十七
马克思主义原理在膜浓缩液处理实验中的运用

一、案例描述

创新实验项目——生活垃圾渗滤液浓缩液自由基聚合水碳分离技术及小型精准装置设计，针对渗滤液及其膜浓缩液中难降解有机物浓度高、富含腐殖酸特征污染物等特点，基于污染物中 –OH、–COOH、C–H 等特征官能团的催化改性，借助高分子自由基聚合和团聚沉降耦合技术，研发渗滤液及其浓缩液中有机物的高效分离回收技术与工艺；同时，为实现浓缩液腐殖酸与外加添加剂的精确反应，需构建小型、精确、自动智能化渗滤和膜浓缩液处理工艺设备，高效去除渗滤液及其膜浓缩液中的 COD，分离回收有机物并能源化利用。

通过调查已经存在的膜浓缩液处理技术，课题组成员发现多数方法仅仅是一种减量处理方式，通过技术如蒸发、回灌、膜处理等将浓缩液中的某种物质分离，这种方法无法从根本上除去膜浓缩液中所含的高分子物质，只能视为一定程度上对膜浓缩液的再次浓缩，因此现存的大部分减量处理技术并不能从根本上解决去除膜浓缩液中有机物质和高分子物质的问题。现存的可以直接分解高分子有机物质的方式，主要有高级氧化和焚烧两种方法。对于高级氧化法，在实际实验过程中，由于氧化作为化学反应需要投加一定量的氧化剂和其他化学药品，这意味着虽然可以较大程度地将高分子物质分解，去除膜浓缩液中的污染源，但是加入的化学药剂的成分也会体现在处理后的混合物的 COD 等数值上，可能存在处理后虽然化学药剂成分被去除，但是相关化学指标没有明显降低的现象。如果应用在实际生产生活中，也需要解决药物大量投放所带来的成本增加问题，同时氧化方式也会面临着与其他方法相同的问题，比如反应池的金属物质会受到膜浓缩液的腐蚀，药物的投加量无法精准控制从而造成药品的浪费等。对于焚烧方法，虽然该方法已经在处理高浓度废液、放射性废液等领域有着比较广泛的应用，但是也存在着明显的不足，比如需要为膜浓缩液建立专门的焚烧厂，而浓缩液会在每个垃圾填埋场甚至是转运场产生，将浓缩液集中转运再集中处理无疑会大大增加处理的成本。同时，焚烧厂会面临严重的机器腐蚀问题，而且焚烧虽然可以完全燃烧其中的物质，但是产生的废气比如氯化氢、硫氧化物、氮氧化物等，直接排入大气环境对环境有害，需要进行尾气处理方可排放。由此可见，两种现行方法其实只将注意力放在了降解膜浓缩液中的高分子物质，却没有考虑到处理过程中的预处理和最后实验产物的性质与处理。因此，本课题希望通过一年的实验，探索出一套完整的膜浓缩液处理方法。

本课题希望通过一定的方式，将膜浓缩液所含的腐殖质与原溶液完全分离，并且通过实验的预处理去除膜浓缩液中阻碍反应发生的金属离子，同时对最终反应后的溶液进行无害化处理，对溶液中可能包含的有机碳源进行再次利用，最终达到对膜浓缩液的有效处理回收。

该课题的实验过程分为三个阶段：设计实验、进行实验和数据分析。设计实验阶段需要收集相关专业知识、对已有认知进行梳理归纳，有针对性地利用膜浓缩液的特有性质选择实验方案，设计实验阶段直接决定了实验操作的难易程度与实验数据的可靠性；进行实验阶段需要根据已确定的实验方案，结合规定的实验操作标准对膜浓缩液进行处理；数据分析阶段需要根据实验操作阶段的数据与成果，结合分析方法与知识，进行归纳总结。课题组成员搜集到膜浓缩液的主要成分为腐殖酸，腐殖酸的结构如图 7-1 所示，基于物质决定性原理可知，腐殖酸中存在的大量羧基和羟基决定了腐殖酸的性质，而性质通过当下可选用的处理方式反映出来，比如进行自由基聚合反应、絮凝沉淀反应，或者采取电极电离等。最终，课题组选择了自由基聚合和絮凝沉淀两种方法开展实验探究，实验结果体现出较好的色度去除率，为后续垃圾渗滤液浓缩液的资源化利用奠定了良好基础。

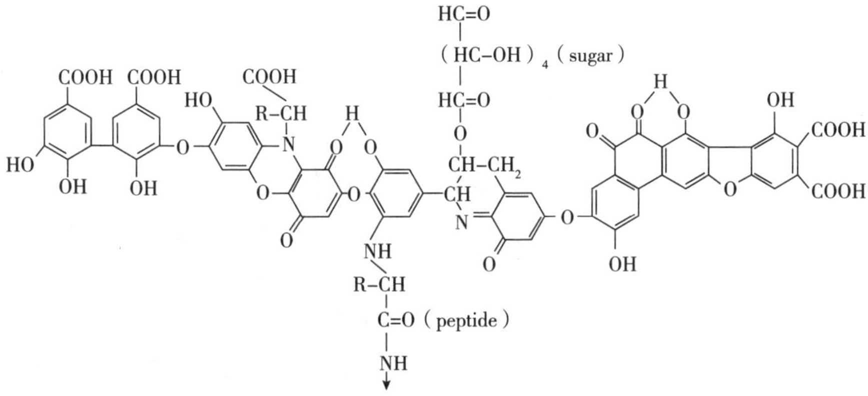

图 7-1 腐殖酸的结构

（案例材料来源：同济大学环境科学与工程学院给排水科学与工程专业徐艺林同学的课程论文《马克思主义原理在膜浓缩液处理实验中的运用》）

二、案例提问

1. 上述案例体现了哪些马克思主义基本原理？
2. 试分析实验过程中运用马克思主义基本原理的有效性和必要性。
3. 马克思主义基本原理对实验有何现实指导意义？

三、案例解析

1. 上述案例体现了物质与意识的辩证关系、事物的联系和发展原理、矛盾的斗争性与同一性、联系和发展的基本环节。要尊重客观规律，一切从实际出发，实事求是，按规律办事，解放思想，发挥主观能动性。

（1）物质与意识的辩证关系。这一原理告诉我们物质决定意识，同时意识对物质具有反作用。这一原理在设计实验阶段要求基于物质的决定性来分析膜浓缩液的表象与本质，同时利用意识的能动作用确定处理改造膜浓缩液的思路与方案。同时，根据意识反作用原理，对膜浓缩液性质的正确认识、正确评估，对实验的开展具有促进作用。在面对全新的实验领域时，课题组实验人员充分发挥主观能动性，体现了科学研究过程中严谨求实、不畏艰难的精神。

（2）事物的联系和发展原理。唯物辩证法认为，世界上的万事万物都处于普遍联系中，普遍联系引起事物的运动发展。联系和发展是唯物辩证法的总观点和总特征。

根据事物联系的普遍性原理，即任何事物都不能孤立存在，都同其他事物处于一定的联系之中，从自然界到人类社会，任何事物都处在普遍联系、交互作用之中，实践作为人的生命活动和社会存在的形式，实质上是人类所特有的联系方式，这已为人类的实践经验和科学发展所证明。同时，事物的普遍联系是通过中介来实现的，是通过中间性的联系和过渡性环节而实现的。该实验中，探究用絮凝方法处理膜浓缩液时，膜浓缩液的处理效果受到 pH、药剂投加量、反应温度、絮凝次数等中介因素的影响，证明任何事物都不是孤立存在的，实验的效果与实验条件处于一定的联系中；实验作为实践的一种方式，通过人类特有的联系方式，对实验的最佳条件进行探究和筛选，最终得出了絮凝处理的最佳反应条件。在进行本实验过程中，事物联系的普遍性决定了实验效果，保证了实验结果分析的严谨性与正确性。

（3）矛盾的斗争性与同一性。矛盾是事物发展的动力，是反映事物内部和事物之间对立统一关系的哲学范畴。矛盾的对立属性又称斗争性，矛盾的统一属性又称同一性。两者相互联结、相辅相成。斗争性寓于同一性中，同一性通过斗争性来体现，在事物发展过程中有着重要的作用。膜浓缩液处理实验共探索两种处理方法，分别为自由基聚合与絮凝沉淀，自由基聚合作为前期探究实验，处理效果与预期成果有较大差距，因此絮凝沉淀方法逐渐发展。可见在矛盾双方中，一方的发展以另一方的发展为条件。在絮凝方法通过多级实验逐渐优化条件的同时，絮凝后的废水仍然无法满足排放需求，需要利用其他处理方法进行二次处理，此时，通过论证发现，前期由于实验效果不佳而放弃的自由基聚合技术恰恰满足絮凝沉淀后废水的处理需要，可以将水中残留的有机物聚合为大分子沉淀分离，从而两种处理方法相互结合，形成了完整的膜浓缩液处理工艺与处理技术。这证明了矛盾双方具有同一性，同一性使双方相互吸收有利于自身的因素，在相互作用中各自得到发展，同时，同一性规定着事物转化的可能和发展趋势，内部矛盾双方具有相互贯通的关系，从而事物总会有规律地向自己的对立面转化。在本实验中，矛盾的同一性和斗争性发挥了重要的指导作用，课题组成员较好地把握了和谐对事物发展的作用，两种处理方法前期作为矛盾双方，通过不断实验最终处于平衡、协调、合作的状态，课题组成员把握了双方的转化协同关系，最终实现了实验方法的完善和优化。

（4）联系和发展的基本环节。内容与形式、本质与现象、原因与结果、必然与偶然、现实与可能构成了联系和发展的基本环节。其中，本质与现象是揭示事物内在联系和外在表现的一对范畴，本质是事物的根本特征，是构成事物的诸要素之间的内在联系。实验进行到絮凝沉淀阶段时，共采用了两种有机药剂——N-氨乙基-γ-氨丙基三甲氧基硅烷与(3-巯基丙基)三甲氧基硅烷，两种有机药剂在实验中表现的现象为可以明显降低膜浓缩液的色度，使浓缩液明显变澄清。现象表现本质，两种有机药剂的现象表现出其可以发生水解反应并与大分子物质接枝从而沉降的本质；本质决定现象，两种有机药剂结构中的硅氧键作为可水解并且可接枝的基团，决定了两种药剂使膜浓缩液色度降低直至澄清的现象，因此，本质与现象是相互依存的。同时，本质与现象是相互区别的，本质是一般的、普通的，深藏在事物的内部，在实验中需要基于理性思考、资料收集深度分析事物的结构才能把握；现象是个别的、具体的，可以在实验中被肉眼感知。由此可见，正确把握本质和现象对于膜浓缩液的实验研究具有重要作用。对膜浓缩液色度降低的现象进行技术分析和理论分析，从而去粗取精、去伪存真，由此及彼、由表及里，深化了对实验中投加药剂的性质和功能的认识。

2.马克思主义基本原理对实验发挥了重要的指导作用。提出实验方案和解决方法的过程就是辩证分析的过程。提出实验方案不能偏激极端，必须符合辩证思维。分析实验数据时，必须抓住各个变量、各个影响因素之间主要的、本质的联系。根据分析结果提出解决方案时，要抓住实验中的主要矛盾和次要矛盾，做到主次分明，分析原因时，要抓住引起矛盾的内因外因，同时注意矛盾之间的同一性和对立性，找出实验对应的事物本质。

总之，膜浓缩液处理实验不仅仅锻炼了课题组成员的实验操作、实践能力，更重要的是锻炼考察其分析思考的能力，而这种能力是建立在对马克思主义基本原理掌握的基础上。熟练运用马克思主义基本原理分析、解决实验中的问题从而完成实验，是对实验人员能力素质的基本要求，也是实验高质量完成的重要保证。

四、教学反思

该教学案例的实施效果较好。第一，该案例的运用，通俗化了物质与意识的辩证关系、事物的联系和发展原理、矛盾的斗争性与同一性、联系和发展的基本环节，增强了课程对学生的吸引力。该案例的案例分析部分体现了对马克思主义基本原理的运用。第二，该案例的运用，使学生认识到内容与形式、本质与现象、原因与结果、必然与偶然、现实与可能构成了联系和发展的基本环节。通过揭示事物的内在联系和外在表现，实现了将学生所学专业与马克思主义基本原理相结合的目的，可使学生更好地理解运用马克思主义基本原理。

（本案例由陈红睿编写）

案例二十八
环境监测实验溶解氧的测定中的量变质变规律

一、案例描述

水中溶解氧的含量与大气压、水温及水的含盐量有关。大气压越高、水温越低、水中含盐量越少，水中溶解氧的含量越高。水中溶解氧多，说明水体与大气的交换率高，水中溶解的其他有害气体可以充分扩散到大气中，而且水中含有的多种污染物可以被有效氧化，水体透明度增高，藻类和水生高等植物生长旺盛，能够增强对水体的净化能力，鱼类等水生动物可以得到良好的生存环境，从而实现良好的生态环境。对于一般清洁水体，溶解氧接近饱和状态。而当水体受到氮、磷等营养元素污染时，溶解氧呈过饱和状态，便会引发水华现象。水体表面藻类过多反而会降低水中溶解氧的含量，水中溶解氧的消耗速度超过空气向水体的扩散及水中生产者向水中的供氧速度，溶解氧在水中的含量会减少。当水体中溶解氧的含量低于 3~4mg/L 时，水中好氧生物开始死亡，水体生态环境被破坏，进入缺氧条件，出现水体发黑、发臭等水质严重恶化情况。

第一步，采样。样品采集的关键在于保持水样原状，尽量减少水样与空气的接触而引起水中溶解氧的增减。将取样管插至取样瓶底部让水样慢慢溢出，装满水样后继续直至再溢出半瓶左右时取出取样管，赶走瓶壁上可能存在的气泡，盖上瓶盖。之所以在水样溢出半瓶后取出取样管是为了确保气体被完全赶出，若留有气体就会导致水中溶解氧的含量发生改变。

第二步，溶解氧的固定。将移液管插至培养瓶的液面下，再加入 1.0mL 硫酸锰溶液和碱性碘化钾溶液，盖好瓶盖颠倒混合数次，静置。水中的溶解氧会将低价锰氧化成高价锰，生成四价锰的氢氧化物沉淀。沉淀的生成是液体中各物质含量变化的结果。

第三步，碘的析出。轻轻打开瓶塞，快速用移液管插至液面下向瓶中加入 1.0mL 硫酸，盖好瓶塞，颠倒混合均匀，至沉淀物全部溶解。硫酸的量是规定好的。若硫酸太少，锰的氢氧化物沉淀无法完全溶解，析出的碘的量也就无法反映溶液中溶解氧的含量。而硫酸含量过多则会影响溶液 pH 从而对后续滴定造成干扰。沉淀物溶解后放置暗处 5 分钟。时间过短，可能碘的析出不完全；时间过长，溶液不断吸收空气中的氧气会改变原溶液的溶解氧含量。

第四步，滴定。滴定过程应该是最明显表达量变质变的过程，肉眼可见的变化客观又具体地体现了量变质变规律。将析出碘的溶液移取至锥形瓶，用硫代硫酸钠滴定至溶液呈淡黄色，加入 1 滴管淀粉水溶液，继续滴定至蓝色刚好褪去为止，记录硫代硫酸钠的用量。淀粉遇碘变为蓝色，而硫代硫酸钠与碘反应，随着硫代硫酸钠的不断加入，碘的含量越来越少，溶液颜色会稍变淡，达到临界点时碘全部反应，溶液便由蓝色变为无色。

（案例材料来源：同济大学环境科学与工程学院给排水科学与工程专业刘涛同学的课程论文《环境监测实验溶解氧的测定中的量变质变规律》）

二、案例提问

1. 上述案例体现了哪些马克思主义基本原理？

2. 试运用量变质变规律分析环境监测实验溶解氧的测定。

3. 量变质变规律有何现实指导意义？

三、案例解析

1.上述案例体现了量变质变规律。任何事物都有质的规定性和量的规定性，都是质和量的辩证统一。事物的发展是由量变到质变的过程。当事物运动在量变状态时，它主要是数量的变化，而不引起事物根本性质的变化。当事物的运动处在质变状态时，它是由事物数量的变化达到某一点发生了显著变化。量变和质变不能截然分开，量变总是伴随着质变，而质变又伴随着量的扩深。事物总是不断地由量变转化为质变。量变是质变的准备，没有一定量的变化就不可能有质的变化。

量变质变规律不仅是思想政治上的理论概念，物理、化学各个学科中的许多内容都涉及量变质变的辩证关系。例如，水的蒸发、冰的融化这种最简单的物理变化就是外界温度压强的变化导致物体的温度、密度等特性发生"量"的变化，当到达一定临界点时便发生的"质"的变化。又如，化学中最简单的酸碱中和反应，"量"的些许不同便会导致结果 pH 的"质"的不同。环境监测实验中便包含这些量变质变规律，溶解氧（DO）测定的实验中，可谓处处渗透质变量变规律。

2.溶解氧本身就体现着量变质变规律。量变是事物数量的增减和组成要素排列次序的变动，是保持事物质的相对稳定的不显著变化，体现了事物渐进过程的连续性。质变是事物性质的根本变化，是事物由一种质转化为另一种质的飞跃，体现了事物发展过程中的突跃。在度的范围内变化的是量变，超出度的变化是质变。溶解氧含量的量变会影响水生生物的生存即水体自净能力，在一定限度内只是轻微影响水体，而量变超出一定限度便会引起水质变化，因此在与水体相关的测定、评价中，溶解氧都是一项关键指标，溶解氧测定的每步都包含着质变量变规律。

本实验测的正是溶解氧的含量，取样时少量的溶解氧增加可能只会引起误差，若溶解氧增加的量过多则会导致实验失败。量变与质变的转换过程要坚持适度的原则，由于量变只有在一定的范围和限度之内，事物才不会发生质的改变，所以，当需要保持事物性质的稳定时，就必须把量变控制在一定的限度之内。

量变是质变的必要准备，任何事物的发展都是一个量变的积累过程，没有量变的积累，质变就不会发生。固定溶解氧时硫酸锰溶液的增加，为高价锰的生成提供了先行条件，而高价锰的生成又为氢氧化物的沉淀开辟了道路。质变不仅是量变的结果，还是下一阶段新的量变的开始。

析出碘时，若硫酸太少，锰的氢氧化物沉淀无法完全溶解，析出碘的量也就无法反映溶液中溶解氧的含量，而硫酸含量过多则会影响溶液 pH 从而对后续滴定造成干扰。沉淀物溶解后放置时间过短，可能碘的析出不完全；时间过长溶液不断吸收空气中的氧气会改变原溶液的溶解氧含量，总之量的不合理总可能使实验结果出现偏差。

本实验的滴定过程中，溶液的颜色可以说是该溶液质的一种属性。无论是滴加的硫代硫酸钠的用量，还是消耗的碘的含量，都是会引发质变的"量"。滴定终点的语言表述也明显照应量变质变规律的内容：当滴加最后一滴硫代硫酸钠溶液时，溶液由蓝色突变为无色，且半分钟不变色。一个"突变"正对应量变质变规律的"质的飞跃"。事物的质变是由于事物量变状态中数量的变化在某一点进行了飞跃，发生了显著变化。

3. 质，通常是抽象的，是难以捉摸的，但是它一定会通过属性或现象表现出来，而每种属性或现象也一定透露着部分的质。从思维的逻辑上来看，我们是通过分析一个事物的各种属性，逐渐把握各个方面的质，进而综合形成一个总的质，然后说这个事物具有不同于其他事物的内在性，或者说内在矛盾。量是事物的规模、程度、速度等可以用数量关系表示的规定性。量是事物的外在性，是我们的感官所直接接触的部分。对于积极因素要积少成多，而对于消极因素要防微杜渐。要根据事物的发展进程，不失时机地促进事物由量变到质变转化。

四、教学反思

该案例适用于《马克思主义基本原理（2021 年版）》第一章第二节"事物的普遍联系和变化发展"中量变质变规律的讲解。

该案例充分说明了任何事物都有质的规定性和量的规定性，都是质和量的辩证的统一。事物的发展是由量变到质变的过程。量变与质变是对发展观点的进一步具体和深化。质变是事物性质的根本变化，是事物由一种质转化为另一种质的飞跃，体现了事物发展过程中的突跃。上述案例的讲解可使学生认识量变到质变的意义，理解量变与质变的辩证规律，提高学生理解、分析和运用理论知识的能力，引导学生联系、联想、思考和探究理论知识，实现理论运用于实践。

（本案例由陈红睿编写）

第四章

同济大学马克思主义基本原理的
机械与能源工程学院专业案例

案例二十九
科学技术及人类交往作用在金工实习中的应用

一、案例描述

暑假里，按照学校安排我参加了对于机械专业学生来说特别重要的金工实习。这次金工实习让我收获良多，受益匪浅。

金工实习又叫金属加工工艺实习，是一门实践基础课程，是机械类各专业学生学习工程材料及机械制造基础等课程必不可少的选修课，是教学计划中重要的实践教学环节。我实习的工种有焊工、车工、钳工、磨、铣、铸造、3D打印、线切割、激光切割、激光内雕、PLC控制、气压液压控制、数控机床等。学习一个工种需要一天到两天，这不仅让我们了解了各工种的工作原理和工作内容，而且我们还能自行设计一些作品并制造出来。

其中，我印象最深刻的工种是激光切割。激光切割的内容是利用激光切割3mm厚的木板，并进行拼接形成一个作品。当时是分小组进行的，我们先看了之前的一些学生留下来的作品吸取经验，如风车、船、房子等，想象力极其丰富，让我们大开眼界，打开了我们的思路。然后我们进行小组讨论，最终决定制作我提出的"诸葛连弩"，这个方案的难点在于能否真正实现诸葛连弩的运动，这是先前的作品里没有的（以前的学生留下来的作品基本上是不能动的作品，重点在于模型复杂度以及做出来有多"像"）。

我们先是在网上找了一些与"诸葛连弩"相关的视频与图片，分析讨论明确了诸葛连弩的基本原理，之后开始分工，有的人设计零件，有的人负责画图，有的人负责操作控制激光的软件……

大概花了三小时，我们完成了所有模块的设计，开始实际操作机器制造我们设计好的零件，制作完成后我们迫不及待地把制作好的零件组装起来，但是出现了一些问题，有几个零件装不上去，于是我们检查了设计过程，发现有一个零件的尺寸计算错误，而后我们又改了尺寸，重新把相应的零件制作了一遍，这次终于装配成功了。然后我们进行实验，看其能否正常运动，我们将箭装进去，在准备发射时又出了问题，这次是因为诸葛连弩的主体部分分为上下两个框架，分工时是分给两个同学设计的，因为没有商量他们都忽略了机构运动过程中的尺寸要求没有统一尺寸，有一个构件过长了。但是当时已经很晚了，再重新设计制作那个零件又不太现实，于是我们找来一把锉刀，将部件过长的部分磨掉再装配起来进行实验，这次，我们终于成功了！最后的产品符合我们的预期，能将我们制作的"箭"射出去十米远，而且一次性将箭装入可以实现连发。

（案例材料来源：同济大学机械与能源工程学院机械设计制造及其自动化专业陈世龙同学的课程论文《马克思主义哲学与金工实习》）

二、案例提问

1. 利用科学技术在生产力发展中的作用分析激光切割小组作业中"诸葛连弩"的完成？

2. 用人类普遍交往及其作用分析激光切割小组成功完成作业的原因？

三、案例解析

1. 科学技术是生产力中的重要因素。科学技术能够应用于生产过程，与生产力中的各种因素相结合转化为实际生产能力。立足于全球大环境，提高原始创新、集成创新和引进消化吸收创新能力，需更加注重协同创新，使创新驱动成为中国经济发展的核心动力。在竞争日益激烈的当下，技术创新在推动经济增长中的作用越来越受到关注。

科学技术的发明创造，会引起劳动资料、劳动对象和劳动者素质的深刻变革和巨大进步。在制作"诸葛连弩"的过程中，通过对学生进行培训，进一步提升了学生的劳动技能，而激光切割的技术手段则使人们在生产过程中使用的劳动资料有了巨大改进。

科学技术为劳动者所掌握，可以极大地提高劳动生产率。在制作"诸葛连弩"的过程中，激光切割为工具加工提供了巨大帮助，极大地提高了劳动生产率，使复杂的产品得以在更短的时间内精准完成，同时也可以提高产品的质量，使产品完成的精准度更高，具有更强竞争力。劳动者掌握及创新科学技术，有助于推动整体社会生产向更高层次发展。

科学技术是第一生产力。如今，科学技术发展日新月异，应用于生产过程的周期日趋缩短，对于生产发展的作用越来越大，日益成为生产发展的决定性因素。

2. 交往是唯物史观的重要范畴，指在一定历史条件下的现实的个人、群体、阶级、民族、国家之间在物质和精神上相互往来、相互作用、彼此联系的活动。

在人类社会发展过程中，交往是与生产力的发展相伴的。社会生产力的发展水平直接制约着交往的水平。孤立、封闭、隔绝总是与落后的社会生产力水平相联系，而交流、交往、开放则往往与先进的社会生产力水平相联系。

根据交往内容和方式的不同，人们把交往划分为各种不同的类型。总的来说，可以将交往划分为物质交往和精神交往。物质交往是指人们在物质生产实践中发生的交往，物质产品是其交往内容；精神交往是指一定的历史条件下，人们在涉及思想、意识、观念、情感和情绪等精神性的领域中进行的交往。

交往是人类实践活动的重要组成部分，对社会生活有着重要的影响。第一，促进生产力的发展。劳动者是生产过程的主体，在生产力发展中起主导作用。劳动者在生产过程中的交往是生产关系的应有之义，这种交往的改善有助于生产关系更好地服务于生产力的发展。而生产力成果的保存，也有赖于交往的扩大。在该激光切割小组作业"诸葛连弩"的制作过程中，小组成员拥有明确的工作分工，同时间段内，每个人通过完成自己的任务促进本小组工作的进展，在交往中提高劳动生产率。第二，促进社会关系的进步。人与人之间的交往活动，是各种社会关系形成和发展的重要动力。交往活动的发展能够促进社会关系的进步。在该激光切割小组作业"诸葛连弩"的制作过程中，大家通过交流沟通确定小组制作的作品、制作方案、工作分配等事项，在和谐的氛围下开展工作，促进社会关系的进步。第三，促进文化的发展与传播。文化是社会生活的产物，人们的社会交往在文化的形成、传播和发展中起着独特而重要的作用。人们之间的交往，特别是从事脑力劳动的人们之间的学术文化交往，是知识生产和文化创新的重要动力。通过人与人之间的交流学习，该小组在借鉴前辈作业成果的基础上，通过查阅大量历史资料，确定了本组的工作方向，推动了生产过程的创新与实践。第四，促进人的全面发展。在交往中建立的社会关系决定着人的发展程度。只有通过人与人之间的交往，不断变革原有的社会关系，才能实现人的全面发展。

四、教学反思

该案例的具体实施效果较好。第一，有助于加强理论与专业应用的联系。对于理工科专业的学生来说，将马克思主义理论与其专业知识相联系是马克思主义基本原理课程开展的关键。本案例通过引导学生回顾金工实习中激光切割小组作业"诸葛连弩"的制作过程及分析实践操作的过程，激发学生的主观能动性，促进理论与实践相结合。第二，教学过程帮助学生更深层次地理解马克思主义理论的内涵。在课程教学中，教师的职责更偏向于理论传输，通过理论与实践相结合，促进学生以亲身经历感受理论含义，加深学生的理解。

实施该教学案例需要改进之处：马克思主义基本原理课程作为公共必修课，存在专业局限性、自身理解不到位等问题。该案例偏向工科操作，大班教学中的其他学生在学习理解上可能会存在不足。改进思路：在交流过程中，可以让学生先简要说明案例中所涉及的专业知识，围绕专业热点与哲学思维同教师讨论自己的想法，从而将理论知识内化成自己的专业思维。

（本案例由杨小勇、杨柯鋆编写）

案例三十

唯物辩证法及一切从实际出发在金工实习中的应用

一、案例描述

金工实习是机械专业学生的必修课。其持续时间较长、内容较多，适合进行分析。下面的案例中介绍了脑中"抽象"事物变化为具体具象事物的过程。

（一）实习时间

从 2019 年 3 月至 2019 年 7 月，每周一天，但由于后期的任务繁重，花费的时间更多，所以总的实习时间大概有四十天。

（二）实习地点

同济大学彰武路校区。

（三）实习过程

整个过程可以大致分为五个阶段。

第一阶段，以小组内查看、研究无碳小车的竞赛目的、规则、要求为主，明确了目标，初步构想小车结构。

第二阶段，以查询资料、设计实现所要求的功能的结构为主，明确了具体的结构。此时组员定下了各自的结构方向。

第三阶段，以 3D 建模、制作工程图为主，确定尺寸，并在电脑上制作出对应模型，协调安置具体的结构，检查干涉，检验模型功能与可行性，并画出工程图。在教师的指导下，我们对模型、图纸进行了反复的修改，在设想转化为模型、图纸的过程中考虑了更多的细节，对实际机构的设计有了进一步的认识。在教师的讲解下，我认识到实际条件、情况是不理想的，而此前课程培养的思维更倾向于理想状态。从构想到 3D 建模，需要对每个细节都处理到位。因此阶段花费的时间过长，以至于后面时间紧张。

第四阶段，以设备学习、操作培训、零件加工为主。鉴于时间紧张，我们有重点地学习了用得较多的、比较重要的工艺操作。由于经验不足，最终加工出来的零件误差较大，未能达到图纸要求。

第五阶段，以组装、调试为主。在这一过程中，我们发现了设计的缺点很多，例如结构拆装不方便，因精度原因运动构件未能实现预期功能，如装配干涉、尺寸不合理、减重不到位等，这都导致小车难以运动。后期熟悉结构之后，找到了很多应对的办法，更新了模型、图纸并改进实物小车。但是，仍然难以调试出预定轨迹。

（四）实习结果

成功制作了无碳小车，积累了很多设计经验及机械加工操作方法，拓展了对各种工艺优缺点的认知，深刻了解到理论与实际的差距，但是因未调试出轨迹而未能达到预期目标。

（五）实习发现

设计零部件不仅要考虑功能的实现，更要考虑零件的可加工性、加工方式、加工成本等。不能只考虑功能的实现而设计出不能加工的物体。

受加工精度的影响，加工出来的零件并不一定能实现预定目标，因此，设计时必须将加工精度对功能实现的影响降到最低，保证高可靠度。

（案例材料来源：同济大学机械与能源工程学院机械工程专业覃栋鹏同学的课程论文《马克思主义基本原理与专业学习浅析》）

二、案例提问

1. 用唯物辩证法分析该实验。
2. 运用一切从实践出发的观点分析该实验过程。

三、案例解析

1. 唯物辩证法认为，世界上的万事万物都处于普遍联系之中，普遍联系引起事物的运动发展。联系和发展的观点是唯物辩证法的总观点，集中体现了唯物辩证法的总特征。

联系是指事物内部各要素之间和事物之间相互影响、相互制约、相互作用的关系。世界上的万事万物既作为个体事物存在，又作为联系中的事物存在。联系具有客观性、普遍性、多样性、条件性。

在上述案例中，若以小车为对象，则其内部各部件、构件构成了固定、支撑、传动等关系，它们同属小车内部，这是内部联系；而其各部件的精度、形状、尺寸与外部加工设备是外部联系；什么样的小车决定了什么样的轨迹，小车和它走出的轨迹之间是直接联系；而不参与制作的同学的想法可以通过组员的操作传递到小车上，故小车和其他不参与制作的同学是间接联系；小车运动部件的精度直接决定了小车所走轨迹的准确性，故这些部件与小车的轨迹是本质联系；实验时小车所走路面可以在一定程度上影响轨迹，但不是决定性因素，而是偶然因素，故小车与实验时所走路面是非本质联系；小车受阻力作用，最后必然停下，这是必然联系；小车在不同路面行走持续时间不同，这是偶然联系。这充分体现了联系的普遍性、多样性、连续性。

发展则是事物变化中前进的、上升的运动，实质是新事物的产生和旧事物的灭亡。在上述案例中，小车从脑中的构想到3D模型，再到图纸，最后成为实物的过程以及这一过程中大大小小的修改，无不体现着小车的发展。恩格斯指出，世界不是既成事物的几何体，而是过程的集合体。每天，小车的运动状态、形式、结构、功能都在发生变化，这也体现了事物的发展。在制作小车的过程中，制作者自身也在发展，即在不断学习中获得新的知识，得到新的经验。

对立统一规律是唯物辩证法的实质和核心，揭示了事物普遍联系的根本内容和变化发展的内在动力，从根本上回答了事物为什么会发展的问题。在上述案例中，可以找到许多矛盾的例子。例如，构件的强度与重量构成一对矛盾体，装卸速度和装卸精度也构成一对矛盾，但正是有了这些矛盾间的相互作用，本次实验才得以顺利开展。

量变和质变的辩证关系是：任何事物的变化都有一个量变的积累过程，没有量变的积累，质变就不会发生。在上述案例中，每个部件都只是在精度上有量的积累，但是组合到一起后小车却又动不了，这就是一个典型的量变引起质变的过程。而在此基础上，不断修改，解决问题，最终小车能够顺利运动起来，这是一个在新质上开始新的量变，并再次引发质变的过程。每次修改并不一定带来性能的提升，有时还会加重症结，这表明，发展不是直线上升的，而是曲折的、螺旋式上升的。

2.意识是人脑的机能和属性，是客观世界的主观映象。物质对意识的决定作用表现在意识的起源、本质和作用上。物质决定意识，意识对物质具有反作用，这种反作用就是意识的能动作用。所以我们要坚持一切从实际出发。一切从实际出发，就是要按照客观规律想问题、办事情。

在上述案例中，设计理念是意识形态层面的内容，而无碳小车的实际建成是客观形态的内容，从理想转变为实际需要我们在想问题、办事情的过程中紧紧围绕客观条件，结合现实情况。前人经验和课本知识终究是静止不变的，可供参考但是不能将其当作圣旨，灵活运用已有的设备及条件，一切从实际出发，更多地考虑实际条件，结合客观状况修改设计，这体现了一切从实际出发的规律。

四、教学反思

该案例的实施切实提高了学生的学习积极性。第一，对于该专业的学生来说，金工实习是一次普遍的经历，大部分学生能对"无碳小车"的制作过程产生共鸣，能够引起广泛讨论。第二，有助于学生加深对基本原理的理解。马克思主义基本原理课程的教学内容大多是概念、规律、范畴等，是静态的、枯燥的，该案例具有很强的实践性，并且简洁易懂，对此案例进行分析有助于加深学生对抽象理论的理解。让学生参与案例分析、讨论，可以产生学以致用的效果，有助于学生深刻理解马克思主义基本原理。

实施该教学案例需要改进之处：完成理论知识的教学后，教师没有时间在课堂上开展实践教学，受学时限制，实践教学往往留给学生课下独立完成，缺乏教师的指导和监督。改进思路：应根据教学目的、教学要求，灵活使用案例教学，让马克思主义基本原理课程教学真正变得例有所指、理有所悟、学有所用，富有趣味性、学理性、思想性，真正实现教学目标。

（本案例由杨小勇、朱青叶编写）

案例三十一
唯物辩证法在钢的热处理实验中的应用

一、案例描述

2019年12月9日，于同济大学嘉定校区复楼413机械工程材料实验室进行了钢的热处理实验。

（一）实验目的

1.掌握热处理基础知识，即钢的热处理工艺、钢的合金相图。

2.熟悉基本热处理的工艺方法及加工仪器。

3.了解基本的金相分析步骤，即磨样、抛光、观察金相显微镜。

4.熟记不同组织所对应的微观形态。

5.根据布氏硬度计测定出的试样前后硬度的变化分析钢的含碳量以及热处理工艺对试样组织、性能的影响。

（二）实验材料与仪器

20钢、45钢、T12钢试样，布氏硬度计，箱式炉，回火炉，水冷池，油冷池，磨盘，金相显微镜。

（三）实验过程

首先，利用布氏硬度计测定初始试样的硬度并记录，此次所做实验的试样为45号钢，处理前硬度为92HRB。

其次，进行分组控制变量实验，分别对不同含碳量的试样进行不同的热处理，形成对比实验。例如，将45号钢分别加热至780℃、860℃，保温足够长时间后在不同导热系数介质中进行淬火，再在不同温度回火炉中进行回火加工，以获得不同回火组织的试样。此次所做实验为将45号钢加热至860℃，保温足够长时间后进行水淬得到珠光体P，再放入200℃回火炉中进行回火操作，得到回火马氏体M′。

再次，用布氏硬度计测定经过热处理的试样的硬度。与加工前的硬度进行比较，分析钢的含碳量以及热处理工艺对试样组织、性能的影响。再对照钢的合金相图以及标准试样硬度区间，判断热处理所得试样的组织性能是否与理论一致，若一致，结合实际工程应用分析热处理的意义；若不一致，回顾实验过程，分析何处的失误操作导致硬度偏高或偏低。回火马氏体 M′ 的理论硬度区间为 58~64HRC，具有较高的硬度和耐磨性，主要用于各类高碳钢的工具、刃具、量具、模具、滚动轴承、渗碳及表面淬火的零件等。此次所得试样回火硬度为 52.5HRC，略偏低，分析实验步骤后认为从淬火箱式炉中取出试样时不够迅速，导致试样在空气中缓慢冷却了一段时间，奥氏体 A 中的一小部分转变为硬度较低的索氏体 S。

最后，金相分析。先进行预处理，用目数由低到高的磨盘进行打磨抛光，再将该加工面放在金相显微镜下对焦，选择一块平整度、清晰度、组织特征最佳的视野进行观察。根据不同组织在显微镜下的特征判断试样组织，依据显微组织分析试样硬度偏高或偏低的原因，再结合热处理基础知识分析不同热处理方式与显微组织形态之间的联系，最终达到实验目的。此次所得试样的理论组织为回火马氏体 M′，显微结构为细针状，其因结构致密、硬度高、韧性好，针状结构尖端生成时应力较大，导致强度略微降低，常被用来加工硬而耐磨的零件。同时，回火马氏体 M′ 中存在一小部分空冷得到的索氏体 S，结构为细片层珠光体，硬度较回火马氏体 M′ 偏低，是此次实验加工得到试样硬度偏低的主要原因。

（四）实验结论

钢的合金相图为整个实验的基础出发点，是无数次实验得出的关于钢的性质的高度凝练直观的总结。热处理工艺、组织转变、不同组织结构及其与静载性能的联系均可由合金相图得出。铁元素与碳元素的性质决定两者共同存在时的综合性质，即二元相的性质。而二元相性质决定了组织在不同含碳量、不同温度下的存在形式与结构。存在形式与结构又决定了该组织的力学性能，从而影响该组织的实际应用范围。人们可以通过所需材料的性质主观能动地选择材料含碳量及加工方式。

（五）新发现

传统合金材料的力学性能较为单一，无法做到各方面性能的平衡，如 45

号钢淬火＋低温回火后，硬度与韧性有了大幅提高，但强度和塑性有所下降。随着人类对于金属元素探索应用的逐渐深入，许多新型合金材料不断产生，这些新型材料的组成结构较传统钢材料而言更复杂，但其力学性能也更优良。这对于传统工程材料内容框架的完善补充提出了较高的要求，同时要求工程材料的研究与当下其他研究领域进行广泛的联系，将前沿科研成果应用到工程材料的发展中。另外，新型材料推动了热处理工艺及其仪器的革新，加工工艺与仪器的创新反过来又会提升、改造材料的力学性能。

（案例材料来源：同济大学机械与能源工程学院机械设计制造及自动化专业何嘉蔚同学的课程论文《唯物辩证法在钢的热处理实验中的体现与运用》）

二、案例提问

1. 结合唯物辩证法对该案例进行分析。
2. 运用主观能动性与客观规律性的统一谈谈该案例有何现实启示。

三、案例解析

1. 唯物辩证法认为，世界上的万事万物都处于普遍联系之中，普遍联系引起事物的运动发展。联系和发展的观点是唯物辩证法的总观点，集中体现了唯物辩证法的总特征。

联系是指事物内部各要素之间和事物之间相互影响、相互制约、相互作用的关系。世界上的万事万物既作为个体事物存在，又作为联系中的事物存在。联系具有客观性、普遍性、多样性、条件性。发展则是事物变化中前进的、上升的运动，实质是新事物的产生和旧事物的灭亡。

新型工程材料的产生充分体现了联系的普遍性。传统机械工程材料以铁碳合金为主体，过渡金属元素作为微量改良部分。而近年来研发的新型工程材料则打破了铁碳合金这一屏障，与当下其他领域的前沿研究进行广泛联系，将其他金属元素、惰性气体、特殊化合物广泛地联系到工程材料当中，克服单一铁碳合金带来的性能不均衡问题。例如，以纳米 Al_2O_3 颗粒、超细 WC 粉末、工业纯 Cu 粉末为原料，通过热挤压致密获得超细 WC/ 纳米 Al_2O_3 弥散强化铜基（$WC-Al_2O_3/Cu$）复合材料，具有高密度、分散性好、抗拉强度高、延伸率及导电性能良好等综合性能。

新型材料加工方式的产生体现了发展的观点。传统的热处理方式效率低，且不能分别发挥每个构成部分的优良性能。新型材料加工方式从原料形态、组成结构等多个角度进行革新发展，更大程度提升了材料的综合宏观性能。例如，近年来发展迅速的粉末挤压致密技术，很好地利用了材料在具有纳米级别尺寸时的特殊性质；用"胞结构"技术制造新一代高性能工具，"胞"外壁由相对软的耐切削材料构成，"胞"内充以硬的耐磨材料，将它们加工成层，层层叠加形成毛坯，在压制与烧结后形成既耐磨又软的材料，创新性地在组织结构方面进行发展。

对立统一规律是唯物辩证法的实质和核心，揭示了事物普遍联系的根本内容和变化发展的内在动力，从根本上回答了事物为什么发展的问题。

铁碳合金的两个基本相——铁素体与渗碳体体现出矛盾的同一性与斗争性。同一性体现在铁素体与渗碳体为构成铁碳合金的两个基本项，二者处于一个统一体中，且构成互补，互为存在前提。斗争性体现在铁素体中铁元素的相对含量高，具有良好的塑性与韧性，但强度、硬度不高，渗碳体中碳元素的相对含量高，具有极高的硬度，但塑性与韧性极差，导致两相比例不同的组织所具有的力学性能难以达到各项均衡。例如，本实验中淬火＋低温回火所得到的45号钢，硬度与韧性有了大幅提高，但强度和塑性有所下降。

2. 规律是事物变化发展过程中本身所固有的内在的、本质的、必然的联系。人们只有在认识和掌握客观规律的基础上，才能正确地认识世界，有效地改造世界。人创造历史，不是随心所欲地创造，只有遵循历史的规律和进程，把握时代的脉搏和契机，才能真正成为历史的主人。

另外，只有充分发挥主观能动性，才能正确认识和利用客观规律。承认规律的客观性，并不是说人在规律面前无能为力、无所作为。人能够通过自觉活动去认识规律，并按照客观规律去改造世界，以满足自身的需要。因此，尊重事物发展的客观规律性与发挥人的主观能动性是辩证统一的，实践是客观规律性与主观能动性统一的基础。

正确发挥人的主观能动性，有以下三个方面的前提和条件：第一，从实际出发是正确发挥人的主观能动性的前提。只有从实际出发、充分反映客观规律的认识，才是正确的认识；只有以正确的认识为指导，才能形成正确的行动。第二，实践是正确发挥人的主观能动性的根本途径。正确的认识要变为现实的物质力量，只能通过物质的活动——实践，才能达到。第三，正确发挥人的主观能动性，还要依赖一定的物质条件和物质手段。

本实验中，意识的能动作用体现在两个方面：一方面，热处理工艺具有明确的目的性和计划性。金属热处理工艺作为理论知识系统、实践经验丰富、发展完备的一项加工技艺，是重工业的基础。人们能够通过应用场景分析、受力分析、安全校验等方式有目的性地选择所需的材料以及热处理方式。另一方面，热处理工艺创造出了世界上本没有的材料。地球上的铁元素通常以化合物的形式存在，而碳元素广泛存在于大气、石油、地壳中。人们通过冶炼将两种元素制成合金，再通过多种多样的热处理手段将其制成具有特定组织结构的结构钢、工具钢、铸铁等，广泛应用于城市建设与机械制造。

热处理工艺体现出主观能动性与客观规律性的统一。一方面，一切加工制造活动均受到合金相图、CCT 曲线等客观规律的约束，不可能随心所欲地违背规律创造新材料，一切加工都只有在掌握合金客观规律的前提和基础上才能进行。另一方面，充分发挥主观能动性为我们提供了更多的可能，如通过实验发现过渡元素、惰性气体有助于合金性能的提升等均是发挥主观能动性认识到的新规律，有助于我们更好地达到改造世界的目的。因此，尊重事物发展的客观规律与发挥人的主观能动性是辩证统一的。实践，在本实验中即科学实验，是主观能动性与客观规律性统一的基础。

四、教学反思

该教学案例的实施效果较好。认识论原理抽象晦涩，但是钢的热处理实验对于大部分理工科的学生来说，具有一定的专业共同性，便于理解，在课堂上进行案例分析有助于引发大家思考。

实施该教学案例需要改进之处：目前的案例分析主要还是教师在课堂上发挥主导作用，学生们的学习积极性和主体创造性尚未被充分调动。改进思路：以学生容易混淆的知识为突破口，更多地注重对学生语言表达能力、自我表现能力以及创新能力的培养，在回答学生提出的问题的基础上对其进行正确的引导。

（本案例由杨小勇、杨柯崟编写）

案例三十二

唯物辩证法和认识论在基础工业工程圆珠笔实验动作改善中的运用

一、案例描述

（一）实验基本概况

实验名称：基础工业工程圆珠笔实验。

实验对象：圆珠笔、作业人员（参与实验者）。

实验目的：圆珠笔实验是帮助学生理解精益价值流的模拟实验。该实验能够加深学生对"什么是一个好的生产系统，如何做持续改善"等问题的理解，使学生掌握精益生产的重要工具，如看板拉动、均衡化等。

实验时间：2021 年 4 月 11 日 13：00~16：00。

实验地点：同济大学机械与能源工程学院（开物馆）A310。

指导教师：周健。

其他说明：由于本实验整体设计较为复杂，因此以下只针对其中作业人员的动作改善进行具体分析。

（二）实验背景、内容与流程

1．实验背景

"动作"是由人体各部位运动而组成的行动、行为。我们把实验中对动作进行分析的方法称为"动作分析法"。"动作分析法"通过取消、合并、重排、简化等方法优化作业过程，提高作业的效率和质量。针对作业过程中不经济、不合理、不均衡的"三不"现象，我们可以通过"动作分析法"进行改善。

2．实验内容与流程

（1）一些必要的符号与实验对象说明。

为了准确表述动作分析的步骤，我们利用相应的符号表示一些通用步骤（见表4-1）。

表 4-1　通用步骤的表示符号

分类	记号
加工（作业）	O
搬动（移动）	o（ ⇨
检查	□
停滞（待工）	（D）▽

实验中使用的圆珠笔的基本构成：笔帽、笔芯、弹簧、前盖、笔套和笔筒，如图 4-1 所示。

（2）改善前的动作分析。

我们把圆珠笔的组装归纳为：安装前端、安装后端和前后端组装。其中，安装前端包括弹簧、笔芯、笔套与前盖的组装，安装后端包括笔帽的安装和笔帽与笔筒的组装。前端、后端与前后端组装好的圆珠笔如图 4-2 所示。

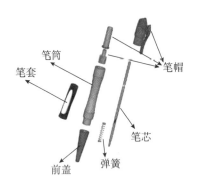

图 4-1　圆珠笔的基本构成

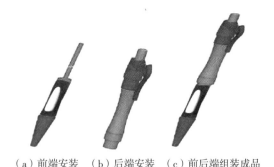

（a）前端安装　（b）后端安装　（c）前后端组装成品

图 4-2　实验中圆珠笔前端安装、后端安装及前后端组装成品

实验中，作业人员需要对圆珠笔的前端和后端进行组装，作业人员的作业台布局如图 4-3 所示。

在手工作业的情况下，除了出现待工，一只手保持某种状态，而另一只手进行作业的情况很多。我们追加一个与待工状态相近的保持记号（▽）进行双手作业动作分析。

我们可以通过作业人员手部的动作细致地分析圆珠笔的组装过程。作业人员整个的

图 4-3　作业人员的作业台布局

作业过程可以用表 4-2 表示。

表 4-2　作业人员双手作业动作分析

序号	动作	左手 ○ ○ □ ▽ ▽	右手 ○ ○ □ ▽ ▽	动作
1	伸向左侧			待工
2	抓住后端			待工
3	拿后端到面前			待工
4	保持后端			伸向右侧
5	保持后端			抓住前端
6	保持后端			拿前端到面前
7	组合前后端			组合前后端
8	保持后端			转动拧紧
9	松手			松手

为了更清楚地观察作业人员左右手的作业次数，我们使用统计表进行统计，统计结果如表 4-3 所示。

表 4-3　作业人员左右手的作业次数

记号	左手	右手
○	2	3
○	3	3
□	—	—
▽	—	3
▽	4	—
合计	9	9

由于部件放在作业人员的左右两侧，当拿左侧部件时，作业人员的身体朝向左侧，左手进行作业；当拿右侧部件时，作业人员的身体朝向右侧，右手进

行作业。该过程中作业人员的左右手都出现了待工和保持的现象，即"三不"现象，进行动作分析的目的就是消除这些现象。

（3）思考与改善。

我们结合作业人员、圆珠笔和作业台的状况进行了思考：①双手往同一个方向移动可能会导致"待工"现象的产生（见图4-4）。②原有作业台的布局可能使作业者的眼睛产生较大幅度的移动（见图4-5）。③原有作业台的布局可能使作业人员扭转身体。以左、右手臂的肘部为圆心画圆，得到标准作业域（半径约为30cm）（见图4-6）。作业应尽量在这个区域内，尤其是两个半圆形的交叉区域，精度较高的精细作业都应在此区域内进行。以左、右手臂的肩部为圆心画圆，得到最大作业域（半径约为50cm）（见图4-7）。在进行作业平台布置时，应尽量将零件箱的位置放在标准作业域内，如果将零件箱放置在最大作业域内，进行操作时，就有可能转动身体才能取到零件。④原有作业台的布局可能使作业人员产生"保持"动作。由于零件箱位置不合适，所以左手拿到零件1后，需要等待右手拿到零件2后才能装配（见图4-8），因此产生了"保持"动作，这是需要消除的。如果能使双手同时作业，并使作业人员保持最佳的作业姿势，就能大幅度提升作业效率。因此，我们将放置零部件的箱子往前移，使三个箱子的位置都处于作业人员的同一视线中，使双手能够同时拿取左右侧箱内的零部件。

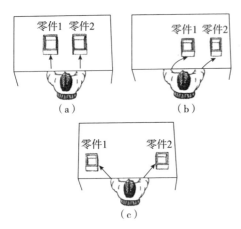

图4-4 双手移动一致对作业的影响

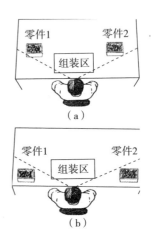

图4-5 零件放置不同位置下
作业人员眼睛移动幅度对比

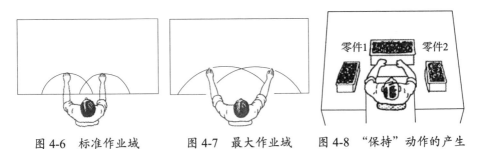

图 4-6　标准作业域　　　图 4-7　最大作业域　　　图 4-8　"保持"动作的产生

（4）改善后的动作分析。

经过以上分析，我们可以画出改善后的作业台布局，如图 4-9 所示。

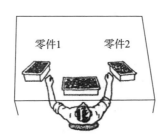

图 4-9　改善后作业人员的作业台布局

改善作业台布局后，作业人员的双手作业动作如表 4-4 所示。

表 4-4　作业台布局改善后作业人员双手作业动作分析

序号	动作	左手 ○ ○ □ ▽ ▽	右手 ○ ○ □ ▽ ▽	动作
1	伸向左侧			伸向左侧
2	抓住后端			抓住前端
3	拿后端到面前			拿前端到面前
4	组合前后端			组合前后端
5	保持后端			转动拧紧
6	放入产品箱			松手

对各种操作情况进行统计，结果如表 4-5 所示。

表 4-5 作业台布局改善后操作情况

记号	左手	右手
◯	2	3
◯	3	3
□	—	—
▽	—	—
▽	1	—
合计	6	6

（三）实验结论

作业台布局改善后与改善前相比，作业人员左手和右手的动作都减少了 3 个。经过改善，作业人员的操作消除了"三不"现象，作业动作变得更加经济、均衡和合理，装配效率也得到了显著提高。

在实验中，我们可以具体分析作业人员的动作是否经济、合理、均衡。通过动作分析，我们能够了解哪些动作是不必要的，应该被消除。此外，准确记录所有实验数据十分重要。因为只有得到最真实的数据，改善活动才有意义，否则只能是做无用功。

（案例材料来源：同济大学机械与能源工程学院能源工程专业郑瀛同学的课程论文《唯物辩证法和认识论在基础工业工程圆珠笔实验动作改善中的应用》）

二、案例提问

1. 上述案例体现了哪些马克思主义基本原理？
2. 试运用马克思主义基本原理分析此次实验。
3. 马克思主义基本原理对于此次实验有何现实指导意义？

三、案例解析

1. 上述案例体现了以下马克思主义基本原理：第一，事物是普遍联系的，要用联系的观点看问题。世间的万事万物都处在普遍联系中。"联系是指事物内部各要素之间和事物之间相互影响、相互制约、相互作用的关系。"① 联系具有客观性、普遍性、多样性和有条件性。在上述实验中，各个步骤之间是相互联系的。在进行动作分析时，必须充分考虑各步骤、各工序之间的内在关联，特别是需要思考怎样才能实现双手的紧密配合。

第二，要用矛盾分析方法看待问题。矛盾分析方法是对立统一规律在方法论上的体现。"矛盾分析方法的核心要求是善于分析矛盾的特殊性，做到具体矛盾具体分析，对具体情况、具体问题作具体分析。"② 在进行实验时，我们要充分考虑零件箱的摆放位置、作业区域位置等因素对作业人员动作产生的影响，进而对作业台布局做出调整，提高作业人员的工作效率。

第三，主观能动性与客观规律性是辩证统一的。尊重客观规律是正确发挥主观能动性的前提条件，同时只有充分发挥主观能动性，才能够正确地认识和利用客观规律。在实验中，只有正确认识和遵循其中的各种客观规律，才能更好地发挥人的主观能动性，达到提高工作效率的目的。

第四，实践是认识的来源，是认识发展的动力，实践与认识的辩证运动是循环往复以至无穷的发展过程。正是在实践与认识相互促进的过程中，此次实验取得了成功，达到了消除"三不"现象、提高作业人员工作效率的目的。

2. 从上述实验可以发现：第一，事物是普遍联系的。唯物辩证法认为，世界上的一切事物、现象、过程都是相互作用、相互联系的。在进行"动作分析"时，我们需要充分考察各个步骤、工序之间的内在关联；研究作业人员双手的动作时，需要仔细记录每只手的每个动作，并且将这些动作的先后顺序和作用详细记录下来，最终采用作业人员双手作业动作分析表进行分析，并使用连线的方式来表示每个动作之间的相互关联。

第二，要坚持具体问题具体分析的原则。在这次实验中，参与人员不仅要考虑如何改善作业人员的动作方式，还要充分考虑作业台的具体布局对作业人员动作方式产生的影响。正是由于深入分析了作业人员作业时的动作状况，考察了原有工作台布局存在的具体问题，实验人员才能够提出合理的改进方案，

---

① 《马克思主义基本原理（2021 年版）》编写组编：《马克思主义基本原理（2021 年版）》，北京：高等教育出版社，第 32 页。
② 《马克思主义基本原理（2021 年版）》编写组编：《马克思主义基本原理（2021 年版）》，北京：高等教育出版社，第 46 页。

提高作业人员的劳动效率。除此之外,实验人员还要考虑作业台的灯光是否会导致眼睛疲劳,作业台和作业椅的高度是否有利于作业,组装好的产品是否方便移动和搬运,作业台上的工具是否易于拿取等一系列具体问题。只有充分考虑并分析了这些具体问题,才能真正达到实践目的。在由多种矛盾构成的生产组装工序中,各种矛盾的地位和作用是不平衡的。善于抓住影响生产效率的主要矛盾和主要矛盾的主要方面,是提升生产质量和效率的重要方法。我们可以利用PQCDSM调查表发现导致作业人员工作效率低下的主要原因,再利用5W1H调查表寻找解决这一主要问题的答案。把握了问题的重点,就能够找到解决问题的钥匙。

第三,要尊重客观规律,按客观规律办事。规律是客观的,不以任何人的意志为转移。规律既不能被创造,也不能被消灭,但我们可以认识规律、利用规律,坚持实事求是的原则,在遵循客观规律的基础上发挥主观能动性。如果实验人员在研究改进方案时,不考虑作业人员的具体情况,忽视人体作业时的客观规律,那么在长期眼睛大幅度活动和频繁扭转身体的情况下,作业人员的工作效率必然会严重下降,进而导致实验目的难以达到。圆珠笔有固定的构成方式,因此其组装要遵循相应的客观规律,如在安装弹簧时需要先将弹簧装入笔芯,然后才能将安装好弹簧的笔芯一起装入前端的笔筒中,顺序颠倒则无法正确组装。作业人员的工作方式和状态也遵循人体的客观规律,比如,人更习惯于双手向同一个方向运动;眼睛的大幅度运动会延缓人的反应速度,降低工作效率;成年人的双手在以左右肘为圆心、大约30cm为半径得到的两半圆形交叉部分的区域内活动最为舒适,其工作效率也最高……在解决问题时,要正确认识这些客观规律,并使这些客观规律能够更好地为我们的实践目的服务。

第四,一切真知都来源于实践,实践与认识是相互促进的,两者的辩证运动永无止境。实践是认识的来源,是认识发展的动力。实践的发展不断给人们提出新的认识课题,不断创造更完善的认识手段和更丰富的物质条件,从而推动认识的发展。实践是认识的最终目的,获取真理的目的在于指导实践,改造世界,为人类造福。如果认识脱离了实践,不为实践服务,那么这种认识再好也是没有任何意义的。实践是检验真理的唯一标准。

在本次实验开始前,实验人员缺乏相关领域的实践,因此无法形成对圆珠笔产业工人工作状况的感性认识,更无法形成对相关问题的理性认识,发现圆珠笔生产过程中存在的问题,以及产生这些问题的原因。所以,开展这次实验,是发现圆珠笔生产中存在的问题的必由之路。只有在发现问题,找到了问题产生的原因之后，实验人员才能思考解决方案，并把成熟的解决方案重新用于圆珠笔的生产实践，提高圆珠笔生产线的装配效率，达到提升工厂收益、降低工人劳动强度的目的。

实践与认识的辩证运动是循环往复、永无止境的。实验者在一次次实践、一次次失败中吸取经验教训，不断总结提升生产效率的有效方法，最终才能得出正确结论，把最优的解决方案用在生产实践中。在本次实验中，实验者获取到的解决方案将随着实践的发展而变得不再实用。因此，要根据实践的发展不断推进认识的深化，再把更加进步和深刻的认识运用于实践，推动实践的进一步发展，为社会造福。

3. 在本次圆珠笔实验中，学生真正意识到了具体问题具体分析的重要性。参与实验的学生发现，只有充分考虑作业人员的动作习惯、作业台基本布局等一系列能够影响圆珠笔生产效率的因素，运用科学的管理方法各个击破这些问题，才能最终达到提升生产效率、提高工厂收益的目的。

马克思主义实践观告诉我们，实干胜于一切。如果缺乏实践意识，我们学习到的一切理论都只能是"纸上谈兵"。只有通过实践，书本上习得的理论知识才能得到检验，也才能实现自身的价值。在这次工业工程圆珠笔实验中，学生经历了从实践到认识，再从认识到实践的两次飞跃。引导学生把理论知识切实运用于工业生产实践，为提高劳动生产效率服务，既能使学生感受到实践的魅力，又能使学生认识到理论知识的真正价值，发现马克思主义理论对具体学科的指导作用。

四、教学反思

该教学案例的实施效果较好。一方面，能够使学生深刻认识到只有尊重客观规律、具体问题具体分析、秉持实事求是的态度，才能有效地解决学习和工作中的各种问题；另一方面，能够使学生深刻理解实践的重要意义。只有在实践与认识的互动中，我们才能不断推动实践的进步和认识的深化，进而为人类社会的发展提供不竭的动力。

实施该教学案例需要改进之处：谈及马克思主义基本原理在专业实验中的应用，教师和学生都往往偏重于谈论马克思主义唯物辩证法和认识论与专业学习的有机结合，忽视唯物主义历史观及马克思主义政治经济学的重要指导意义。这将有可能导致学生轻视对这两部分内容的学习。改进思路：教师要积极发挥引导作用，用加分等措施鼓励学生主动探索专业学习中体现的唯物史观和马克思主义政治经济学。同时，引导学生拓宽视野，更多地关注人类社会的发展和社会经济问题。

（本案例由柯萌编写）

案例三十三
唯物史观在机械与能源专业中的应用

一、案例描述

同济大学机械与能源学院重大工程施工技术与装备教育部工程研究中心于2009年9月通过建设可行性论证会，校党委副书记陆敏恂教授、副校长蒋昌俊教授参加会议，蒋昌俊副校长代表学校致辞。时任教育部科技委副主任、中南大学钟掘院士，长安大学工程机械学院院长焦生杰教授，上海机械施工有限公司吴欣之总工，路桥华南工程有限公司唐世连常务副总经理，北京市机械施工有限公司乔聚甫总经理，三一重机有限公司戴晴华总经理，上海市政工程设计研究院马骉总工等组成论证专家组，钟掘院士为专家组组长。专家组会集了国内从事重大工程设计、施工、施工装备制造的主要单位的负责人，其中部分单位还是该工程研究中心的共建单位。本中心于2009年12月获得教育部的批准。

按照"重大工程施工技术与装备教育部工程研究中心"建设规划，中心将面向国民经济主战场，以解决工程施工重大难题和推动技术进步为特色及目标，依托同济大学"机械设计及理论"国家重点学科，发挥同济大学土木、桥梁、建筑等方面的优势，并与共建单位在施工工艺与管理方面的实际经验结合，优势互补、资源共享，建成一个重大工程施工装备与技术创新研发平台和基地。该中心是国家创新体系中的技术创新基地，主要投资来源为国家"985工程""211工程"及各共建项目单位，主要从事"工程施工工艺与工法的创新与实验"、"大型构件整体提升的快速集成柔性施工装备技术"、"施工装备的节能环保"和"重大工程施工的安全管理"四个方面的新技术研发和关键性问题的攻关，力图解决一批工程机械行业中存在的重大理论和技术问题，取得关键技术的突破，满足国家重点工程的建设需要。据悉，研究中心近期主要的攻关目标为国内公路、铁路发展建设和国家加速实施的能源战略与海洋战略方面的施工技术装备研发。

其主要任务如下。

（1）追踪科学前沿和学术前沿，瞄准国家发展战略，主动对接上海科教兴市主战略，经过学科的不断凝练、整合、更新与淘汰，以自主创新为根本，围绕国家重大项目和上海市重大工程建设开展研究，研发重大工程建设急需的成套装备与技术。

（2）自主创新，进行新型节能与环保型工程机械共性技术与关键设备的研发，为推进传统工程机械的转型、降低能耗、促进环保提供可行的技术途径，在此基础上，开发成套样机。

（3）依据动态系统学和动态优化的理论和方法，创建复杂环境动态控制人机结合智能决策系统，并将其应用于国家重大工程建设施工中，提高工程安全与质量。

本工程研究中心的主要研究开发方向如下。

（1）工程施工工艺与工法的创新与试验，包括超大型结构整体施工工艺与方法、桥梁转体施工工艺与方法、新工艺新工法的实验室模拟与仿真。

（2）大型构件整体提升的快速集成柔性施工装备技术，包含大规模超静定复杂施工对象分散驱动技术，模块化、标准化、系列化施工装备研制，时间触发协议取代事件触发协议的多层分布式实时网络技术，大型结构与控制系统的联合建模理论与多闭环解耦控制方法。

（3）施工装备的节能环保，包括施工装备能源技术、施工装备传动技术、施工装备节能环保技术、施工装备绿色制造。根据本学科原有研究基础和研究特色，拟通过本方向的实施与建设，建设好三个平台和一台示范样机。

（4）重大工程施工的安全管理，包括重大工程风险评估理论与方法、施工过程的全信息化故障诊断与安全监测系统、重大工程施工安全动态控制与决策系统。

（案例材料来源：同济大学机械与能源工程学院网站。https://mefaculty.tongji.edu.cn/index.php?classid=z95z）

二、案例提问

科学技术在社会发展中的作用是什么？

三、案例解析

当今时代，科学活动与技术活动的联系越来越紧密，出现了科学技术化和技术科学化的趋势，科学和技术日益融为一体，形成了以科学革命和技术革命为主要内容的"科学技术革命"，简称科技革命。马克思对科学技术的伟大历史作用做过精辟而形象的概括，认为科学是"伟大的历史杠杆"，是"最明显的字面意义而言的革命力量"。科技革命集中体现了科学技术在历史发展中的杠杆作用。现代科技革命不仅使科学技术成为第一生产力，也使人类社会和人与自然、人与人的关系发生了根本性的变革，深刻地影响着社会的进程和人类的未来。每次科技革命，都不同程度地引起了生产方式、生活方式和思维方式的深刻变化和社会的巨大进步。科学技术是社会发展的重要动力。当今世界科学技术突飞猛进，一个国家、一个民族若能在科学技术上不断进取，就有可能实现社会经济的跨越式发展。为了迎接新一轮科技革命的挑战，我国应加强前瞻布局，加快产业结构调整升级和创新驱动发展，构筑一个具有先进技术基础的现代产业体系。正如同济大学机械与能源工程学院创立的重大工程施工技术与装备教育部工程研究中心，就是面向国民经济主战场，以解决工程施工重大难题和推动技术进步为特色及目标。为了适应国家经济社会发展的需要，该中心主要从事"工程施工工艺与工法的创新与实验"、"大型构件整体提升的快速集成柔性施工装备技术"、"施工装备的节能环保"和"重大工程施工的安全管理"四个方面的新技术研发和关键性问题的攻关。通过技术的创新突破，满足国内公路、铁路发展建设和国家加速实施的能源战略与海洋战略方面国家重点工程的建设需要。中国已成为世界上高速铁路发展最快、系统技术最全、集成能力最强、运营里程最长、运行时速最高、在建规模最大的国家，这离不开科学技术的不断革新与运用。科技的创新与革命，改变了工程机械行业原本的生产方式、建造模式、工艺技术。技术创新与研发推进了相关行业的转型升级、降低了能耗、促进了环保，并提高了生产效率。科学精细的安全监测，也为安全施工提供了更全面的保障。总体而言，科学技术发展大大增强了生产力，为国家经济社会发展提供了重要支撑，推动了人类历史的快速发展。

四、教学反思

该案例的实施效果较好。第一，科学技术在社会发展中的作用是历史唯物主义的重要内容。同济大学机械与能源工程学院创立了重大工程施工技术与装备教育部工程研究中心，实现了技术的创新突破，服务了国家的发展战略，完整地呈现了科学技术在社会发展中的作用。第二，本案例将抽象的理论具体化，贴合学生实际，有助于机械工程专业的学生了解相关领域科学技术进展，形成对科学技术巨大作用的直观认识。

实施该教学案例需要改进之处：对于科学技术是如何发展社会生产力，从而作用于社会生产生活，案例阐述还有待深化。改进思路：通过追踪机械与能源工程领域相关科学技术的发展，了解这些技术通过何种运用方式，解决了何种现实问题，从而怎么发展了社会生产力。通过进一步深化案例阐述，能够使学生更加真实地了解科学技术的具体作用。同时，也能提高学生的听课积极性，增强学生的参与感。

（本案例由吕健编写）

第五章

同济大学马克思主义基本原理的
建筑与城市规划学院专业案例

案例三十四
城市集合住宅设计中的唯物辩证法

一、案例描述

城市集合住宅是中国在建设现代化的过程中为了满足人民居住生活需求、适应国家经济发展水平、契合中国普通家庭人口结构而产生的一种住宅形式。我国的基本国情决定了此类住宅将长期在我国存在。因此，设计出既能满足家庭生活需要，在价格上又为大部分普通家庭所接受的城市集合住宅，无论是对于我国经济健康发展、减少地产经济泡沫，还是对于社会稳定和谐、人民安居幸福，都具有重大意义。城市集合住宅中的住宅套型在同一栋楼乃至同一小区内，大多变化不大，多以某一种套型为原型，经由旋转、对称、移动等产生不同的组合形式。因此，单一套型的设计便显得尤为重要。一种套型大多由起居室、卧室、厨房、卫生间、多功能室（书房、工作室）等组成。从形式上看，A 房间使用者如果希望进入 B 房间，必须存在不经过其他房间（C）的通路，以防打扰 C 房间的使用者，这种布局使房间保持高可达性，方便生活。从内容上看，要使功能相近相关的房间紧密联系，要利用空间限定工具对私密性强的房间进行强有力的空间限定，如隔声门；要对开放性强的房间进行弱限定，如起居室和餐厅之间通过屏风、衣橱等家具分隔。各个房间之内，每件家具的摆放都要从联系的角度决策。例如，会不会影响全屋流线的畅通、在客厅内会不会对人向外眺望的视线产生遮挡、卧室会不会被屋外的人一览无余。

从城市视角来看，整个城市内住宅区的私密性强，而商业区的公共性强；从单个住宅区来看，每栋住宅楼内的私密性强，而小区绿地、中央公园等处的公共性强；从单个套型内部来看，卧室、卫生间等房间的私密性强，客厅、餐厅等房间的公共性强。随着建筑技术和建筑理论研究的发展，私密空间和公共空间都融入了对方的元素。私密空间如卫生间不再如同传统设计，减少采光、完全封闭，而是在保证私密性的同时引入公共性元素，如并列的台盆、大窗、更大的使用面积。公共空间的设计也更细化，更多的建筑师开始追求半私密半公共的、有层次感的灰空间，意图让使用者在公共空间中找到自己的位置，进而产生基点并以此为半径开展公共活动。

建筑是基于场地而生的，建筑物只有和周边环境相和谐（无论是相似关系还是对比关系），才能形成宜人的城市空间。对于住宅而言，建筑容积率高，单位面积的使用者数量大。人作为最活跃的因素，会大大增加建筑和已有城市空间之间的交流。如果建筑在设计之初没有处理好与场地的关系，就会造成交流越甚，不和谐的因素越多，住宅居住者的生活越不幸福（小区出入口与主要道路相互冲突、建筑形态和原有建筑尖角相对，令人不适等）的情况。

（案例材料来源：同济大学建筑与城市规划学院城市规划专业董雨田同学的课程论文《唯物辩证法基本规律在国土空间规划体系构建中的运用》）

二、案例提问

1. 从联系的角度分析套型与房间设计之间的关系。
2. 如何利用唯物辩证法指导城市集合住宅设计？

三、案例解析

1. 唯物辩证法认为，世界上的一切事物和现象都是普遍联系的，从浩瀚的宇宙到微小的粒子，从无机界到有机界，从自然界到人类社会，从客观世界到主观世界，整个世界无不处在相互联系、相互作用之中。可以说，联系是客观世界的普遍特性。普遍联系的观点是唯物辩证法的一个总特征。从哲学上讲，联系是指事物、现象、过程之间及其内部诸要素之间相互依赖、相互制约、相互影响、相互作用、相互渗透、相互转化的关系。唯物辩证法认为，联系不是事物之间个别的、暂时的现象，而是事物之间普遍的和永恒的现象。

联系具有一系列特点：首先，联系具有客观性。联系是客观世界自身固有的，不是臆想出来强加给事物的。人们既不能"创造"事物之间的联系，也不能"消灭"事物之间的联系，而只能按照客观事物的本来面目如实地反映它们之间的联系，并在正确反映的基础上整合和利用这些联系。坚持联系的客观性，反对在联系问题上的唯心主义观点。其次，联系具有普遍性。联系的普遍性是指，世界上的任何事物和过程都不能孤立地存在，都同前后周围的其他事物和过程联系着；每一事物和过程的各个要素和环节也不能孤立地存在，都同其他要素和环节联系着；整个世界是一个相互联系的统一整体，任何事物和过程都是普遍联系之网上的一个部分、环节或阶段；孤立的、不与其他事物和过程相联系的事物和过程是不存在的。联系的普遍性已为人类的全部实践经验和科学发展所证实。最后，联系具有多样性。世界上的事物是多种多样的，因而事物的联系也是多种多样的，有直接联系与间接联系、内部联系与外部联系、本质联系与非本质联系、必然联系与偶然联系。案例材料中的 A 房、B 房、C 房之间，这些房间的使用者及其行为之间都存在上述联系中的一种或多种，这是进行套型与房间设计的重要依据。

2. 唯物辩证法是哲学中关于自然、社会和思维的最一般规律的理论。将这一充满思辨性的理论作为指导思想，并制定设计中技术问题的解决策略，有助于设计出顺应时代潮流和提升人民幸福感的、有温度的集合住宅。建筑设计工作者应该自觉学习唯物辩证法，提高设计水平，更好地投入设计工作。

唯物辩证法关于世界普遍联系的观点告诉我们，任何事物都不是孤立存在的，而是与周围的事物、环境有着密切的联系。这要求我们坚持用联系的观点看问题，承认联系的客观性，反对主观联系，并且"一切以条件、地点和时间为转移"。就套型内各个房间之间的联系而言，需要做到内容与形式上的统一。各个房间之内，每件家具的摆放都要从联系的角度决策，设计各个房间要善于分析事物的具体联系，确立整体性、开放性的观念，从动态中考察事物的普遍联系，即以联系观为指导，充分发挥各个房间的功能，使套型的使用者生活方便快捷。

两种空间矛盾的斗争性对于住宅空间的发展同样重要。矛盾双方的相互排斥和否定促使旧的矛盾统一体破裂，新的矛盾统一体产生，旧事物发展成为新事物。就是在这样的矛盾中，私密空间和公共空间相互交融，共同创造出适合人生活的环境。要善于运用矛盾的同一性和斗争性原理指导实践。

在分析场地的过程中，要利用好分析与综合的辩证关系。分析是把整体分解为各个部分、方面、因素来认识，并从中解释事物的本质和事物的内部联系。我们可以将场地信息细化，分解为流量、形态、功能等方面。综合将分析中得到的各部分联系成一个整体，显现事物发展过程中的矛盾在总体上、在其相互联结上的特殊性。分析是综合的前提和基础，没有分析就没有综合。但是，分析又要综合作为指导，否则分析就没有目的。分析和综合相互补充、互相转化，才能最终得出对于场地的综合评价，进而做出相应的设计策略。

四、教学反思

该案例的具体实施效果较好。第一，有助于加强理论与专业应用的联系。对于理工科专业的学生来说，认识并利用理论联系实际是衔接马克思主义基本原理课程与专业课的关键。举出学生所学专业的应用实例，让学生自己用马克思主义基本原理解释，并举一反三，引导式教学可以培养学生主动学习的能力，进而使学生认识到学习的实际意义。第二，教学过程充分实现师生的精神互通和教学相长，鼓励学生在课堂结合所学专业用马克思主义基本原理自主和教师交流，增强学生参与感，进一步激发学生的创新思维，提高学生拓展知识的乐趣。

实施该教学案例需要改进之处：马克思主义基本原理概论课程作为公共必修课，存在师资紧缺、学生人数众多和学习时间长等问题，大班教学也使师生互动效率低，互动次数和讨论次数都需要有一定限制，以免导致课堂更加难以管理。改进思路：可以增设教师和学生的互动平台，让学生围绕专业热点与哲学思维和教师讨论自己的观点，提高学生的自主思考能力，从而将理论知识内化成自己的专业思维。师生交流，不仅能促进学生的学习，也能引起教师思考学生所关注的热点，在以后马克思主义基本原理课程的教学中，教师也能因更加了解青年学生而拉近与学生的距离，消除师生间的隔阂，使教学更加轻松和高效。

（本案例由杨小勇、朱青叶编写）

案例三十五

唯物辩证法基本规律在国土空间规划体系构建中的运用

一、案例描述

改革开放以来，随着我国城镇化水平的提升和经济的发展，我国的城市规划水平也在不断提高，并取得了瞩目的成果。然而随着规划的增多，各类规划出现了内容重叠冲突、审批流程周期过长、地方规划朝令夕改等诸多问题。同时，为了统筹推进中央"五位一体"总体布局和以人民为中心等要求，相关部门提出构建成熟完整的国土空间规划体系的举措，通过构建国土空间规划"一张图"、划定"三区三线"达到解决旧问题、满足新需求的目的。

在人类社会的发展中，人们的各项需求都必须基于相应的土地空间资源才能实现。起初，就独立的个体或小型的家庭而言，由于其科技水平、开发水平等各项能力均保持在较低水平，因此环境中待开发的土地可以视作无限的。但随着时代的进步，乡村、城镇等复杂体系的出现代表着人类对土地的需求量的增加。在这样的背景下，城乡规划学科应运而生，以更高效地利用土地、促进人类社会进步为目标。例如，在土地用途的划定中，城镇空间可以用于城镇建设发展，主要作用于第二、第三产业的发展，从而为社会发展提供动力；而用于农业生产的农业空间则主要作用于第一产业，为人类提供基本的食物，从而保证社会的正常运行。毫无疑问，以上两种用途都以为人类创造利益为最终目的，在使用目的上二者是统一的；但空间总是有限的，二者却无法共存，必须择其一而用，这就体现出空间在使用方式上的对立。

国土空间规划体系中，由"资源环境承载力评价"和"国土空间开发适宜性评价"形成的"双评价"作为上述问题的解决方案被推广使用。"双评价"以科学性、准确性为特点，被用于揭示资源环境的优势与短板、发现未来发展潜力，从而对既有的规划成果进行校正。一旦问题涉及如开发商、农民等多个利益主体时，"以人为本"的规划理念则能够发挥更大的作用。在"以人为本"

的规划理念下，相关问题的解决主要可以分为"事先部署"、"自存"、"共生"、"整体利益"和"结果判断"五个步骤，即通过对利益主体的博弈焦点设置合理缓冲区来平衡矛盾点，最终从整体利益的维度确定结果。

（案例材料来源：同济大学建筑与城市规划学院城市规划专业董肇宇同学的课程论文《唯物辩证法基本规律在国土空间规划体系构建中的运用》）

二、案例提问

1. 上述案例体现了哪些马克思主义基本原理？
2. 试结合案例理解辩证否定观。

三、案例解析

1. 上述案例内容体现了以下原理：

（1）对立统一规律。矛盾是反映事物内部或事物之间对立统一关系的哲学范畴。矛盾的同一性和斗争性是矛盾的两个基本属性。矛盾同一性是指矛盾双方相互依存、相互贯通的性质和趋势，有两个方面的含义。矛盾斗争性是指矛盾着的对立面之间的相互排斥、相互分离的性质和趋势。矛盾斗争有两种基本形式。矛盾同一性和斗争性是相互联结、相辅相成的，斗争性寓于同一性之中。矛盾斗争性是无条件的、绝对的，矛盾同一性是有条件的、相对的，无条件的、绝对的斗争性与有条件的、相对的同一性相结合，构成了事物的运动，推动着事物的发展。从本质上讲，国土空间规划本就是为了应对这一矛盾而出现。在人类社会的发展中，人们的各项需求都必须基于相应的土地空间资源才能实现。但随着时代的进步，乡村、城镇等复杂体系的出现代表着人类对土地的需求量的增加，空间总是有限的，所有需求无法共同满足，必须择其一而用，这就体现出空间在使用方式上的对立。

（2）量变质变规律。事物的联系和发展都表现为量变和质变两种状态和形式。质是事物区别于其他事物的内在规定性，量是事物的规模、程度、速度等可以用数量表示的规定性。事物都是质和量的统一，度便体现了这一原则。度是保持事物质的稳定性的数量界限。在认识问题和处理问题时应掌握适度的原则。量变和质变是事物变化的两种形式，二者是辩证统一的。第一，量变是质变的必要准备；第二，质变是量变的必然结果；第三，量变和质变相互渗透。

量变质变规律体现了事物发展的渐进性和飞跃性的统一。在城市的发展过程中，城市中的众多主体也在发展，随着时间的流逝，各主体都会发生或多或少的变化。尽管单个主体的变化在城市视角下产生的影响微乎其微，但众多主体产生的微观变化的量的累积就能够对城市的宏观层面产生巨大的影响。在规划工作中，人们为了达到某一目的，促进某项产业或社会活动的发展，通过对一定范围内土地空间各项用途的设计和规划，最终影响城市未来发展的方向，即通过对微观层面控制的累积，利用量变质变规律最终达成宏观层面质的改变。

2. 唯物辩证法指出，事物的发展是一个过程连着一个过程的，过程的更替要通过否定来实现。事物发展经过两次否定、三个阶段，即肯定、否定、否定之否定，就完成一个周期。事物发展过程中的肯定和否定相互转化。肯定因素是维持现成事物存在的因素，否定因素是促使现成事物灭亡的因素。辩证否定观的基本内容是：第一，否定是事物的自我否定，是事物内部矛盾运动的结果。第二，否定是事物发展的环节，它是旧事物向新事物的转变，是事物从旧质到新质的飞跃。第三，否定是新旧事物联系的环节。第四，辩证否定的实质是"扬弃"。

事物发展的否定之否定过程，使事物的发展呈现出波浪式的前进或螺旋式的上升总趋势。否定之否定揭示了事物发展的前进性与曲折性的统一。正确认识事物发展的前进性和曲折性，对于人们的实践活动具有重要的指导意义。自城市规划学科产生以来，随着人类活动复杂性的增加，为了满足人类的新需求，规划学科的研究范围不断扩大，与此同时，规划的种类也在不断增加。从最初的城市规划到包括主体功能区规划、土地利用规划、城乡规划等在内的规划体系的形成，不同类型的规划代表着不同视角下城市的发展方向，都具有其重要的价值。在这个从"一"到"无穷"的阶段，数量代表着体系的完善和学科的成熟。在较长的时间跨度下观察，规划体系的发展进程，即从刚出现时辅助城市管理取得良好成效，到因不足以满足需求而被否定，再到取代其的多种规划并行的规划体系暴露出冗杂、重叠等问题而再次被否定，直至推行国土空间规划"一张图"，与唯物辩证法辩证否定观中"肯定—否定—否定之否定"的周期完全契合。毫无疑问，多年来规划学科并非在原地踏步，而是如否定之否定规律所言在经历一个不可避免的螺旋式上升的发展过程。

四、教学反思

该案例的实施切实提高了教学实效性。第一，激发了学生的学习兴趣，提高其学习积极性。我们发现，学生的学习兴致很高，踊跃发言，积极参与案例的交流与讨论，课堂氛围活泼生动，教学效果良好。第二，有助于加深学生对马克思主义基本原理的理解。马克思主义基本原理课程的教学内容大多是概念、规律、范畴等，引入该案例有助于加深学生对抽象理论的理解。原理是静态的、枯燥的，利用案例讲解，唯物辩证法才能凸显其深刻内涵。让学生参与案例分析、讨论，可以产生学以致用的效果，有助于学生深刻理解马克思主义基本原理。

实施该教学案例需要改进之处：完成理论知识的教学后，教师没有时间在课堂上开展实践教学，受学时限制，实践教学往往留给学生课下独立完成，缺乏教师的指导和监督。改进思路：应根据教学目的和教学要求，灵活使用案例教学，让马克思主义基本原理课程教学真正变得例有所指、理有所悟、学有所用，富有趣味性、学理性、思想性，真正实现教学目标。

（本案例由杨小勇、朱青叶编写）

案例三十六

马克思主义认识论在建筑设计领域基地分析方法中的应用——以伦敦金斯顿大学学习中心为例

一、案例描述

在建筑设计过程中，建筑师需要着重考虑给定的基地及建筑的使用功能。在基地分析过程中，只有通过实践不断深入地认识基地，产生理性认识，才能解决问题并提出设计概念。

伦敦金斯顿大学学习中心是伊冯·法雷尔和谢莉·麦克纳马拉这两位建筑师的代表作品，这两位建筑师在2020年获得了普利兹克奖。要想设计出好的建筑，就必须掌握科学的建筑设计方法。现代主义对于建筑的理解是形式服务于功能，而为了更好地实现这些功能，就要对周边环境有深刻的认识，因此，基地分析也是建筑设计过程中极其重要的一个环节。基地分析的完成是构建建筑轮廓的重要前提，但上层的形态还要由功能决定。

深入分析基地，不是简单地了解基地的范围、环境、人流等，还要结合目的去认知。任何一个基地都有其自身的属性，我们能看到小，但看不到大；能看到近，但看不到远；能看到局部，但看不到整体；能看到现在，但看不到未来。因此，我们必须站在巨人的肩膀上，尽力眺望，挖掘和发现基地中"不可见的存在"。而为了透彻地了解基地，我们就要尽量找到基地中的各种因素进行分析，从而明确要研究的对象。

建筑设计和传统理工科不同，它并没有标准答案，这就导致了在认识基地的过程中，不同设计者在明确研究对象方面得出了不同的答案，而通过分析，两位建筑师主要选择的研究对象是基地的人流、周围建筑的特点、基地形态，因为以上因素与认识的目的——满足学生活动、充当门户是吻合的，这就不得不放弃对光照、降水等方面的考虑，否则会产生矛盾，两位建筑师通过反复的实践和认知厘清了文脉和地脉。该基地若是换另外的建筑师去做，很有可能采用的并不是横平竖直的轴网形式，也很有可能没有足够的室外平台空间，由此来看建筑设计不可能是十全十美的。但是这并不意味着建筑设计毫无规律可循，理性因素与非理性因素的作用我们都要充分考虑到，理性因素即由设计目的、与周围环境的关系等事实所决定的因素，而非理性因素则主要体现在设计者处理这些问题的情感和意志。在认识基地的过程中，要尽量考虑理性因素，但也要正确发挥非理性因素的作用。

（案例材料来源：同济大学建筑与城市规划学院建筑学专业张俸铭同学课程论文《马克思主义认识论在建筑设计领域基地分析方法中的应用——以伦敦金斯顿大学学习中心为例》）

二、案例提问

1. 结合案例说明感性认识、理性认识及其辩证关系。
2. 建筑基地分析中的认识深化过程有何现实启示？

三、案例解析

1. 本案例介绍了感性认识在对建筑基地分析过程中向理性认识的转变。站在基地中，对周围环境的初步感知，是一种最直接的感受，这属于感性认识。

认识运动的辩证过程，首先是从实践到认识这个过程，在这个过程中认识具有感性认识和理性认识两种形式，并实现了由前者到后者的能动飞跃。

感性认识是人们在实践基础上，由感觉器官直接感受到的关于实物的现象、事物的外部联系、事物的各个方面的认识，包括感觉、知觉和表象三种形式。

理性认识是人们借助抽象思维，在概括整理出大量感性材料的基础上，达到关于事物的本质、全体、内部联系和事物自身规律性的认识。理性认识包括概念、判断、推理三种形式。感性认识和理性认识是统一的认识过程中的两个阶段，它们既相互区别，又相互联系，辩证统一。二者的联系表现在以下三个方面。

首先，理性认识依赖于感性认识，理性认识必须以感性认识为基础。理性认识依赖感性认识，离开感性认识，理性认识就成为无源之水、无本之木，成了主观自生的东西了。

其次，感性认识有待于发展和深化为理性认识。这是由感性认识的局限性和认识的真正任务决定的。从感性认识自身来看，它所认识的只是事物的表面现象，未深入事物内部，这种认识是肤浅的，因而有待于深化。从认识的任务来看，认识是为了揭示事物的本质，为了完成认识的任务就必须使感性认识深化为理性认识。

最后，感性认识和理性认识相互渗透、相互包含。二者的区分是相对的，人们不应当也不可能把它们截然分开。在认识的实践过程中既没有纯粹的感性认识也没有纯粹的理性认识。从感性认识上升到理性认识，并不是一个随意的主观愿望，在建筑设计的过程中，不可能一开始就提出一个建筑概念、一个最适合该基地的解决方略，并不断深化，必然是通过对基地的不断认识，结合设计的目的在不断的比较抉择中选择出最合适的那个方案。

2.建筑基地分析中的认识深化过程，揭示了马克思主义认识论的两个重要结论。其一，世界的可知性。马克思主义认识论认为人的意识能够正确地反映客观事物，意识不仅能够正确反映事物的外部现象，还能够正确反映事物的本质和规律。同时，主张世界及其规律的可知性，但这并不是说世界上的一切事物都被认识清楚了，而是说世界上只有未知之物，而没有不可知之物，通过实践的发展，一切客观事物及其规律都能或先或后地被人们认识，并不断地加深认识。随着人们实践和认识能力的提高，正确反映客观事物的科学知识迅速增加。对于基地的分析认识是为了改造基地。对于伦敦金斯顿大学来说，学习中心的建成既为学校设立了一个合适的门户，又为同学的活动提供了场所，同时也为周围居民的活动提供了便利，改造世界的结果在某种程度上就体现了认识的程度。其二，认识过程的辩证性。认识运动是一个辩证发展的过程：从实践到认识、从认识到实践，实践、认识、再实践、再认识，认识运动不断反复和无限发展。认识的辩证过程是由从感性认识到理性认识又从理性认识到实践这样两次飞跃构成的。世界是无限发展的，人们的实践也是不断发展的，人们应在实践基础上不断深化认识、扩展认识把认识向前推移。人们在一定条件下的认识在主观上受到自己实践的广度和深度、知识水平等方面的限制，在客观上又受到社会实践的发展水平、科学技术等时代条件以及事物本质的暴露程度的限制。因此，对事物的认识往往需要在实践的基础上由感性认识到理论认识，再由理性认识到实践的多次反复才能完成。

四、教学反思

该教学案例的实施效果较好。第一，认识论原理抽象晦涩，尤其是对于理工科的同学而言，运用该教学案例可使抽象的原理具体化和通俗明晰。第二，该案例将建筑学知识与认识论原理相融合，通过展现建筑图画，大大提升了现场教学的直视直悟效果，增强了授课趣味性，更具备专业针对性。

实施该教学案例需要改进之处：目前的案例分析教学仍是教师在课堂上发挥主导作用，学生的学习积极性和主体创造性尚未被充分调动。改进思路：①在教学目标的确立上，应该充分考虑学生的实际情况，把学生容易混淆的知识作为突破口，更多地注重学生的语言表达能力、自我表现能力以及创新能力的培养，在尊重学生对自我、社会既有认知的基础上，对学生进行正确的引导。②在教学内容上，要选择学生感兴趣的内容作为突破口，做到教学重点、社会热点和学生兴趣点相结合，把最新、最前沿的东西带到课堂上来。③在教学形式上，可以采用多种教学方式，同时要发挥好学生的主体性，以激发学生的热情，加深对理论的理解。④在课程的考核上，应该注重过程评价和养成评价相结合。对学生的考核评价，不应只注重期末的考试评价，而应该对学生进行期初、期中和期末的综合考察和评价。

（本案例由杨小勇、朱青叶编写）

第六章

同济大学马克思主义基本原理的
软件学院专业案例

案例三十七
世界的物质性及发展规律在自动售货机电路
设计实验中的应用

一、案例描述

使用 Multisim 电路仿真设计软件开展自动售货机电路设计，需要在正式搭建电路之前仔细阅读 Multisim 电路仿真设计软件说明书，对照说明书熟悉该软件的整体框架和操作技巧。同时，由于仿真设计软件中的芯片和实际接触中的芯片存在一定出入，种类繁多，因此在实际搭建自动售货机电路前，需要查找资料了解电路中所需的门电路以及集成芯片在 Multisim 中的接线方式。搭建电路，不是随便将两个集成芯片相连，而是建立在数字逻辑客观知识之上。比如在运算电路中，由于要实现累加投入的所有货币总值，因此需要用寄存器输入端保存每次加法器的输出端，再将下一次投币计算时寄存器的输出端作为加法器的一个加数输入。此外，在连接线路时，由于所使用的芯片采用二进制方法进行运算，一个数相关四根线，四根线的顺序不能随意摆乱，所以要以一定的顺序将四根线连接到集成芯片上，否则实验将无法进行。通过实际操作，找到搭建电路所需要的各个模拟元件，再连接好所有线路，自动售货机电路模块便初步成型了。

（案例材料来源：同济大学软件学院软件工程专业赵敏同学的课程论文《马克思主义基本原理的应用价值：自动售货机电路设计》）

二、案例提问

1. 结合自动售货机电路设计实验，谈谈如何处理好主观能动性和客观规律性的关系。

2. 结合案例，分析正确发挥主观能动性的前提和条件。

三、案例解析

1. 一方面，尊重客观规律是正确发挥主观能动性的前提。规律是事物变化发展过程中本身所固有的内在的、本质的、必然的联系。人们只有在认识和掌握客观规律的基础上，才能正确地认识世界，有效地改造世界。开展自动售货机电路设计，需要在正式搭建电路之前仔细阅读 Multisim 模拟电路设计软件的说明书，对照说明书熟悉该软件的整体框架和操作技巧。另一方面，只有充分发挥主观能动性，才能正确认识和利用客观规律。承认规律的客观性，并不是说人在规律面前无能为力、无所作为。人能够通过自觉活动去认识规律，并按照客观规律去改造世界，以满足自身的需要。因此，尊重事物发展的客观规律性与发挥人的主观能动性是辩证统一的，实践是客观规律性与主观能动性统一的基础。自动售货机电路设计实验说明，通过实际操作找到搭建电路所需要的各个模拟元件并连接所有线路，自动售货机电路设计实验才能成功。

2. 正确发挥人的主观能动性，有三个方面的前提和条件：第一，从实际出发是正确发挥人的主观能动性的前提。只有从实际出发、充分反映客观规律的认识，才是正确的认识；只有以正确的认识为指导，才能形成正确的行动。搭建自动售货机电路，不是随便将两个集成芯片相连，而是建立在数字逻辑客观知识之上。第二，实践是正确发挥人的主观能动性的根本途径。正确的认识要变为现实的物质力量，只能通过物质的活动——实践才能达到。通过实际操作，找到搭建电路所需要的各个模拟元件，再连接好所有线路，自动售货机电路模块便初步成型了。第三，正确发挥人的主观能动性，还要依赖一定的物质条件和物质手段。"巧妇难为无米之炊"，没有现实的原材料，人的意识再"巧"也创造不出任何物质的东西来。开展自动售货机电路设计实验，借助了Multisim电路仿真设计软件，离开这一软件，实验将无法进行。

四、教学反思

该案例的实施效果较好。第一，正确认识和把握物质与意识的辩证关系，需要处理好主观能动性和客观规律性的关系。对于软件工程专业的学生而言，其以后从事的软件开发工作需要充分发挥人的主观能动性，但同时也必须以尊重客观规律为前提。本案例将抽象的理论具体化、通俗化，让学生知晓尊重客观规律的重要性，便于学生理解和掌握相关知识原理。第二，本案例主要介绍了自动售货机电路设计实验，能够指导学生运用马克思主义基本原理，在把握客观规律的基础上发挥主观能动性，保证软件开发成功。

实施该教学案例存在的问题：实验过程不够完整，学生的参与积极性有待提高。改进思路：通过进一步深化该实验的操作流程，了解该实验的全貌，从而从不同方面挖掘发挥主观能动性同尊重客观规律的关系。同时，让同学们参与或观察该实验过程，通过提问的方式调动学生的思维积极性，增强学生的参与感。

（本案例由杨小勇、朱青叶编写）

案例三十八
唯物辩证法对日历电路实验设计的启发

一、案例描述

某团队计划利用 NI 软件模拟实现一个计算日期和月份的日历，它可以判断大小月（31 天或者 30 天），并按闰年或者平年为 2 月的日期计数器置 29 进制或者 28 进制。这个电路的实现比较复杂，最初，该团队对该电路的实现原理一知半解，只知道生搬硬套地放置每个部件、连接每根线，导致电路难以通过调试来纠正错误，并且在阐述实现原理时也难以把握逻辑关系。事实上，总电路的每个部分都可以看作一个子电路，它同样实现了某一项功能。因此，该团队决定在理解每个部件作用和每条线的接法的前提下搭建电路。

由于每个子电路的结构相对简单，该团队依次成功实现了月份显示器、日期显示器，最后在逻辑分析下完成了连接月份和日期显示器的控制调节电路。但结果并不尽如人意。在初次将各个子电路连接起来进行调试时，电路出现了很多错误，比如将 2 月判断为 31 天，月份计数器的起始月份为 0 等。最终，在多次检查和调试之下，该团队终于较好地实现了电路相应的功能。

（案例材料来源：同济大学软件学院软件工程专业李梦祥同学的课程论文《整体与部分的观点对电路实验设计的启发》）

二、案例提问

1. 运用整体与部分的辩证关系，分析总电路和各部件的关系。

2. 分析该电路实验过程是如何体现发展是前进性与曲折性的统一的。

三、案例解析

1. 整体即全局，部分即局部。整体和部分的存在是互为条件的。整体由部分构成，没有部分就没有整体；部分依赖于整体，脱离了整体的部分就失去了原有的性质和功能。整体制约着部分，整体把各个组成部分连接起来发挥各部分的功能，没有整体也就没有部分。整体和部分在一定条件下相互转化。事实上，总电路的每个部件都可以看作一个子电路，它同样实现了某一项功能。这也就是整体与部分在一定条件下的相互转化，当某一个事物分裂、分解成多个部分时，原有部分可能会成为新的整体；而当不同事物相互融合产生新事物时，原有的整体又成为新的部分。

整体与部分的辩证关系要求人们在认识事物时先把整体区分为它的各个组成部分，把握它们的性质、特点和功能，再经过综合达到对整体的认识。使各部件以有序、合理、优化的结构形成总电路，这样才能发挥总电路的作用。

2. 发展的前进性体现在每次否定都是质变，都把事物推进到新阶段；每个周期都是开放的，前一个周期的终点是下一个周期的起点，不存在不被否定的终点。从生搬硬套到成功搭建电路，最后到电路成功运转，每次都是对此前的否定，将电路向成功运作方向推进。发展的曲折性体现在回复性上，其中有暂时的停顿甚至是倒退。这表明，事物的发展不是直线式前进，而是螺旋式上升的。搭建完电路后，电路实验并没有完成，而是几经各种错误的反复，经过不断检查和调试才得以成功。

四、教学反思

该案例的课堂实施效果较好。首先，本案例比较完整地呈现了整体与部分的含义、两者的辩证关系，以及否定之否定规律，能够加深学生对马克思主义唯物辩证法的理解。其次，本案例选取常见的电路实验，授课教师能比较完整地分析案例，同时也能提高学生的学习兴趣。最后，本案例贴近学生的实际学习工作场景，能够引导学生在认识事物尤其是复杂事物时，化整为零，先把握部分，再把握整体，即先将整体区分为各个组成部分，将组成部分的性质、特点和功能理解清楚，再将它们综合，以达到对整体的完全认识。

实施该教学案例需要改进之处：案例涉及的知识点较多，对联系、发展、矛盾在内的唯物辩证法各个方面的内容都有所体现，因此让学生准确把握案例分析的重点原理存在一定难度。改进思路：通过提前进行铺垫，以设问的形式进行提示，让学生把握案例反映的最核心的唯物辩证法原理。

（本案例由杨小勇、刘启畅编写）

案例三十九

世界的物质性及发展规律在四位彩灯模拟电路实验中的应用

一、案例描述

四位彩灯模拟电路实验是软件工程专业计算机组成原理实验课程中的一项设计性实验，它的基本要求是应用理论课中数字逻辑电路的基本知识，设计一个具有简单控制功能的循环工作的四位彩灯电路。该模拟实验的前置非设计性实验项目包括门电路实验、选择器实验、译码器实验、触发器实验、寄存器实验和运算器实验等。根据课程资料，四位彩灯模拟电路实验有以下明确要求：①彩灯位数不少于四位；②能够连续循环显示；③能手动暂停、清零；④至少使用三种学习过的集成芯片。

在四位彩灯模拟电路实验中，逻辑电平开关区域起到了提供高、低电平的作用，一般以 0~0.8V 为低电平（对应逻辑值"0"），2~5V 为高电平（对应逻辑值"1"），处在对应范围内即相当于输入高、低电平的效果。在基本的框架要求下，某团队运用概念、判断、推理等形式，构建分析模型，最终的实验电路由 74LS153N（选择器）、74LS161N（计数器）、74LS194N（锁存器）三个集成芯片，四个 LED 彩灯，各类电源以及若干简单门电路组成。

各个芯片、电源、用电器与开关之间都经由导线进行连接，通过导线这一中介的连接，各个部件的输入输出得以导出一系列的逻辑运算表达式，这些逻辑运算表达式正是电路设计的核心。根据改造为十二进制的 74LS161N 计数器导出的脉冲，电路整体进行以每次脉冲高低为一拍的运算，然后输出到 LED 灯上，这样便形成了一套循环连续的彩灯图案。

（案例材料来源：同济大学软件学院软件工程专业符洋同学的课程论文《马克思主义基本原理在四位彩灯模拟电路中的体现》）

二、案例提问

1. 根据该案例，分析四位彩灯模拟电路实验是如何体现意识的能动作用的。

2. 运用联系的观点分析四位彩灯模拟电路各部件的关系。

三、案例解析

1. 意识的能动作用主要表现在：第一，意识具有目的性和计划性。人在认识客观世界、尊重客观规律的同时，还会根据一定的目的和要求确定反映什么、不反映什么，以及怎样反映，从而表现出主体的选择性。四位彩灯模拟电路实验旨在满足四点要求：①彩灯位数不少于四位；②能够连续循环显示；③能手动暂停、清零；④至少使用三种学习过的集成芯片。整个实验过程都是围绕意识活动所构建的目标和蓝图进行的。第二，意识具有创造性。人的意识不仅通过感觉、知觉、表象等形式，反映事物的外部现象，而且运用概念、判断、推理等形式，对感性材料进行加工制作和选择建构，在思维中构造一个现实中没有的观念世界。四位彩灯电路模拟实验本身即是一个设计实验，遵照大致的框架和要求，在芯片选用、电路结构、功能设想等方面进行主动设计创造。在这个过程中，该团队充分运用了概念、判断、推理等形式，通过在思维中构建、分析模型来创建实验的蓝图。这个过程是完全主动的，在认识和掌握客观规律的基础上，该团队通过发挥人的主观能动性，完成了实验的设计。

2.联系是指事物内部各要素之间和事物之间相互影响、相互制约、相互作用的关系。世界上的万事万物既作为个体事物存在，又作为联系中的事物存在。①联系具有客观性，四位彩灯模拟电路各部件的联系是客观存在的。②联系具有普遍性，任何事物内部的不同部分和要素之间都是相互联系的，也就是说，任何事物都具有内在的结构性。四位彩灯模拟电路各部件之间都是存在普遍联系的。③联系具有多样性，四位彩灯模拟电路各部件既存在直接联系，又存在通过导线这一中介而产生的间接联系。④联系具有条件性，芯片、电压源、用电器与开关只有通过导线进行连接才能产生作用。对于四位彩灯模拟电路来说，是各个部件之间的联系赋予了它正常的功能，各个部件的正确联系和相互作用是彩灯电路正常工作的保障。

四、教学反思

该案例的实际运用效果较好。第一，该案例将意识对物质的反作用、事物的普遍联系等马克思主义基本原理中的关键知识点进一步具体化、可视化，加深了学生对抽象理论的理解。第二，该案例带领学生回到专业实验场景，能够引导学生在实验过程中充分运用马克思主义基本原理，尤其是发挥意识的能动作用解决实验中发现的各种问题，增强学生完成专业实验的信心。第三，该案例篇幅适中，大大提高了案例在课堂上的使用效率，留给授课教师和学生更多的互动时间。

实施该教学案例需要改进之处：该案例相对简单，学生的参与意愿和听课热情受限。改进思路：授课教师详细介绍该实验过程，或者让参与该实验的学生进行口述，在原案例中加入对实验细节的描述，提高学生听课的积极性。

（本案例由杨小勇、李锦晶编写）

案例四十

对立统一规律在渐开线齿轮齿廓绘制实验中的应用

一、案例描述

近代的齿轮加工方法有很多，如铸造、模锻、冲压、冷轧、热轧、粉末浴金和切削加工等，其中最常用的为切削加工法，就其原理来说，切削法又可以分为仿形法和泛成法两种。仿形法是用与齿槽形状相同的铣刀逐个切制，效率低、精度差；而泛成法则是将刀具作为假想齿轮，利用齿轮啮合原理直接对齿坯进行切割。相较之下，泛成法的生产效率高、精度好，但会在特定情况下发生根切现象。

根切现象，即当齿轮的齿数少于 17 时，插齿机的切割刀具伸入齿根位置导致轮齿根部的两侧出现明显的向内凹陷的现象。这样的齿轮齿根处齿厚更薄，因此齿轮进行啮合传动时的强度变低，承受载荷的能力变差，从而很容易发生断裂。为解决标准齿轮的根切问题，人们提出了变位修正法，即把齿条刀具相对于轮坯向外移动一段距离，使刀具不超过齿轮的理论廓线。用这种方法制造出的齿轮区别于标准齿轮，被称为变位齿轮。变位齿轮在加工前需要计算但更加实用，包括齿轮齿条、斜齿轮、蜗轮蜗杆、圆锥齿轮等不同类型，这些齿轮各有优劣，适配于不同的情况。

为了了解根切现象的发生机制以及掌握变位齿轮的计算过程与啮合特点，可以进行渐开线齿轮齿廓绘制实验。具体的实验内容如下。

（1）将绘图纸放在标准齿轮对应的位置，转动插齿机刀刃模拟机构并描出标准齿轮的轮廓线，此时可以在绘图纸上清楚地看到齿轮齿根部分较薄。

（2）根据变位齿轮计算公式求出具有该齿数的标准齿轮所对应的变位齿轮尺寸，用同样的方法绘制出变位齿轮的轮廓线。此时可以观察到变位齿轮没有发生根切现象。

在齿轮加工中，仿形法的效率虽然很低，不适用大批量生产，但是在加工齿数低于 17 的标准齿轮时不会产生根切现象。因此，当使用仿形法带来的强度和效率都在人们所期望、能够忍受的范围之内时，仿形法是让人满意的、可接受的。

（案例材料来源：同济大学软件学院软件工程专业王思力同学的课程论文《矛盾原理与方法论在齿轮设计中的应用》）

二、案例提问

1.运用矛盾的同一性和斗争性，分析齿轮加工中仿形法如何走向未来。

2.基于矛盾的普遍性和特殊性及其相互关系，阐述在实际生产过程中应该如何选择齿轮种类。

三、案例解析

1.齿轮加工中，仿形法的效率非常低，不适合用于大批量生产，但是在使用仿形法加工齿数低于17的标准齿轮时不会产生根切现象。显然，仿形法本身的低效率与成品的高强度构成了一对矛盾——低效是人们不想要的，但高强度的成品又是人们所需要的，两者互相对立、互相排斥，这体现了矛盾的斗争性。同时，同一性以差别和对立为前提，两者相互联系、不可分离，正如仿形法的优劣两面——没有低的效率就无法达成高的强度，而想要获得高的强度就必须忍受低的效率，二者不可分割，这正是矛盾的同一性的体现。

和谐是矛盾的一种特殊表现形式，体现着矛盾双方相互依存、相互促进、共同发展。当仿形法带来的强度和效率都在人们所期望、能够忍受的范围之内时，这两种矛盾会呈现出和谐的状态，在这个状态下，使用仿形法是让人满意的、可接受的。矛盾的同一性和斗争性相结合，构成了事物的矛盾运动，推动着事物的变化发展。19世纪之前，针对仿形法效率较低这一劣势，人们通常换用更加锋利的刀具；而随着科技的发展，20世纪人们发明了精准快速的切削数控机床。可以想象，随着生产力的不断发展，在矛盾的斗争性和同一性相互作用下，仿形法这一蕴含着质朴智慧、充满着近代人类对机械时代憧憬与向往的古老方法将在发展中脱胎换骨，绽放出新时代的熠熠光辉。

2.渐开线齿轮主要有两种：标准齿轮和变位齿轮。标准齿轮的尺寸参数和模数直接对应，无须单独计算，缺点则是对装配的要求极高，两轮顶隙一定要为标准值、齿侧间隙必须接近于零，否则不能平稳地啮合传动。变位齿轮恰恰相反，人们在加工时需要通过公式计算出齿轮的各项系数，这样在装配时就可以通过配凑的方式使轮系满足啮合条件，同时，因为变位齿轮的压力角不同于标准齿轮，所以它的使用损耗更低、使用寿命会更长。

总的来说，标准齿轮制造便利、装配麻烦，变位齿轮在加工前需要计算各项系数但更加实用，除此之外还有齿轮齿条、斜齿轮、蜗轮蜗杆、圆锥齿轮等不同类型的齿轮，这些齿轮都各有优劣，没有能适配所有情况的齿轮，只有相对来说更合适的齿轮。矛盾无处不在、矛盾无时不有，各类齿轮在不同的应用场景下都普遍存在矛盾。但单独就每类齿轮来说，它们的矛盾又互不相同，矛盾的特殊性决定了各种齿轮的不同性质。

因此，在实际生产中，我们需要抓住主要矛盾，具体问题具体分析，认真遴选出最符合需求的齿轮。比如，当某机械需要较大的传动比时，使用标准齿轮就会出现两个齿轮因为体积差距过大而受力不均的现象，导致齿轮使用寿命缩短；然而，蜗轮蜗杆机构则能在较小的空间内实现高传动比传动。当机械的传动力较大时，蜗轮蜗杆难以承受巨大的压力，而圆锥齿轮则具有较大的啮合面，能将压力均匀地分摊到啮合中的轮齿表面上。选择齿轮种类的过程就是分析主要矛盾、找到矛盾的主要方面并对症下药的过程。

四、教学反思

该案例的实施效果较好。首先，该案例从专业实验入手，涉及齿轮的加工方法、齿轮的种类选择等专业问题，很好地调动了学生的学习积极性。其次，该案例有利于学生掌握对立统一规律，尤其是矛盾的同一性和斗争性的分析方法以及矛盾的普遍性和特殊性关系原理，增强了理论与实际的联系。最后，案例研讨能够引导学生运用矛盾分析方法分析专业领域问题。

实施该教学案例需要改进之处：案例涉及的物理学概念较为专业，加大了其他专业学生的理解难度。改进思路：梳理出案例的基本逻辑，对其中涉及的各大概念提前进行说明，同时在阐述对立统一规律时，对案例中的具体细节进行分析，进一步印证矛盾分析方法这一认识世界和改造世界的根本方法的科学性。

（本案例由杨小勇、周正科编写）

案例四十一

认识论在巨型计算机研制中的应用

一、案例描述

同济大学软件学院成立于 2001 年 9 月，是国家教育部与原国家发展计划委员会联合批准成立的国家示范性软件学院。中国科学院院士、我国首台银河巨型计算机主机系统总设计师周兴铭教授担任首任院长。

中国首台十亿次巨型计算机"银河 – Ⅱ"由国防科学技术大学计算机系兼研究所研制成功。"银河 – Ⅱ"巨型机研制始于 1988 年 3 月，1992 年 11 月通过国家鉴定。该机荣获国家科技进步奖一等奖，被列为 1992 年全国十大科技成果之首，并写入这一年的《政府工作报告》。江泽民同志为祝贺"银河 – Ⅱ"成功研制题词：攻克巨型机技术为中华民族争光。研制单位被中共中央军事委员会授予"科技攻关先锋"称号。

20 世纪 80 年代，世界巨型计算机技术飞速发展。当时，由于意识形态冲突，以美国为首的西方国家长期对中国等社会主义国家采取全面遏制政策，体现在军事和经济方面，就是对战略物资和技术实行多边出口管制。1983 年"银河 – Ⅰ"研制成功后，美国各大计算机制造商纷纷将其亿次巨型机产品降价50% 以上进入中国，企图抢占中国的巨型计算机市场。同时，对更高性能的十亿次巨型机技术严格保密，禁止出口中国。20 世纪 80 年代中期，中国气象部门为实现 5~7 天中长期天气预报，需要一台每秒运算十亿次级的高性能计算机做数值计算。国家气象局想从美国进口一台巨型计算机，但美国给我国的报价不仅比给欧洲的高 10 倍，而且提出很多刻薄条件，谈判了多个回合，就是谈不下来，购机进展遥遥无期，国家气象局很是被动与无奈。

国际上巨型计算机迅猛发展，而中国还没有自己的十亿次巨型机，不奋起直追就会落伍，处处受到制约，就会被挤出世界高性能计算机研制的行列。此时，研制过"银河 – Ⅰ"的国防科学技术大学计算机系兼研究所决定主动请战，研制新一代巨型机，目标十亿次。1986 年 2 月 24 日，该所向国防科工委上报《关于发展银河巨型计算机的建议》，并在中国科学院学部委员、时任国防科工委科技委常委慈云桂的协助下，该所主要领导陈福接、周兴铭、陈立杰联名给当时的中共中央和国务院领导人写信，表达了希望研制中国第一台十亿次巨型计算机的强烈决心。

中共中央、国务院立即明确批示，巨型机立足于国内的方针要坚决贯彻，用于中长期天气预报的每秒十亿次巨型计算机要自己研制。国家计划委员会与国务院电子振兴领导小组办公室在贯彻这一方针时给予大力的支持。1986 年 6 月 30 日，国防科学技术工业委员会给国防科学技术大学下达《关于贯彻中央领导同志批示，落实巨型机研制任务的通知》，确定第一家用户为国家气象局，并破例提供了几百万元预研经费。经过重重艰难险阻，最终"银河 – Ⅱ"通过国家鉴定、宣布研制成功。

不到一个星期，美国就宣布同类型机器放宽出口限制。美国克雷计算机公司很快找上门来商谈合作，愿意给北京气象中心出售一台十亿次的 CRAY 巨型机，没有附加条件，价格一降再降。考虑到中长期数值天气预报事关国民经济，非常重要，国家气象局决定再购买一台美国巨型机，与"银河 – Ⅱ"构成"双保险"。于是，进口的 CRAY 机与国产的"银河 – Ⅱ"被安装在同一个机房大厅内，同时运行、互为备份，中间只隔一道玻璃墙。软件人员通过向美国机器移植业务模式数据证明，当时这两台同在一起工作的巨型机相比，"银河 – Ⅱ"的计算机精度和可靠性都比 CRAY 机高。

人类认识世界和改造世界的过程，是一个包含着创新的发展过程。创新就是破除与客观事物进程不相符合的旧观念、旧理论、旧模式、旧做法，在继承历史发展成果的基础上，发现和运用事物的新联系、新属性、新规律，更有效地进行认识世界和改造世界的活动。创新是社会发展的不竭动力，人类发展进步的历史就是不断创新的历史。

在理论创新与实践创新的相互关系中，实践创新具有基础性的意义。理论创新不是空穴来风，不是主观任意，而应建立在实践创新的基础上。实践创新对理论的发展提出了与时俱进的新要求。时代变化和实践发展是理论创新的源头活水，要根据时代变化和实践发展，进行理论总结和理论创新。因此，要学习掌握认识与实践的辩证关系，坚持实践第一的观点，不断推进实践基础上的理论创新。理论创新不仅要以实践创新为基础，还要发挥科学的指导作用"反哺"实践。理论必须同实践相统一，理论一旦脱离了实践，就会成为僵化的教条，失去活力和生命力。实践如果没有正确理论的指导，也容易"盲人骑瞎马，夜半临深池"。理论对规律的揭示越深刻，对社会发展和变革的引领作用就越显著。

（案例材料来源：司宏伟，杜秀春："中国首台十亿次巨型计算机'银河‑Ⅱ'"，《中国科技史杂志》，2020 年第 41 卷第 2 期，第 127–139 页）

二、案例提问

分析科技创新对生产力发展的重要性。

三、案例解析

首先，创新是引领发展的第一动力，科技创新作为人类创新活动的一个方面，是国家竞争力的核心，是全面创新的主要引领。"银河‑Ⅱ"研制取得巨大成功，得益于我国立足实践创新，研制团队依靠市场上流通的中/小规模通用集成电路自己设计制作，硬是突破了巨型机高性能处理机技术，成功做出"银河‑Ⅱ"的 CPU，取得了一系列自主创新技术成果，使"银河‑Ⅱ"在巨型计算机体系结构、硬件、软件、网络以及工程实现等各方面都上了一个新台阶，处于国内领先水平，某些技术已经达到国际先进水平。

另外，推进创新发展，既需要科技创新这个"火车头"，也需要理论创新、制度创新、文化创新的保障和支持，发挥理论创新的指导作用从而"反哺"实践创新。实践上的创新离不开理论上、思想上的创新，只有敢于创新，充分发挥创新精神，改变保守封闭的思想状态，站在世界前沿，吸收和利用最先进的技术思想开阔视野，才能增强创新能力。同时，通过制度创新推动科技创新，为科技创新保驾护航。科技创新需要资金、技术等的支持，缺乏这些必要的条件，无法保证科技创新的正常进行，只有在改革中谋发展、以改革促发展，不断进行体制调整与改革，才能确保科研正常进行。

四、教学反思

该案例的实施效果较好。运用该教学案例，可以达到教学内容与学生专业知识相结合的目的，能够拉近同学与马克思主义基本原理的距离。学生学习了理论创新和实践创新的原理，能够更好地应对其未来的学习、工作和生活。

实施该教学案例需要改进之处：部分教师不能很好地融合学生所学专业

的基础知识和马克思主义基本原理，无法让学生得到良好的学习体验。改进思路：提升教师对知识的掌握能力，拓展知识储备，改进讲课技巧，吸引学生。

（本案例由吕健编写）

第七章

同济大学马克思主义基本原理的
土木工程学院专业案例

案例四十二

唯物辩证法在金工实习中的运用

一、案例描述

金工实习又称金属加工工艺实习，是一门实践基础课，包括车工、铣工、特殊加工（线切割、激光加工）、数控车、数控铣、钳工、砂型铸造等。目的在于培养我们的动手实践能力，将理论与实践相结合。

在金工实习课程中，学校总共安排了八个工种的实践学习，具有一定的层次推进性。学习实践初期，主要是教师讲解、示范以及自己亲自实践，只是获得了感性认识，练习量还相对较少，还没有完全掌握金属加工技巧。在上完两三周的课后，我们对金工实习的安全准则、行为规范有了一定的了解，当练习量达到一定水平后，我们在金工实习过程中操作将更加熟练、快速，并且能准确理解不同加工工艺之间的相同之处与不同之处，达到融会贯通。

金工实习的焊接工艺能够较方便地将不同形状与厚度、不同种类和规格的材料连接起来，形成的连接体刚度大、整体性好，但是焊件中也存在焊接残余应力和变形的问题，从而影响产品的质量和安全性，"方便、整体性好"与"高质量"构成了矛盾的对立统一面。将不同形状与厚度的型材通过焊接工艺连接起来能够使焊件刚度大、整体性好，其焊接工艺比其他加工工艺性价比高。然而，焊接又往往改变焊接接头组织的性能，如控制不当会严重影响结构件的质量，并且焊接产生的残余应力和变形的问题也会影响产品质量。因此，在材料加工过程中，不能一味追求"方便、整体性好"或"高质量"，否则会对矛盾主体中的另一个因素产生较大影响。

另外，金工实习的课程安排要求在学习完学校安排的工种实践后，以小组的形式制作一个成品。在这个项目中，我们先是讨论出了一个方案，但是在同指导教师交流之后，我们发现讨论出的方案存在很多问题，如实际操作困难、材料耗费多等，于是我们对方案进行了完善。正是通过这样一次又一次的否定，我们的项目成果不断完善最后在创新项目成果展示中取得了一个满意的成绩。

（案例材料来源——同济大学土木工程学院港口航道与海岸工程专业杨少林同学的课程论文《唯物辩证法在金工实习中的运用》）

二、案例提问

1. 上述案例体现了哪些马克思主义基本原理？
2. 试分析运用唯物辩证法对金工实习的积极意义。
3. 唯物辩证法对于现实生活有何指导意义？

三、案例解析

1. 上述案例体现了唯物辩证法的原理。唯物辩证法作为关于自然、社会和人类思维发展一般规律的科学，是人们认识世界和改造世界的根本方法。唯物辩证法的一系列规律、范畴和原理，都具有科学的世界观和方法论意义。唯物辩证法有三大基本规律：对立统一规律、量变质变规律、否定之否定规律。按照唯物辩证法办事，能达于应事而变、顺势而为，做到高瞻远瞩、运筹帷幄。学习掌握唯物辩证法的根本方法，并且将之运用于金工实习的工程实践中，对于提升我们的动手能力和辩证思维能力有极大的帮助。

2. 从上述内容中可以发现：在金工实习过程中，掌握并正确运用唯物辩证法的三大基本规律，即对立统一规律、量变质变规律和否定之否定规律，对于我们理解、熟悉金属加工工艺有着重要作用。唯物辩证法作为马克思主义哲学的重要组成部分，将其应用于金工实习，首先，需要合理处理矛盾的对立统一面；其次，通过多次重复练习使加工技能从量的积累达到质的变化，经过否定之否定，最终实现从旧质到新质的飞跃。我们在实践中要不断增强辩证思维能力，真正掌握规律，从而熟练掌握相关专业知识。

事物包括质、量、度三个方面的规定性。质是事物区别于其他事物的内在规定性，量是事物的规模、程度、速度等可以用数量关系表示的规定性，度是保持事物质的稳定性的数量界限，即事物的限度、幅度、范围，度的两端叫关节点或临界点，超出度的范围，此物就转化为他物。量变和质变是事物发展变化的两种基本状态和形式，一切事物的变化发展都是首先从量变开始的，量变是质变的前提和必要准备，而质变则是量变的必然结果，量变与质变的相互作用、相互转化构成了量变质变规律。在金工实习中，不断重复的学习、实践加深了个体对知识的理解，引起质的变化，实现事物的飞跃和发展。

在金属连接加工过程中，"方便、整体性好"和"高质量"成为矛盾对立统一规律的主体，当多个接头都采用焊接工艺连接时，加工过程将更加快捷，材料的整体性也较好，但是焊接结构件的承载力会有所下降，结构件在承受较大载荷时发生断裂从而产生安全问题的可能性将会提高。显然，降低"方便、整体性好"的要求，产品的质量能够适当提高。所以，"方便、整体性好"和"高质量"两个矛盾的对立面并不是相互独立的，而是不可分割的有机整体，在一定条件下相互依存、相互转化，进而体现出矛盾的统一性。所以，如果我们能够充分利用矛盾对立统一规律来分析金属连接加工的"方便、整体性好"和"高质量"的特点，将有助于提高我们在专业领域分析问题、解决问题的能力。

否定之否定规律揭示了事物发展的前进性与曲折性的统一，前进性即每次否定都是质变，都把事物推进到新阶段，每个周期都是开放的，前一个周期的终点是下一个周期的起点，不存在不被否定的终点；曲折性体现在回复性上，其中会有暂时的停顿甚至倒退，但是，曲折性终将为事物的发展开辟道路。在金工实习成品制作过程中，每次方案的否定，都让我们的方案更加完善，当然，这中间也存在许多困难，不过这正印证了事物发展的前进性与曲折性的辩证统一。

运用唯物辩证法研究问题和解决问题，能够强化我们的问题意识，坚持具体问题具体分析，认识和化解矛盾。矛盾的对立统一原则要求我们正确把握和谐对事物的发展作用；质变量变规律则要求我们脚踏实地、艰苦奋斗，对事物的发展要有坚定的信念，相信只要方向正确，任何努力都不会白费；否定之否定规律对于我们的认识和实践活动具有重要的指导意义，能让我们树立辩证的否定观，对事物采取科学分析的态度。

四、教学反思

该教学案例的实施效果较好。第一，该案例能够更好地引导学生理解唯物辩证法的对立统一规律、量变质变规律、否定之否定规律。第二，该案例未从抽象的定义出发，而是从事实出发，深入浅出，生动直观，容易被学生接受。第三，该案例可以引导学生保持清醒的头脑，尊重事物的发展规律，防止一味地强调跨越式发展模式给工作造成的损失，对于学生正确认识事物发展的曲折性和前进性，具有重要的指导意义。

（本案例由陈红睿编写）

第八章

同济大学马克思主义基本原理的航空航天与力学学院专业案例

案例四十三
马克思主义基本原理在电工学实验中的运用

一、案例描述

（一）实验前的要求

1.认真阅读实验指导书，明确实验目的，理解实验原理，熟悉实验电路及集成芯片，拟出实验方法和步骤，设计实验表格。

2.完成实验指导书中有关预习的相关内容。

3.初步估算（或分析）实验结果（包括各项参数和波形），写出预习报告。

（二）实验中的要求

1.参加实验者要自觉遵守安全用电守则。

2.严禁带电接线、拆线或改接线路。

3.根据实验内容合理地安排实验现场。准备好实验所需的仪器设备和装置并安放适当。按实验方案，选择合适的集成芯片，连接实验电路和测试电路。

4.要认真记录实验条件和所得各项数据、波形。发生小故障时，应独立思考，耐心排除，并记下排除故障的过程和方法。实验过程不顺利并不是坏事，我们可以通过分析故障增强独立工作的能力。相反，实验"一帆风顺"也不一定收获就大，能独立解决实验中所遇到的问题，成功完成实验，收获才是最大的。

5.出现焦味、冒烟故障，应立即切断电源，保护现场，并报告指导老师和实验室工作人员，等待处理。

6.实验结束时，可将记录结果报送有关指导教师审阅签字。教师同意后方可拆除线路，清理现场。

7.室内仪器设备不准随意搬动调换，非本次实验所用的仪器设备，未经教师允许不得动用。在了解仪器设备的使用方法前，不得贸然使用。若损坏仪器设备，必须立即报告老师，作书面检查，责任事故要酌情赔偿。

8.实验过程中要严肃认真，保持安静、整洁的实验环境。

（三）实验后的要求

实验后要认真写好实验报告。每份实验报告应做到"书写简洁、文理通顺、图表规范、符号标准、讨论深入、结论简明"。撰写的要求和步骤如下。

1.标题：包括实验名称，实验者的姓名、班级、日期、地点等。

2.要求：包括所设计的电子系统的性能要求及功能要求。

3.实验用仪器：包括名称、型号、数量等。

4.电路原理：若设计的电路由几个单元电路组成时，则先用总体框图说明，然后结合框图逐一介绍各单元电路的工作原理。

5.单元电路的设计与调试步骤：包括电路形式的选择；电路的设计，即对所选择电路中元、器件参数进行定量计算或工程估算；电路的组装与调试。

6.整机联合调试与测试。

7.测量主要技术指标：报告中要说明各项技术指标的测量方法，画出测试原理图，记录并整理实验数据，正确选取有效数字的位数。根据实验数据进行必要的计算，列出表格，在方格纸上绘制出光滑的波形或曲线。

8.故障分析及说明：说明单元电路和整机调试中出现的主要故障及解决方法，若有波形失真，则要分析波形失真的原因。

9.绘制完整的电路原理图，并标明调试后的各元件参数。

10.测量结果的误差分析：真值用理论值代替，求得测量结果的相对误差，并分析误差产生的原因。

（案例材料来源：同济大学航空航天与力学学院飞行器制造工程专业杨旭伟同学的课程论文《电工学实验中的马克思主义原理》）

二、案例提问

1. 上述案例体现了哪些马克思主义基本原理？
2. 试结合案例理解联系和发展的观点。

三、案例解析

1. 上述案例内容主要体现了以下原理：

辩证唯物主义认为物质是不依赖人的意识并能为人的意识所反映的客观实在。无论是自然界的存在与发展，还是人类社会的存在与发展，它们都不依赖人的意识。这种不依赖人的意识的客观实在性就是物质性。整个世界是不依赖人的意识而客观存在的物质世界，世界的本原是物质。物质对意识具有决定作用。物质决定意识，意识是对物质的反映，意识不是自生的和先验的，认识世界的形式是主观的，认识世界的内容是客观的。世界是物质的世界，正确理解物质是我们认识世界及把握世界本质和规律的前提。一切唯物主义哲学都是从这一前提出发，把物质范畴作为自己理论的基石。

世界是运动、变化、发展的，并且事物的运动发展不是杂乱无章的，而是有规律的。人们必须认识世界的发展规律，并自觉地遵守客观规律。我们要正确认识和把握物质的决定作用和意识的反作用，处理好主观能动性和客观规律性的关系。首先，必须尊重客观规律性。发挥主观能动性必须以承认客观规律性为前提。实验原理就是客观的规律，我们在理解实验原理的基础上，可以尝试去发挥我们的主观能动性，在客观规律的基础上去改进、去创造，尽可能地使我们的实验过程简化。其次，在尊重客观规律性的基础上，要充分发挥主观能动性。人们通过自觉的活动能够认识和利用规律。要正确发挥主观能动性，应当注意以下几点：第一，要从实际出发，努力认识和把握事物的发展规律；第二，实践是发挥人的主观能动性的基本途径；第三，主观能动性的发挥，要依赖一定的物质条件和物质手段。

在做实验时要发挥主观能动性，积极思考，探索实验原理的理论基础，这样才能使我们正确地认识和利用客观规律，否则思考只是天马行空的想象，是空中楼阁，没有客观规律支持的思考是禁不起时间考验的。从提出问题到准备计划，在正确认识客观规律的基础上发挥主观能动性，避免了在设计实验过程中出现盲目进行和无效率的问题，为最终达到实验目的和取得预期的结果打好了前期基础。

对立统一规律：矛盾是反映事物内部或事物之间对立统一关系的哲学范畴。矛盾的同一性和斗争性是矛盾的两个基本属性。矛盾同一性是指矛盾双方相互依存、相互贯通的性质和趋势。它有两个方面的含义。矛盾斗争性是指矛盾着的对立面之间的相互排斥、相互分离的性质和趋势。矛盾斗争有两种基本形式。矛盾同一性和斗争性是相互联结、相辅相成的，斗争性寓于同一性之中。矛盾斗争性是无条件的、绝对的，矛盾同一性是有条件的、相对的，无条件的、绝对的斗争性与有条件的、相对的同一性相结合，构成了事物的运动，推动着事物的发展。

由于操作失误可能得到一些错误的结论或者不合理的数据，指导老师会给予学生一定提示，让学生自我审视，重新实验，探索矛盾发生的原因，从而发现实验过程中出现的问题，进而改进实验过程，这体现了对立统一规律，揭示了事物普遍联系的根本内容和变化发展的内在动力，从根本上回答了事物为什么会发展的问题。同时，它促使矛盾双方力量变化，竞长争高、此消彼长，使缺陷较多甚至是不合理的想法被优秀完善的想法所取代。

2. 唯物辩证法认为，世界上的一切事物和现象都是普遍联系的，从浩瀚的宇宙到微小的粒子，从无机界到有机界，从自然界到人类社会，从客观世界到主观世界，整个世界无不处在相互联系、相互作用之中。可以说，联系是客观世界的普遍特性。普遍联系的观点是唯物辩证法的第一个总特征。从哲学上讲，联系是指事物、现象、过程之间及其内部诸要素之间相互依赖、相互制约、相互影响、相互作用、相互渗透、相互转化的关系。唯物辩证法认为，联系不是事物之间个别的、暂时的现象，而是事物之间普遍的和永恒的现象。

联系具有一系列特点：首先，联系具有客观性。联系是客观世界自身固有的，不是臆想出来强加给事物的。人们既不能"创造"事物之间的联系，也不能"消灭"事物之间的联系，而只能按照客观事物的本来面目如实地反映它们之间的联系，并在正确反映的基础上整合和利用这些联系。坚持联系的客观性，反对在联系问题上的唯心主义观点。其次，联系具有普遍性。联系的普遍性是指，世界上的任何事物和过程都不能孤立地存在，都同前后周围的其他事物和过程联系着；每一事物和过程的各个要素和环节也不能孤立存在，都同其他要素和环节联系着；整个世界是一个相互联系的统一整体，任何事物和过程都是普遍联系之网上的一个部分、环节或阶段；孤立的、不与其他事物和过程相联系的事物和过程是不存在的。联系的普遍性已为人类的全部实践经验和科学发展所证实。最后，联系具有多样性。世界上的事物是多种多样的，因而事物的联系也是多种多样的，有直接联系与间接联系、内部联系与外部联系、本质联系与非本质联系、必然联系与偶然联系。

唯物辩证法关于世界普遍联系的观点告诉我们，任何事物都不是孤立存在的，而是与周围的事物、环境有着密切的联系。这要求我们坚持用联系的观点看问题，承认联系的客观性，反对主观联系，并且"一切以条件、地点和时间为转移"。在完成实验后，不同小组之间相互讨论和交流，运用联系的观点看问题。不同小组相互学习，取长补短，吸取有利的因素，在相互作用中发展，想出更为合理的实验方案。为了能得到更好的实验效果，小组之间会相互竞争，不断完善实验过程，在竞争过程中，会不断有好的想法被发现，而其中最完善的方案也将作为规范，由后辈加以学习和改进，不断推动科学的发展。

四、教学反思

该案例的教学反馈效果较好。第一，实验案例具有典型性和代表性，有助于同学们结合自身专业，尤其是理工科同学挖掘马克思主义基本原理课程元素进行思考，进一步将抽象的马克思主义基本原理具体化、通俗化；第二，促进了教学方式的多元化，借助一系列课堂讨论互动环节，为教师提供精确的课堂反馈，推动教学方法的完善以提高马克思主义基本原理课程的教学质量；第三，实施该案例有助于深化专业背景以激发学生学习兴趣、提升专业情怀以增强学生对专业的重视度、掌握哲学思维以深入思考实验问题，完善学生的综合素质，将理工科专业的马克思主义基本原理课程打造成为一门科学精神与人文精神相融合且学生喜爱的优质课程。

实施该教学案例需要改进之处：在案例实施过程中，学生人数过多导致教师无法兼顾每位学生的学习效率。有些学生注意力不集中，教师无法及时发现。同时，大班教学师生互动效率低，互动次数和讨论次数都受到限制，且课堂管理难度较大。改进思路：通过建立交流平台如学院思政微博讨论群进行互动，马克思主义基本原理课程教师进行监督和交流指导，公开发表学生和教师优秀的讨论成果，帮助学生树立集体荣誉感，提升学习积极性。

（本案例由杨小勇、周正科编写）

案例四十四
马克思主义基本原理在流体力学实验中的运用

一、案例描述

流体力学中的伯努利方程实验，证明了流体的"伯努利原理"，即流体的机械能守恒：动能＋重力势能＋压力势能＝常数。同时，也得出了著名的推论：等高流动时，流速越大，压力越小。这一原理是流体力学在飞机制造中最为显著的应用。飞机机翼·般前端圆钝，后端尖锐，上表面拱起，下表面较平，前端点叫作前缘，后端点叫作后缘，两点之间的连线叫作翼弦。机翼所产生的升力源于机翼相对于空气的运动。按照伯努利方程：同样流过某个表面，流体速度更快，对表面产生的压强更小。空气流过机翼前缘，分成上下两股，分别沿机翼上下表面流过。由于机翼有一定的正迎角，上表面又比较凸出，因此上表面流线弯曲大，流速加快，压力减小；下表面流管变粗，流速减慢，压力增大。于是机翼上下表面出现压力差，上下表面压力差在垂直于相对气流方向上的总和就是机翼的升力。升力的大小也和飞机的速度有关，速度越大则升力越大。所以飞机在起飞时高速前行，就可以上升。

仿生学渗透到生活的方方面面，飞行器领域也不例外。举例来说，飞机的外形设计就是最直观的仿生学：飞机的外形是仿照鸟类的体形设计的，一般设计成流线型，能减小空气阻力，便于飞行。此外，以自然界为原型，研究各种动物的飞行机制和相关的科学原理，也能为发展新型飞行器提供仿生学参考。

20世纪80年代，改革开放带来了我国航空航天技术的春天。经过数十年的发展，我国航空航天取得了众多举世瞩目的成就，成为新的航空航天大国。我们知道，航空航天技术水平是国家经济、科学技术实力的综合反映，能体现一个国家的综合国力和国际威望，更具有巨大的军事潜力，由此更能感受到当今中国之强盛。处在霸主地位的美国为了避免被赶超、延缓自身的衰颓，近年来不遗余力地制裁中国、打压中国的发展，其中就有对高端科学技术领域的限制，航空航天领域也是如此。习近平总书记指出，我们要深刻认识资本主义社会的自我调节能力，充分估计到西方发达国家在经济科技军事方面长期占据优势的客观现实，认真做好两种社会制度长期合作和斗争的各方面准备。流体力学是现代航空航天的根基，也是解释自然规律并为仿生学应用提供帮助的工具。从飞机的外形设计到飞机机翼的设计再到飞机飞行的动力，都需要流体力学理论的支撑。同时，超高速飞行技术、火箭技术、原子能技术、电子计算机等科学技术的发展和进步，都给流体力学提供了可研发的课题，催生了很多与之相关的新学科和知识领域。这些等待进一步探索的问题，又给航空航天及更多领域未来的发展提供了空间。

（案例材料来源：同济大学航空航天与力学学院飞行器制造工程专业杨庭云同学的课程论文《马克思主义有关原理在流体力学实验中的运用》）

二、案例提问

1. 试从认识运动反复性和无限性的视角分析上述案例。
2. 如何用发展的观点看中国未来航空航天领域的前景？

三、案例解析

1. 主体是指具有思维能力、从事社会实践和认识活动的人；客体是指进入主体的认识和实践范围的客观事物，是实践和认识活动所指向的对象。主体与客体的相互关系，从本质上讲是认识关系、实践关系、价值关系。在上述案例中，客体是飞行器。

由实践到认识，再由认识到实践只完成了一次循环，而认识辩证运动的全过程是"实践、认识、再实践、再认识，这种形式循环往复以至无穷"。认识运动具有反复性和无限性。认识运动的反复性是指对于一个具体的事物的认识，受主客观条件的限制，由实践到认识、由认识到实践这样的循环进行多次才能完成。譬如人们对原子结构的认识，在从1808年至今的200多年的时间里就经历了由实践到认识，从再实践到再认识的多次循环，才形成了比较深刻的认识。当然，我们还不能说这个认识已经完成了，还要进行循环。

认识运动的无限性是指整个世界是无限发展着的、它在时间和空间上都没有尽头，这一点决定了人的认识的无限性，也就是说上述由实践到认识、由认识到实践的循环会无限地进行下去，人类认识世界的任务永远不会完结，人对世界的认识会越来越深化、全面。人只能无穷地接近对整个世界的认识，但不能完成对整个世界的认识。就整个世界来说，人永远有尚未认识的东西存在。世界就像一个无限美好的东西在永远吸引着人去追求它，但永远也追不到。

认识运动的反复性和无限性原理说明主观和客观、理论和实践的统一是具体的历史的统一。认识的任务就是要求得这种具体的历史的统一。主客观统一的具体性是指主观认识要同一定时间、地点、条件下的客观实践相结合、相统一。主客观统一的历史性是指主观认识要同不断发展变化着的客观实践相适应。这就是与时俱进。因此，在实践生活中人们的认识应和具体变化发展的客观实际相符合。这个道理同中国传统哲学中的"时中"观念一致。人类对飞行器的研究历史悠久，从最初众多失败的尝试到莱特兄弟制作出近代飞机的雏形，乃至近现代科学家对流体力学进行理论研究并将其应用到飞机实际的设计、制造中，均体现了马克思主义哲学阐述的认识运动具有反复性和无限性的特点。

2.事物的发展及其实质：发展是前进性上升性的运动，发展的实质是新事物的产生和旧事物的灭亡。新事物是指符合历史前进方向、具有远大前途的东西；旧事物是指丧失历史必然性、日趋灭亡的东西。新生事物是不可战胜的，这是因为：第一，就新事物与环境的关系而言，新事物的结构和功能更加适应变化了的环境和条件。第二，就新事物与旧事物的关系而言，新事物具有旧事物无可比拟的优越性，它比旧事物具有更强大的生命力。第三，在社会历史领域，新事物得到人民群众的支持和拥护。事物的发展是一个过程，是指事物自身发生、发展和灭亡的历史。一切事物只有经过一定的过程，才能实现自身的发展。自然界、人类社会和思维领域中的一切现象都是作为一个过程而向前发展的。当下我们要做的，就是尽举国之力发展高端技术，继续坚持发展中国特色社会主义。在理论研究方面，也应当把握马克思主义基本原理，继续深入研究事物的本质、掌握一般规律，总结出更完整更深入的理论，为生产实践提供指导。

四、教学反思

该案例的教学实施效果较好。第一，加强了马克思主义基本原理与学生所学专业的联系。对于理工科专业的学生来说，认识并利用理论联系实际是衔接好马克思主义基本原理课与专业课的关键。第二，教学过程实现了师生的精神互通，引导式教学可以培养学生主动学习的能力，进而使其认识到学习的实际意义，增强学生参与感，激发学生的创新思维，提高学生拓展学习的乐趣。

实施该教学案例需要改进之处：课堂教学时间有限、授课班级人数过多等现实原因导致课堂讨论不充分。改进思路：教师可以利用信息手段使马克思主义基本原理课程与飞速发展的时代相结合，增设网络课堂的学习和测试环节，丰富教学方式，通过大数据获得精确的课堂反馈，进一步完善教学方法以提高课程的教学质量。

（本案例由杨小勇、周正科编写）

案例四十五
唯物辩证法在材料力学实验中的运用

一、案例描述

弯扭组合变形实验是为了学习使用电测法，即使用静态电阻应变仪测定一点处某方向的应变大小；学习通过方向应变和应变与应力的关系计算实际主应力，并根据载荷计算理论主应力；学习误差分析，评价实验。实验原理是：梁在外力的作用下会有微小的变形，这种变形可以通过在梁上贴的应变片连接静态电阻应变仪测出；在得出一点三个方向的应变的前提下可以通过材料力学相关公式计算得出该点的主应力；在得知载荷和相关尺寸的前提下可以通过材料力学相关公式计算一点处的主应力。总的实验过程是对梁施加一定的弯矩和扭矩使梁产生变形，通过在梁上一个横截面的上、下两点各贴上 -45°、0°、45° 三个方向的应变片，将应变片连接数据线接到静态电阻应变仪上，之后调试、调整接线、读数，得出该点三个方向的应变，再通过相关公式计算出该点的实际主应力。通过已知给梁施加的载荷值计算得出理论的应力，进而计算得出理论的主应力，与实际主应力相比较并计算出具体的，得出实验的优良性。

（案例材料来源：同济大学航空航天与力学学院航空力学专业李辰越同学的课程论文《马克思主义原理在材料力学实验中的运用》）

二、案例提问

1. 结合案例谈一下物质对意识的作用。
2. 如何理解意识反作用于物质？

三、案例解析

1. 物质决定意识，生活中客观存在的物质是不依赖人类的意识而存在，并能为人类的意识所反映的客观存在。我们研究物质，研究物质的运动，力学是一门关键的学科。材料力学主要研究物体受力之后的形变规律，主要研究物体的强度、刚度及稳定性，对于把握物体受力后的变形有着重要作用，它告诉我们对于一个有着承载限度的物体，我们最大能加载多少外力才能保证它的承载安全。我们对世界中存在着的物质进行研究，因而有了材料力学这门课，有了人类的意识，这是由客观存在着的物质决定的，脱离了物质，自然而然也就没有了各种力学性能，也就不能研究力学变形特点，也就不会有材料力学这门课，也就没有了我们这种意识。

2. 意识对物质具有反作用，有了材料力学知识，也就有了这种意识，我们要用材料力学知识去研究物质。意识活动具有目的性和计划性。我们利用材料力学知识认识客观世界是有目的性和计划性的，我们可以利用材料力学知识去建造桥梁、修筑铁路、搭建房屋。在本实验中，我们利用材料力学知识完成了关于弯扭组合变形的实验，学会了利用电测法测量应变，学会了计算主应力。意识活动具有指导实践改变客观世界的作用。很显然，如果没有材料力学知识，我们将无法设计各种力学构件，对于航空器更加无从下手，无法进行大规模的研究，也就失去了飞上蓝天的可能。在本实验中，如果我们没有掌握材料力学知识，也就不会使用静态电阻应变仪，更不会得出相关的应力从而计算主应力，也就失去了完成这项实验的本领，以后更无法发挥自己的专业才能为国家做贡献。

四、教学反思

该案例的具体实施效果较好，有助于学生理解马克思主义基本原理，学以致用，最终将马克思主义理论观点融入自己的专业学习、个人成长中。

实施该教学案例需要改进之处：在教学实践中，教师可能缺少因势利导的能力，同时对当下学生的成长规律掌握不够也会影响教学效果。改进思路：明确教师忽视学生成长规律的严重性、学生成长和思政课的联系，以及学生所学专业和思政课的关联，借此深化学生对相关原理的理解，避免依赖常识、依赖直觉的片面理解。

（本案例由杨小勇、周正科编写）

案例四十六

唯物辩证法及辩证唯物主义认识论在近代力学实验与推演中的体现

一、案例描述

伽利略的时代，是近代科学起步的时代。在那个科学技术不发达的年代，人们基于现实生活中的现象理所当然地认为重的物体下落速度快，而轻的物体下落速度慢。这个亚里士多德得出的结论在被伽利略推翻之前被人们信奉了两千多年。

1638年，伽利略在书中指出：设重物下落速度为8m/s，轻物为4m/s。若绑在一起重物被轻物拖慢，轻物被重物拉快，整体速度在4~8m/s。但绑在一起物体更重，下落的速度应当更快，于是矛盾出现了。事实上，伽利略并没有进行这样的实验，只是通过抽象的理论对只有重物、只有轻物和重物轻物绑在一起的三种情形进行分析，并发现了存在于第三种情形中的两种结果之间的矛盾。尽管这样的矛盾分析法已经有了一定的说服力，但要在一个科学完全不发达的年代推翻人们信奉了两千多年的理论，这些还不够。

伽利略假设自由落体是最简单的变速运动——匀变速运动，为此还设计了让球在斜面上自由滚下的实验。在进行实验前他还通过数学分析得出：初速度为零的物体在匀变速运动中位移与时间的平方成正比。他让球在斜面不同位置滚下并记录时间，在上百次实验后证明了他的结论。伽利略又换用不同质量的球进行相同的实验，得出的结果并没有发生变化。而当斜面角度不断增加至竖直时，球从上滚下就是自由落体运动。

就辩证思维而言，重要的是从抽象上升到具体。伽利略从重物与轻物的抽象分析出发，通过合理的数学推导和科学实验具体地呈现了他的结论。尽管他的合理外推迫于当时科研条件的限制没能进行具体的实验，但瑕不掩瑜，更何况其结论在现代可以得到验证。在细节上，伽利略每轮都会进行上百次实验，从而极大地削减了偶然性的影响，最终得出必然性的结果；伽利略运用控制变量法准确得到了多个变量下小球真实的运动情况；伽利略的合理外推也是建立理想化模型的方法。

唯物辩证法在伽利略的实验中得到了充分的体现，也启示了后来的科研人员，为科学的发展做出了极大贡献。

（案例材料来源：同济大学航空航天与力学学院航空力学专业闵熔祺同学的课程论文《唯物辩证法在近代力学实验与推演中的体现》）

二、案例提问

1. 请运用量变质变规律解释伽利略滚球实验。

2. 从辩证唯物主义认识论角度谈伽利略滚球实验。

三、案例解析

1. 量变和质变是相互渗透、相互交织的。量变是事物数量的增减和组成要素排列次序的变动，是保持事物的质的相对稳定性的不显著变化，体现了事物发展渐进过程的连续性。质变是事物性质的根本变化，是事物由一种质态向另一种质态的飞跃，体现了事物发展渐进过程和连续性的中断。量变和质变的辩证关系：第一，量变是质变的必要准备。任何事物的变化都有一个量变的积累过程，没有量变的积累，质变就不会发生。第二，质变是量变的必然结果，单纯的量变不会永远持续下去，量变达到一定程度必然引起质变。第三，量变和质变是相互渗透的。伽利略的铁球实验体现出了量变质变规律，伽利略也是在前人的基础上开展了并设计了一系列实验，由此达到了"质"的飞跃。

2. 辩证唯物主义认识论坚持从物质到意识的认识路线，认为认识从实践中产生，随实践的发展而发展，认识的根本目的是实践，认识的真理性也只有在实践中得到检验和证明；认识的发展过程是从感性认识到理性认识，再由理性认识到能动地改造客观世界的辩证过程；一个正确的认识，往往需要经过物质与精神、实践与认识之间的多次反复；社会实践的无穷无尽决定了认识发展的永无止境。伽利略从重物与轻物的抽象分析出发，通过合理的数学推导和科学实验具体地呈现了他的结论。尽管他的合理外推迫于当时科研条件的限制没能进行具体的实验，但瑕不掩瑜，更何况其结论在现代仍然可以得到验证。

四、教学反思

该案例的实施提高了教学的针对性。教师根据学生的专业选择该案例，不仅可以增强学生的专业认识，还可以拉近学生与思政课的距离，使其切身感受到马克思主义理论就在生活中间。

实施该教学案例需要改进之处：学生的发言机会不多，不能完全解答学生的疑惑，因此许多学生带着困惑下课，缺乏老师的指导。改进思路：应根据学生的课堂表现，预留出足够时间与学生进行交流，增强思政课的学理性和趣味性。

（本案例由杨小勇、周正科编写）

第九章

同济大学马克思主义基本原理的数学科学学院专业案例

案例四十七
认识论在数学发展中的作用

一、案例描述

人类对新生事物的认识呈现螺旋上升的态势，也就是说当人类的科学手段与方法尚未达到能够确切认识新生事物的时候，极具前瞻性的哲学思考便具有指导人类去准确定位客观事物、把握科学的发展方向的作用。自然，马克思主义理论在根本上也具有这种对科学的指导作用。

数学起源于计数与图形，在实际运用中发展。虽然初等数学重算数和几何，代数是分离的，但后来笛卡尔的解析几何以及牛顿、莱布尼茨的微积分的创立将数学的各个学科归类于"数"这一字上。因此可以认为，数学本质是一门研究客观实在运动变化过程，重数目变化规律的学科，是一门注重演绎的形式科学。

数学作为一门形式科学，其起源于社会并服务于社会，随着后续的发展，数学也渐渐演变成为一门演绎科学。但总的来说，数学并未对世界的本原问题做出系统完整的回答。因此，难以严格地将数学归类于物质或者是意识。进一步说，数学的发展源于实际，数字符号的定义与逻辑运算源于意识，而定义后的各种定理、推论的成立则可归于物质。

从数学发展的本源可以看出数学不能被归于意识。毕达哥拉斯及毕达哥拉斯学派认为"万物皆数"，把数看成先于一切而独立存在的物质。确实，在有了确切的数的定义与运算形式后，一切基于此的发展都是客观的，具有固定形式，因此毕达哥拉斯学派的观点可以归为一种客观的唯心主义。但这与数源于实际的本质矛盾，在结果上带来的将会是一种循环定义。换言之，当某种物质被赋值为数字 1 后，1 这个数字也就具备了具体的实际意义，因此数字 1 也需要用另外的数字进行新的定义，如此往复，永无止境。这也可以看出，数字只能是抽象的，并不能严格地对其赋予实际意义。

若指明数学是物质，是唯物的，则数字的抽象性难以严格地从物质性上论证。这与上述论证数学是意识的举例正好相反，如数字 1 不能够对应任何有形物质。人类对数字的认识都是源自对有形事物的数量进行抽象，从一本书、一张纸中抽象出数字 1 这个概念。可以看到数字来源于实际，但又无法穷尽所有的能够被称为 1 的有形物质，这也正是数学被称为一种形式科学的原因。

因此，数学作为一门形式科学，并不能够套用哲学中"唯物"与"唯心"的观点一概而论。这从本质上决定了数学只能作为工具进行发展，其发展方向必不可能如同毕达哥拉斯学派所追求的对世界本质进行探究。

认识运动的规律表明认识是一个反复循环和无限发展的过程，数学亦是如此——从具象到抽象、从有限到无限、从离散到连续等。数学中也有很多概念与方法可以用运动的观点来描述，如直线定义为两端点无限向外延伸的线段的运动；圆周率是利用正多边形边数的增长，控制面积大小的运动形式来进行计算与逼近的。

数学发展一般分为四个阶段，即萌芽阶段、初等数学阶段、变量数学阶段和现代数学阶段，而数学真正被广泛运用则是在 17 世纪引入了变化的量这一概念的时候，这从根基上改变了数学只能基于给定的数字才能进行计算的形式，开拓出不同于常数数学的一门新兴分支学科。

变量数学的产生让数学从自然科学演变成为演绎科学。从代数方面来说，函数与方程的引入让原本只能用数字进行运算的数学有了更多的变化。这催生了更多如常微分方程、偏微分方程、实变函数、复变函数等的分支学科。从几何角度来说，笛卡尔受变量概念影响，引入了直角坐标系概念，做到了数形结合，数的运动对应形的运动，曲线不再是静止的图形，可以视作在运动中逐步形成的图形。举例而言，圆可以看作到定点为定长的动点的轨迹，抛物线是到定点和定直线距离比保持不变的动点的运动轨迹等。可以说，变量的引入给原本只能靠有形物质抽象得出的"圆"的概念赋予了更为一般的定义方式，通过有形物质也同样可以验证这种定义方式的合理性。这种良好的严格的定义是数学后续发展所要依靠的基础，是各种定理的证明、各类方程演绎的基石。

本质上，数学来自现实，是对无休止的运动和变化的现实的客观反映，而数学的研究对象是数的客观规律，也就是对现实世界的有形物质抽象定义后的东西的规律的探寻。而现实世界是绝对的不断运动着的，因此只有将运动的观点引入数学中才能让数学更全面地描述现实世界中的各种问题，促进数学的发展。

三角形内角和为180°，这个看似人皆尽知的定理，却未必是所谓的真理。真理是人们对客观事物的本质及其规律的正确认识，谬误则是同客观事物及其发展规律相违背的认识。

数学的严谨性与真理的判定是统一的。人们常常会认为数学的严谨性体现在其逻辑的相容性上，即无矛盾性，并将其视为检验数学真理的唯一标准，其实这是不完整的。

（案例材料来源：同济大学数学科学学院数学专业杨成赟同学的课程论文《浅析马克思主义理论与数学发展间的相互作用》）

二、案例提问

1. 运用马克思主义基本原理相关内容谈谈数学的发展过程。

2. 运用马克思主义认识论的相关内容，谈谈为什么"三角形内角和为180°未必是所谓的真理"。

三、案例解析

1. 恩格斯指出，全部哲学，特别是近代哲学的重大的基本问题，是思维和存在的关系问题。对这一问题的不同回答，形成了唯物主义和唯心主义两种根本对立的哲学派别。从数学发展的本源可以看出数学不能被归于意识。毕达哥拉斯及毕达哥拉斯学派认为"万物皆数"，把数看成先于一切而独立存在的物质。确实，在有了确切的数的定义与运算形式后，一切基于此的发展都是客观的，具有固定形式，因此毕达哥拉斯学派的观点可以归为一种客观的唯心主义。若指明数学是物质，是唯物的，则数字的抽象性难以严格地从物质性上论证。数学作为一门形式科学，并不能够套用哲学中"唯物"与"唯心"的观点一概而论。这从本质上决定了数学只能作为工具进行发展，其发展方向必不可能如同毕达哥拉斯学派所追求的对世界本质进行探究。

实践、认识、再实践、再认识，循环往复以至无穷，而实践和认识之每一循环的内容，都比较地进到了高一级的程度。这就是认识辩证运动发展的基本过程，也是认识运动的总规律，表明认识是一个反复循环和无限发展的基本过程。这个过程既是认识在实践基础上沿着科学性方向不断深化发展的过程，也是实践在认识的指导下沿着合理性方向不断深入推进的过程。这个过程既不是封闭式的循环，也不是直线式的发展，往往充满曲折以至反复，因而是一个波浪式前进和螺旋式上升的过程。数学的发展经历了从具象到抽象、从有限到无限、从离散到连续的过程。数学中也有很多概念与方法可以用运动的观点来描的，如直线定义为两端点无限向外延伸的线段的运动；圆周率是利用正多边形边数的增长，控制面积大小的运动形式来进行计算与逼近的。

2. 真理是标志主观与客观相符的哲学范畴，是对客观事物及其规律的正确反映。真理是一个过程。就真理的发展过程以及人们对它的认识和掌握程度来说，真理既具有绝对性，又具有相对性，任何真理都是绝对性和相对性的统一，二者相互联系、不可分割。首先，真理具有绝对性。真理的绝对性是指真理主客观统一的确定性和发展的无限性。其次，真理具有相对性。真理的相对性是指人们在一定条件下对客观事物及其本质和发展规律的正确认识总是有限度的、不完善的。最后，真理的绝对性和相对性是辩证统一的，二者相互依存。数学本就是一门讲究严谨推导的科学，在黎曼没有提出黎曼几何前，人们对三角形的认识只是在平面上。若将角度和三角形的概念限制在平面上，则三角形内角和为180°确实是真理。而非欧几里得几何学诞生时，这一伟大的发现却不能立即被人接受，就连高斯这样伟大的数学家也不敢发表看法，是因为这一创造将人们原本坚信的真理归入了谬误，所有基于此的后续一切推导将可能会从源头起就是错误的。真理与谬误的对立只是在非常有限的范围内才具有绝对的意义，因此脱离了先决条件的逻辑相容性其实只在整个演绎过程中起到了局部的验证作用。逻辑相容性的要求可以保证传递真值，但不能确定数学理论体系的原始真值。因为逻辑相容性的要求不能起到保证数学认识符合数学对象的客观性质及其规律的作用。换言之，数学演绎可以确保演绎过程的正确性，但无法验证其演绎对象的正确性。

四。教学反思

该案例的实施切实增强了教学的趣味性，提高了教学质量。第一，激发了学生的学习兴趣，提高了其学习积极性。我们发现，学生的学习兴致很高，踊跃发言，积极参与案例的交流与讨论，课堂氛围活泼生动，教学效果良好。第二，有助于学生加深对马克思主义基本原理的理解。马克思主义基本原理课程的教学内容大多是概念和范畴，引入该案例有助于加深学生对抽象理论的理解。让学生参与案例分析、讨论，可以产生学以致用的效果，有助于学生对马克思主义基本原理的理解。

实施该教学案例需要改进之处：教师多进行理论讲解，缺乏实践教学，学生的部分实践缺乏教师的指导。改进思路：应坚持具体问题具体分析的方法，针对专业的特殊性进行教学，同时要坚持理论与实践结合，通过实践来加深理论的学习，让学生感知生活中尤其是所学专业中存在着许多马克思主义理论知识，并让他们知晓学科之间不是界限分明的，而是存在一定联系的。

（本案例由杨小勇、周正科编写）

案例四十八
辩证唯物主义在编写《高等数学》中的运用

一。案例描述

2021 年 10 月 12 日，首届全国教材建设奖揭晓，同济大学编写的《高等数学》第七版（上册、下册），荣获"全国优秀教材特等奖"。

"这份荣誉归功于同济大学老一辈数学人重视教学、重视教材的优良传统。"同济大学《高等数学》第一版至第七版编写工作的全程参与者、《高等数学》第七版的唯一编写者、同济大学数学科学学院年逾八旬的邱伯骓教授说，"《高等数学》第七版继承了 20 世纪 50 年代樊映川先生等主编的《高等数学讲义》的优良传统，是在前六版教材基础上修订而成的，致力于为建设我国高质量的本科教育贡献一本精品教材。能赢得全国工科数学界和广大读者的广泛好评和喜爱，我们感到非常欣慰"。

自1953年开始，樊映川教授便组织数学教研组部分教学经验丰富的资深教师，动手自编教材，定名为《高等数学讲义》。该教材是对樊映川教授的教学笔记和讲义整合修改而成。《高等数学讲义》既吸取国外教材的优点，又充分考虑我国教学实际，适应了我国工科高等数学教学的要求。《高等数学讲义》第一版于1958年3月由人民教育出版社出版，很快就被国内许多工科院校所采用。在广泛听取使用意见的基础上，1964年由樊映川教授主持修订的《高等数学讲义》第二版出版。

"同济大学老一辈数学人，把编写教材当作一份事业。"《高等数学讲义》一书，留下了工科数学教材编写的优良传统和宝贵经验。一是教材定位恰当，始终把教材内容的深度和广度恰当与否作为编写教材首要考虑因素，以更好地面向全国大多数工科院校，符合高等数学课程的教学大纲。二是便于教学，始终把教材便于教师教学和学生理解放在重要位置，真正贯彻"以师生为本"。三是叙述严谨，文字流畅。"这些优良传统和宝贵经验，为我们后来编写《高等数学》奠定了重要基础，让这本教材一开始就有了一个高的起点。"

1978年，《高等数学》第一版付梓出版。自第二版起，这本教材由同济大学教师独立编写。如今，该教材已先后历经7个版本的修订，日臻完善，"在每次修订过程中，我们在继续保持原有教材优点和特色的基础上，始终结合长期的教学实践，坚持改革、反复锤炼，努力反映国内外高等数学课程改革和学科建设的最新成果，体现教育教学的新思想、新理念"。邱伯驹教授说，值得一提的是，我们有一个老中青结合的教材编写梯队，编写者不仅水平高而且直接参与高等数学一线教学实践。

2013年，《高等数学》面临第七次改版。第七版的修订工作落到了年逾七旬的邱伯驹教授的肩上。"我感到全国工科数学界对同济大学有一种期待，希望我们能打造出一本工科高等数学的精品教材，以适应新形势下建设我国高质量本科教育的需要。"他按照精品教材的要求，在保持前六版优点和特色的前提下，将"坚持改革、不断锤炼、打造精品"作为编写第七版《高等数学》的目标，认真总结前六版的宝贵经验，科学解决了前六版的一些不足之处。《高等数学》的成功首先源自樊映川、王福楹、邱伯驹、骆承钦等作者接续奋斗和精益求精，是遵循教学规律和教材建设规律，编用相长、锤炼精品的典范，是大学、学者和出版机构多年来初心不改、精诚合作、开拓创新的典范。"

（案例材料来源：同济大学网站，同济快讯："近70载接力传承，成就经典，同济大学编写的《高等数学》第七版荣获'全国优秀教材特等奖'"，2021年10月12日。http://news.tongji.edu.cn/info/1003/78877.htm）

二、案例提问

1. 该案例反映了哪些实践论的相关内容。
2. 运用认识论对《高等数学》教材编写的过程进行分析。

三、案例解析

1. 实践性是马克思主义理论区别于其他理论的根本特征。实践的观点是马克思主义的基本观点。以实践为基础，从整体上把握人与世界的关系，是马克思主义世界观的重要内容。人与世界的关系主要包括两个方面：一是认识世界，二是改造世界。那么，人们应该怎样认识和改造世界？从哲学上讲，这就是实践与认识及其相互关系的问题。实践是人的认识产生和发展的基础。"在每次修订过程中，我们在继续保持原有教材优点和特色的基础上，始终结合长期的教学实践，坚持改革、反复锤炼，努力反映国内外高等数学课程改革和学科建设的最新成果，体现教育教学的新思想、新理念。"没有老一辈数学人长期的教学实践，就难以形成教学的新思想和新理念，《高等数学》的修订也无法实现。

2. 人的认识过程是一个在实践基础上不断深化的发展过程，既表现为实践基础上由感性认识到理性认识，再从理性认识到实践的具体认识过程；又表现为从实践到认识，再从认识到实践的循环往复和无限发展的总过程。这个过程既是认识在实践基础上沿着科学性方向不断深化发展的过程，也是实践在认识的指导下沿着合理性方向不断深入推进的过程。这个过程既不是封闭式的循环，也不是直线式的发展，往往充满了曲折以至反复，因而是一个波浪式前进和螺旋式上升的过程。《高等数学》先后历经七个版本的修订并日臻完善，是同济大学老一辈数学人在"吸收国外教材的优点，又充分考虑我国教学实际，适应我国工科高等数学教学要求"的基础上做出的能动反映；《高等数学》第七次改版，认真总结了前六版的宝贵经验，同时科学解决了前六版的一些不足之处，表明了对《高等数学》的认识并非一个不变的、机械的过程，而是不断适应教学实际的、不断深化认识的过程，这一认识的深化过程必须建立在实践的基础上。

四、教学反思

该案例的实施效果较好。第一，《高等数学》教材的修订把基本要求与拓宽知识相结合，既适合于一般学生的学习，又可以满足学习很好或者想进一步深造的学生的需求；第二，教材编写渗透现代化教学思想和手段，加强了对学生应用能力的培养。在教材中引入较多的应用实例，并对原有的应用性问题进行更新和充实，增加和现实生活有紧密联系的数学应用问题，对培养学生的应用能力和提高学生的学习兴趣有重大作用。

实施该教学案例需要改进之处：目前的案例分析在课堂上仍以教师讲授为主，学生主体性的发挥有待提高。改进思路：加强教师与学生的互动，在给出案例材料后，采取提问的方式，给学生提供发言机会，然后教师进行点评和补充，这样有利于调动学生的思维积极性和听课的主动性。

（本案例由吕健编写）

案例四十九
博弈论数学模型中蕴含的马克思主义原理

一、案例描述

博弈论的知识内容蕴含了一些历史唯物主义和马克思主义政治经济学原理，同时马克思主义政治经济学体系中蕴含着大量的博弈论思想。本文以博弈论中的古诺的产量决策模型为例进行分析。

如果已知商品价格与需求量服从关系式 $p=a-Q$，其中 p 为商品单价，a 为与销售市场有关的某一变量，Q 为这个商品在市场上的总量，从而商品价格可以由商品总量决定，问题转化为了研究商品产量。现实中，消费者使用的商品大多数是由少数几个厂商生产的，只有少数几个厂商却拥有众多消费者的市场称为寡头市场。古诺提出的"产量决策模型"便是对寡头市场的研究。

设有 n 个厂商生产同一产品，产品的使用价值自然是相同给定的，但是产品的交换价值由上述关系式可看出受产量的影响。假设第 k 个厂商的产量为 q_k，$Q = \sum_{k=1}^{n} q_k$。而企业的利益等于销售额减去成本，从而易知当成本为 c 时，销售该产品的利润 w 服从关系式：

$$w_k = (a-c-Q) \cdot q_k = (a-c-\sum_{k=1}^{n} q_k) \cdot q_k \ (k=1,2,\cdots,n)$$

企业是在追求利益最大化的前提下决定产量的，故要求出 w_{max}。本文知道这是一个静态博弈，各个企业同时作出决策即决定产量。在数学上，这是一个凸规划问题，极值即为最大值。通过求出 $\frac{\partial w_k}{\partial q_k} = 0$（k=1,2,\cdots,n）的极值点推出当产量定为 $q_k = \frac{a-c}{n+1}$ 时有最大利润 $w_k = \left(\frac{a-c}{n+1}\right)^2$（k=1,2,\cdots,n）。

此时，$q_k = \frac{a-c}{n+1}$ 为纳什均衡产量，该均衡可以简单地理解为，在此种情况下，任何一个企业改变产量都只会使自己的利润降低。

但是，如果各个厂家合作，即合并为一个总企业，每个厂家的产量相同 $q_k = \frac{Q}{n}$，生产利润均分。此时有 $W=(a-c-Q) \cdot Q$，解二元一次方程即得 $Q = \frac{a-c}{2}$，$q_k = \frac{a-c}{2n}$ 时有 $w_{max} = \left(\frac{a-c}{2}\right)^2$，此时各厂家的利润 $w_k' = \frac{(a-c)^2}{4n}$。而 $n \geq 2$，易知 $w_k < w_k'$。

那么各厂家是否会选择合作呢？

先假设前 n-1 个厂家都选择合作，即选择产量 $q_k = \frac{a-c}{2n}$，第 n 个厂家选择产量 q_n 时有利润 $w_n = \left(a-c-\frac{(n-1)(a-c)}{2n}-q_n\right) \cdot q_n$，由之前的追求利益最大化假设，该厂家会选择产量 $q_n = \frac{(n+1)(a-c)}{2n}$，以获得 $w_{n\max} = \frac{(n+1)^2(a-c)^2}{4n^2}$，容易看出 $w_{n\max} = \frac{(n+1)^2}{n} w_k'$，（$n \geq 2$），显然有 $w_{n\max} > w_k'$。所以，为了追求利益最大化，第 n 个商家并不会选择合作。

由此可见，合作所对应的产量并不是均衡解。各个厂家只是单纯表明要合作但却无法达成有约束力的协定的话，在追求利益最大化的基础上，会选择不合作。事实上，此时不合作为上策，即无论其他厂家是选择合作还是选择不合作，自己选择不合作都会比选择合作得到的收益更大。

（案例材料来源：同济大学数学科学学院统计学专业郭绢如同学的课程论文《对博弈论与马克思主义原理的思考》）

二、案例提问

1. 试结合马克思主义商品经济的相关知识分析该案例。
2. 试结合"两个必然"相关内容分析该案例。

三、案例解析

1. 马克思主义政治经济学指出，资本主义商品经济是建立在生产资料私有制和劳动就业的基础上的。生产资料和劳动产品属于不同的所有者，人们为了满足自己需要，必须交换他人的产品。

商品是用来交换的，能满足人们某种需要的劳动产品。商品有两个因素：使用价值和价值。使用价值是指商品满足人们一定需要的属性，是商品的自然属性；商品的价值是凝结在商品中的一般人类劳动，它由生产商品的社会必要劳动时间决定，是商品的社会属性。商品交换要以价值量为基础实行等价交换。在货币充当商品交换媒介的条件下，等价交换原则是通过价格围绕价值上下波动来贯彻。价格波动是生产者与消费者之间以及生产者之间博弈的结果，古诺的产量决策模型揭示了生产者之间的博弈，该博弈决定商品的供给，消费者的行为决定商品的需求。商品的供给和需求的大小关系决定商品的价格。

2. 共产主义一定能够实现，这是由人类社会的发展规律所决定的。人类社会从低级到高级的发展，是一个社会形态发展和更替的过程。奴隶社会取代原始社会，封建社会取代奴隶社会，资本主义社会取代封建社会，社会主义社会取代资本主义社会，社会主义社会经过长期发展进入共产主义社会，这是一个客观必然的历史进程。

博弈论的系统分析可以在马克思社会发展理论的背景下表述为：在一定的生产力条件和生产方式下，不同阶级之间为自身利益进行的阶级斗争和博弈的结果都与生产力有关。马克思社会发展理论与博弈论的系统分析之间的对应关系为：①生产关系与上层建筑在博弈分析中对应于系统，阶级分析等同于博弈分析生产关系，高层体系结构的演变相当于系统的变化。②生产力和经济基础决定了生产关系和上层建筑，它们是阶级形成的条件和环境，也是"游戏"规则；"游戏"规则决定了阶级（游戏参与者）、阶级利益矛盾（游戏利益特征）和阶级斗争策略的选择；阶级斗争的结果就是"游戏"。③不断的阶级斗争和反复的博弈是制度演变的动力。在这种动力的推动下，形成了一种新的博弈均衡，即生产关系、上层建筑和制度的演变，在新的制度下，生产力的发展和马克思的社会发展理论得到了反作用的推动。博弈论解释的制度变迁理论与传统的制度变迁理论的区别在于马克思的社会阶级理论从一开始就确立了收入的博弈规则和特征。经济环境与当时玩家的生产力和生产关系有关，而不是由玩家主观决定的。马克思的社会发展理论从一开始就强调群体之间的博弈，即阶级斗争，而不是对博弈论的分析，把群体之间的博弈简化为个人之间的博弈。

诸如资产阶级与无产阶级之间围绕剩余价值的博弈，资产阶级与资产阶级之间围绕剩余价值的博弈过程，马克思主义经济学体系中蕴含了大量的博弈论思想。历史上，为了尽快恢复"二战"后的国民经济，资本主义国家曾实行诸如建设公共基础设施、改善社会福利等举措，对促进资本主义经济的恢复和发展起到了很好的作用，国家垄断经济发展了资本主义，反过来又体现了资本的社会化。然而，国家垄断资本主义的出现并没有从根本上改善资本主义的缺陷。20世纪70年代以来，西方国家普遍加强了市场监管，弱化了政府干预的路径。随着政府干预经济能力的削弱，资本主义生产方式的局限性日益突出，资本主义生产社会化与私人占有生产资料的矛盾日益突出。资本主义生产关系不再适应国家生产力，公有制取代私有制，社会主义取代资本主义成为必然结果。

这种必然性可以从国际金融危机以及人民和政治生活存在的一系列问题中看出。世界资本主义经历了繁荣和衰落，并处于下降的斜坡上。相反，虽然世界社会主义在苏联解体和东欧剧变之后仍然处于低点，但它以中国特色社会主义发展的伟大成就为主要载体和标志期，开始进入世界社会主义发展的长期高潮。全球力量正在向新兴国家和关键地区转移，这是一种趋势。

资本主义的基本矛盾包含着所有现代冲突的根源。资本积累促进了资本主义基本矛盾的激化，最终否定了资本主义本身。随着国家垄断资本主义的发展和资本主义自身的政策调整，资本主义社会正在孕育社会主义因素。随着群众生产的社会化，无产阶级成为最有组织的革命力量。

从人类社会的角度看，资本主义终将被社会主义所取代。正如马克思、恩格斯在《共产党宣言》中所说："资产阶级的灭亡和无产阶级的胜利是同样不可避免的。"

四、教学反思

该案例的实施效果较好。第一，有利于加深学生对课本理论知识的理解。讲解分析博弈论数学模型，可使学生更深刻地理解马克思主义政治经济学的相关知识，有助于引导学生自主理解和分析此部分内容之间的关系，达到完全掌握的程度。第二，有利于培养学生主动思考的习惯，以及创新意识和创新能力。

实施该教学案例需要改进之处：目前在课堂上进行案例分析仍以教师讲授为主，学生主体性的发挥有待提高。改进思路：要加强与学生的互动，在给出案例材料后，先采取提问的方式，给学生提供发言机会，然后教师进行点评和补充，以调动学生的思维积极性和听课的主动性。

（本案例由杨小勇、刘启畅编写）

第十章

同济大学马克思主义基本原理的医学院专业案例

案例五十

真理与价值辩证关系原理在吴孟超医学贡献上的体现

一、案例描述

吴孟超（1922 年 8 月 31 日—2021 年 5 月 22 日），福建闽清人，著名肝胆外科专家，中国科学院院士，中国肝脏外科的开拓者和主要创始人之一，李庄同济医院终身名誉院长，被誉为"中国肝胆外科之父"和有可能获得诺贝尔生理学或医学奖的中国学者之一。最先提出中国人肝脏解剖五叶四段新见解，首创国内常温下间歇肝门阻断切肝法，并率先突破人体中肝叶手术禁区。2005年获国家最高科学技术奖。2011 年 5 月 3 日，17606 号小行星命名为"吴孟超星"。2012 年 2 月，被评为 2011 年度感动中国人物。

1. 爱国效力

吴孟超在马来西亚初中毕业时，按照当地习俗校方和家长出资让毕业生聚餐。当钱收齐后身为班长的吴孟超建议，把聚餐的钱捐给祖国正在浴血抗战的前方将士。建议立刻得到全班同学的拥护，于是一份以"北婆罗洲萨拉瓦国第二省诗巫光华初级中学 39 届全体毕业生"名义的抗日捐款，通过爱国人士陈嘉庚的传递送往抗日根据地延安。1940 年 1 月 3 日，18 岁的吴孟超放弃了父母让他学做生意或去英国念书的安排，和 6 名同学一起踏上了回国抗日的道路。面对破碎的山河和惨遭杀戮的人民，吴孟超在种种原因不能去延安的情况下，决心走"科学救国""教育救国"的道路。1942 年 1 月 7 日，西南联大学生发起讨孔游行，西南联大串联到了同济附中，身为班长的吴孟超即刻领着同学们上了街。

2. 医德高尚

2004 年，一个叫甜甜的女孩罹患肝肿瘤，瘤子比篮球还大，在大医院都不肯给她做肝脏肿瘤切除手术而直接劝她进行肝移植时，吴孟超不顾众人反对毅然主刀，经过整整 10 小时的手术把她的肿瘤成功切除。这一年吴孟超已经82 岁了。其实，当时很多同事都劝他不要做这台手术，"这么大瘤子，别人都不敢做，你做了，万一出了事，名誉就没了"。82 岁的吴孟超只认人命关天。他果断地说，我不过就是个吴孟超，救治人是我的天职，名誉算什么。2004年 9 月 24 日早 8 点到晚上 6 点，吴孟超通过整整 10 小时的手术，给女孩切除了肿瘤，让女孩获得了新生。

3. 仁爱之心

吴孟超对手下医生严厉，对病人却慈祥得像个笑眯眯的老爷爷。查房时，他进门就先跟病人打招呼，询问哪儿的人、家里几口人、家里条件如何。老爷子拉住病人的手，脉搏就搭上去了。然后，他摸摸病人脑门，按按病人肚子，叩击听一听，再撬撬病人的指甲，撸起裤腿看看病人的腿肿不肿……老人为病人盖好被子，拉拉被角，以免病人肩膀露在外边。老人把病人的鞋放在方便下床的位置，边做边嘱咐病人："吃点粥，听话，大夫会给你治好病的。"转身回到医生办公室，吴孟超的脸却拉了下来。"病人昨晚 7 点发烧到 39℃，你居然七点半敢下班？你回家能睡得着？"吴孟超批评主刀的大夫，"你干吗非要用那个器械？只用一下，咔嚓一下几十块钱，你不会用手术线？那一根才多少钱？"

4. 医术精湛

1975 年，安徽农民陆本海挺着像临产孕妇一样的大肚子来求治，被吴孟超诊断为肝脏巨大血管瘤。血管瘤像马蜂窝，满满一包血，一旦破裂就可能导致病人死亡。中午 12 点开始手术，整整做了 12 小时，才把那个巨大无比的瘤子切掉，切下来的瘤子重 18 公斤。术后，几个疲惫的大夫几乎抱不动那个瘤子，最后还是一位身强体壮者，蹲着马步，把它抱起来了。那个农民至今仍然好好地活着。同行说，别说是 30 多年前，就是现在，这个手术的难度也是大得可怕。80 多岁的老人，他胜于后人不是因为他缝细小的血管比年轻人缝得好，而是他对疾病的战略性把握之准无人能及。1983 年，为四个月大的女婴，成功切下了重达 600 克的肝母细胞瘤，瘤子的体积竟比婴儿的脑袋还大！吴孟超一双手曾为 13600 多名肝病患者解除病痛。截至 1986 年底已进行肝叶切除术 1019 例，成功率 97%，切除总数和成功率均居国际领先地位。

5. 贡献突出

20 世纪 50 年代最先提出中国人肝脏解剖五叶四段新见解；60 年代首创常温下间歇肝门阻断切肝法，并率先突破人体中肝叶手术禁区；70 年代建立起完整的肝脏海绵状血管瘤和小肝癌的早期诊治体系，较早应用肝动脉结扎法和肝动脉栓塞法治疗中、晚期肝癌；80 年代，建立了常温下无血切肝术、肝癌复发再切除和肝癌二期手术技术；90 年代，在中、晚期肝癌的基因免疫治疗、肝移植等方面取得了重大进展，并首先开展腹腔镜下肝切除和肝动脉结扎术。40 年来共施行肝癌手术 8000 余例，术后 5 年生存率达 38.1% 小肝癌 (小于 5 厘米) 手术 1000 余例，手术 5 年生存率达 79.8%（其中小于 3 厘米小肝癌已达 85.3%），最长存活 36 年。

（案例材料来源：百度百科）

二、案例提问

试用真理与价值的辩证关系分析吴孟超院士的卓越贡献。

三、案例解析

人们的实践活动总是受真理尺度和价值尺度的制约。实践的真理尺度是指在实践中人们必须遵循正确反映客观事物本质和规律的真理。只有按照真理办事，才能在实践中取得成功。实践的价值尺度是指在实践中人们都是按照自己的尺度和需要去认识世界和改造世界。这一尺度体现了人的活动的目的性。任何实践活动都是在这两种尺度的共同制约下进行的，任何成功的实践都是真理尺度和价值尺度的统一，是合规律性和合目的性的统一。吴孟超院士就是遵循了真理尺度和价值尺度，创造了不平凡的一生。吴孟超创立了我国肝胆外科学科体系，取得了肝胆外科领域一连串的"第一"，创造性提出肝胆结构五叶四段解剖学理论，创造了常温下间歇肝门阻断切肝法，在实践奋斗中取得了多项突破性成果。这是对肝胆外科领域认识的不断深入，科学把握相关发展变化规律，是真理尺度。吴孟超爱民为民，把为病人解除痛苦当作最大的幸福。吴孟超用妙手仁心的医德大爱，书写了人民军医的博大情怀。他奉献社会、倾心为民，是因为他对人民爱的真挚，将人民幸福、人民利益作为一切工作的出发点和落脚点，把人民需要作为第一需要，把人民满意作为唯一标准，把热爱人民的感情转化为服务人民的本领，充分发挥自身优势，为群众办实事、做好事、解难事。这是吴孟超的价值尺度，他将真理尺度与价值尺度有机结合，创造了成功辉煌的伟大一生。吴孟超的成功事迹，充分体现了任何成功的实践都是真理尺度和价值尺度的统一，是合规律性和合目的性的统一。

真理与价值或真理尺度与价值尺度是紧密联系、不可分割的辩证统一关系。一方面，价值尺度必须以真理为前提。要想达到实践的目的以满足人类自身的需要，就必须"认识真理，掌握真理，信仰真理，捍卫真理"。脱离了真理尺度，价值尺度就偏离了合理的、正确的轨道。另一方面，人类自身需要的内在尺度，推动着人们不断发现新的真理。科学发明、技术创新、经典思想理论的形成，都是人类为了实现更美好的生活而进行的社会实践。脱离了价值尺度，真理就缺失了主体意义。吴孟超正是在正确认识肝胆相关科学知识的基础上，锐意进取、不断创新、勇攀高峰、敢于超越，正是对真理孜孜不倦的求索，推动了我国肝癌基础理论研究的创新发展，在平凡的岗位上做出了不平凡的业绩。这是以正确认识真理作为前提的。吴孟超心里始终装着人民群众，将病人的安危看得高于一切，因此也始终践行着为人民服务的宗旨，正是这样的价值尺度推动着吴孟超不断刻苦钻研肝胆领域，创立了肝脏外科的关键理论和技术体系，不断提升医疗技术，为千万病患带来了希望。96 岁的他仍每周进行 3 台高难度手术，始终保持永不懈怠的精神状态，以全部心思和精力为民奉献。这充分体现了在成功的实践活动中，真理与价值必然是紧密联系、不可分割的辩证统一关系。

四、教学反思

该案例的实施效果良好。第一，有助于学生形成良好的专业思维，用马克思主义指导专业实践。对于理工科的学生来讲，学习马克思主义基本原理课程，不仅是理论知识的丰富，更是实践方法的拓展。该案例可让学生明确马克思主义基本原理与专业学科的联系，进而增强学生的学习兴趣。第二，教学过程充分体现了学生主体、教师主导的地位，紧紧围绕学生专业进行马克思主义基本原理教学，以引导和帮助学生理解知识为主，可让学生主动发现学习的乐趣，增强他们的获得感。

实施该教学案例需要改进之处：马克思主义基本原理课程作为公共课，选课人数过多，因此教师在课堂上不能完全回答每位学生的问题，导致部分学生的困惑得不到解决，降低了其学习兴趣。改进思路：建立教师与学生沟通的平台，满足学生提问的需求，同时也方便教师进行答疑解惑。通过师生间的交流，增强学生的学习兴趣。

（本案例由吕健编写）

案例五十一

量变质变规律在化学实验中的体现

一、案例描述

（一）可燃性气体达到爆炸极限而引起爆炸

生活中经常看见各种爆炸的新闻，而爆炸有的属于物理变化，有的属于化学变化。比如，气球膨胀直至爆炸，就属于物理变化。而更多的爆炸则属于化学变化，比如甲烷、氢气、一氧化碳等可燃性气体与氧气或者空气混合，当其中的成分达到一定比例就会达到爆炸极限而发生爆炸，从而引起质的飞跃。那么何为爆炸极限呢？爆炸极限是指可燃物质（可燃气体、蒸汽和粉尘）与空气（或氧气）必须在一定的浓度范围内均匀混合，形成预混气，遇到火源才会发生爆炸，这个浓度范围称为爆炸极限。这个"质"的飞跃，应用的领域也非常广泛，比如定向爆破、开山采矿等。

（二）溶液由稀变浓时会引起质的变化

1. 硫酸

硫酸溶液中，如果硫酸浓度较低，为稀硫酸，里面含有大量水分子，H_2SO_4 分子在水分子的作用下，电离产生了 SO_4^{2-} 和 H^+，由于含有大量的氢离子所以稀硫酸溶液具有酸的通性。而浓硫酸溶液中，硫酸含量占 98%，水的含量只有 2%，因此不能电离出氢离子，只能以硫酸分子的形式存在，所以浓硫酸就具有了吸水性、脱水性和强氧化性。

2. 硝酸

硝酸与硫酸不同，无论是稀硝酸还是浓硝酸，它都会完全电离出 NO_3^- 和 H^+，但是它会因为 H^+ 和 NO_3^- 的相对浓度不同而出现性质的差异。第一，稀硝酸能使石蕊试液变红，而浓硝酸使石蕊试液先变红，再褪色。浓硝酸使石蕊试液变红是因为它具有酸的通性，褪色是因为浓硝酸具有强氧化性，色素被氧化而褪色。第二，稀硝酸与铁和铝在常温下反应分别生成 $Fe(NO_3)_3$ 和 $Al(NO_3)_3$，而浓硝酸在常温下遇铁、铝会发生钝化。钝化就是金属与氧化性物质作用时在表面生成一种非常薄的、致密的、吸附在金属表面的钝化膜，从而阻止了浓硝酸与铁、铝的进一步反应。以上都是因为硝酸含量的不同而导致溶液发生质的飞跃，使其与同种物质发生反应而产生不一样的效果。

（三）化学平衡体系中的变化

1. 浓度对化学平衡的影响

以下面的化学反应为例（本学期所做实验）：

$$FeCl_3 + 3KCNS = Fe(CNS)_3 + 3KCl$$

该反应是由氯化铁和硫氰化钾反应生成硫氰化铁，使溶液呈深红色。如果在此反应达到平衡后，再加入少量的饱和氯化铁溶液，溶液的红色会加深，加入少量的硫氰化钾溶液也是如此，红色加深。这是因为加入氯化铁或者硫氰化钾后，溶液中三价铁离子或者硫氰根离子的浓度增加会使平衡向右移动，从而使溶液颜色加深。而再加入少量固体氯化钾后，氯化钾的浓度升高，使平衡向左移动，导致溶液颜色变浅。

2. 同离子效应和盐效应对化学平衡的影响

同离子效应和盐效应对沉淀溶解平衡的影响也是一个量变质变规律的体现。以以下反应为例：

$$AgCl \Longrightarrow Ag^+ + Cl^-$$

如果加入 NaCl，由于 Cl^- 浓度的增大会使平衡向左移动，从而使 AgCl 的溶解度降低，这种现象就是同离子效应。如果这样的话，加入 NaCl 越多平衡就向左移动得越厉害，AgCl 的溶解度就越小，但事实并非如此。实验表明，当 NaCl 的浓度超过一定值时，平衡移动的方向会发生逆转，即平衡向右移动，使 AgCl 的溶解度增大。这就叫作盐效应。原因是 NaCl 浓度的增加，使溶液中离子之间的电荷牵制作用逐步显示出来，电荷的牵制作用有使物质的溶解度增大的趋势。

（四）离子极化中的量变质变规律

离子极化理论认为，离子化合物中除起主要作用的静电引力外，诱导力也起着重要的作用。也就是说，它们的电子云在对方电荷的作用下，存在着逐渐变形的趋势，正负电荷的重心不再重合，产生了诱导偶极导致了离子极化，进而使物质在性质和结构上发生了变化。可以预见，当离子极化作用达到一定程度时，阴阳离子的电子云就会发生重叠，化合物中键的极性就会减弱，离子键减弱，进而会向共价键转变，这就是量变引发质变的过程。

接下来描述一下具体的过程。事实上，由于离子极化存在于离子化合物中，所以并没有百分百的离子键，离子化合物中其实既有离子键的成分，又有共价键的成分。当离子极化作用很弱时，离子键占据主导地位，这时它就属于离子型化合物；而当离子极化作用逐渐增强时，阴阳离子的电子云开始重叠，此时共价性增强，共价键占主导地位，这时它就是共价型化合物，它的性质与结构就发生了很大的变化。离子极化的大小影响着化合物的结构与性质，离子极化由小变大，键随之由离子键向共价键转化，从而导致了化合物质的改变。

（案例材料来源：同济大学医学院临床医学专业赵希望同学的课程论文《量变质变规律在化学实验中的体现》）

二、案例提问

1.上述案例内容如何体现量变质变规律？

2.化学实验中蕴含的量变质变规律有何现实启示？

三、案例解析

1.量变和质变是事物发展的两种状态。量变是指事物量的规定性的变化，是事物数量的增减、场所的变更以及事物内部各个组成部分在空间排列组合上的变化。量变是一种渐进的、不显著的变化，是在原有度的范围内的变化，它不改变事物的根本性质，因而也称渐变。量变体现了事物发展过程中的连续性和稳定性。人们经常看到的统一、平衡、相持和静止等，都是事物在量变过程中呈现的面貌。质变是事物根本性质的变化，是一事物变为他事物。质变是事物超出度的界限的变化，是事物的显著变化状态，是事物连续性的中断，因而又称飞跃、突变或革命。因此，区分量变和质变的根本标志，在于事物的变化是否超出度的界限。

量变和质变是辩证统一的。第一，量变是质变的必要准备。质变以量变为前提和基础，没有一定的量变，就不会发生质变。这是因为：首先，质变必须有一个量变的积累过程。量变只有积累到一定程度，才能突破度的界限，引起事物的质变。其次，质变必须由量变规定其性质和方向。第二，质变是量变的必然结果。单纯的量变不会永远持续下去，量变达到一定的程度必然引起质变。第三，质变和量变相互渗透。一方面，质变体现和巩固量变的成果，结束在旧质基础上的量变，为新质基础上的量变开拓道路。另一方面，在总的量变过程中有阶段性和局部性的部分质变。

在化学实验中，我们应该控制量的变化使其不发生质的飞跃，把有害的影响降到最低。化学物质浓度的变化可以改变化学反应的方向，平衡移动的正逆方向，是统一于化学反应体系中的矛盾的两个方面，二者随外界条件的转化充分体现了量变质变规律。

2.第一，要重视优化结构。量变引起质变的原理指出，量变引起质变有两种基本形式，一是事物数量的增减，即事物的大小、速度、程度、规模和水平等方面的变化能够引起质变。二是事物在总体上数量不变，但是构成事物的成分在结构和排列次序上发生变化也能引起质变。因此，我们不能仅依事物数量的变化引起质变这一种基本形式悟出哲理来指导实践。应坚持全面的观点，从构成事物的成分在结构和排列次序上发生变化也能引起质变的基本形式中，悟出量变引发质变对实践的指导意义。由于构成事物的成分的结构和排列次序的变化会引起质变，实现发展，因此，在实践中，我们应重视优化结构。当某一种事物需要其构成成分的结构和排列次序进行调整，才能产生质变、实现发展时，我们应优化其结构，以使事物产生质变，实现发展。

第二，要重视"换元促变"。量变引起质变的又一种形式，是在事物总量不变的情况下，构成事物的某一或某些成分，被新的成分所更换而引起质变。例如，氧化铁与铝在高温条件下发生置换反应，产生新的化合物氧化铝和单质铁。所以，在实践中，当事物通过"控量"或"优化结构"，以至采取"控量与优化结构相结合"的方法，都不能使该事物发生质变以实现发展时，可采取"换元促变"的方法，即用新的成分对事物的某一或某些关键性成分进行更换，使事物产生质变，实现发展。

四、教学反思

该案例的实施效果较好。第一，教学过程充分实现师生的精神互通和教学相长，鼓励学生在课堂结合所学专业用马克思主义基本原理自主和老师交流，可增强学生参与感，进一步激发学生的创新思维和提高学生拓展知识的乐趣；第二，有助于加深学生对马克思主义基本原理的理解。马克思主义基本原理课程的教学内容大多是概念、规律、范畴等理论知识，引入该案例有助于加深学生对抽象理论的理解。

实施该教学案例需要改进之处：目前的案例分析在课堂上仍以教师讲授为主，学生主体性的发挥有待提高。改进思路：教师要加强与学生的互动，在给出案例材料后，先采取提问的方式，给学生提供发言机会，然后教师进行点评和补充，以调动学生的思维积极性和听课的主动性。

（本案例由杨小勇、朱青叶编写）

案例五十二
马克思主义基本原理在醋酸电离常数测定实验中的运用

一、案例描述

实验名称：基础化学实验 / 醋酸电离常数的测定。

实验时间 / 地点：2021 年 10 月 21 日 / 工程实验馆。

指导老师：相波。

（一）实验目的

1. 复习巩固缓冲溶液 H-H 方程式的应用。

2. 复习巩固滴定操作。

3. 复习用溶液 pH 测定醋酸电离常数的方法。

4. 学会使用 PHS-3 型数字 pH 计的使用方法，学会利用 Excel 绘制 pH 曲线。

（二）实验原理

醋酸在水中电离：$HAc + H_2O \rightarrow H_3O^+ + Ac^-$

其电离常数表达式为：$K_{HAc} = \dfrac{[H_3O^+][Ac^-]}{[HAc]}$ $\lg K_{HAc} = \lg \dfrac{[H_3O^+][Ac^-]}{[HAc]}$

故当 $[Ac^-] = [HAc]$ 时，$pH = -\lg K_{HAc}$，因此若在一定温度下测得溶液在 $[Ac^-] = [HAc]$ 时的 pH 值可计算醋酸的电离常数。本实验用酸度计测定 NaOH 与 HAc 滴定过程中的 pH 变化，然后画出滴定过程中的 pH 曲线，即滴定曲线。从滴定曲线上找出在滴定终点时加入的 NaOH 的体积，再找出加入 NaOH 体积为 1/2V 时的 pH，此时 $[Ac^-] = [HAc]$，由上述可得醋酸的电离常数。

（三）实验准备

实验准备如图 10-1 所示。

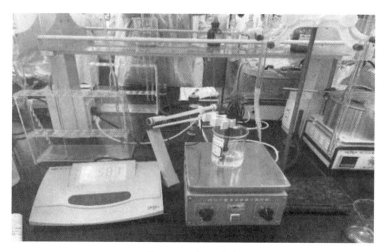

图 10-1　实验准备

实验操作简述如下（量、浓度、具体操作方法不再赘述）。

1. 准备试剂。将准备好的 HAc 置于烧杯中，并在碱式滴定管（图中橡胶头滴管）中注入 NaOH 溶液，将滴定管架在烧杯上方。

2. 准备酸度计。校正读数后将复合电极插入烧杯中，并加入两滴酚酞指示剂，开启电磁搅拌开关，使溶液平稳搅动。

3. 滴定与记录过程。由滴定管依次放入一定体积的 NaOH 溶液。酸度计读数稳定时，记下溶液的 pH 值。注意特别标记酚酞变色时溶液的 pH 值。记录数据如表 10-1 所示。

表 10-1　滴定数据记录

V(NaOH)(mL)	0.00	1.26	3.00	5.05	6.91	9.12	11.00	13.00	15.11	16.90
pH	2.87	3.37	3.78	4.07	4.25	4.42	4.57	4.71	4.85	4.99
V(NaOH)(mL)	21.11	23.00	23.60	24.10	24.37	24.40	24.45	24.51	24.60	24.61
pH	5.46	5.85	6.05	6.38	6.64	6.73	6.86	7.00	7.18	7.65
V(NaOH)(mL)	24.62	24.70	24.81	24.92	25.04	25.23	25.82	26.50	27.10	27.69
pH	9.06	9.72	10.28	10.59	10.82	11.05	11.47	11.67	11.79	11.90
V(NaOH)(mL)	28.02	28.75	30.59	32.60	34.60	36.64	38.67	40.18	40.90	41.69
pH	11.94	12.02	12.15	12.27	12.36	12.43	12.48	12.51	12.52	12.53

注：下画线数据为变色点 pH。

根据数据，绘制滴定曲线如图 10-2 所示。

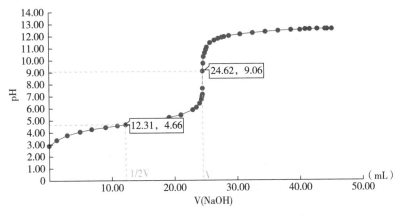

图 10-2　醋酸电离常数测定的滴定曲线

由图 10-2 可得，V（NaOH）=1/2V 时，pH=4.66，lgK_{HAc}=-4.66，K_{HAc}=2.19×10^{-5}。

（案例材料来源：同济大学医学院临床医学专业张欣悦同学的课程论文《马克思主义原理在醋酸电离常数测定实验中的运用》）

二、案例提问

1. 试从唯物辩证法的角度分析以上案例。

2. 以上实验案例如何体现实践对认识的决定作用？

三、案例解析

1.（1）唯物辩证法认为，世界上的一切事物和现象都是普遍联系的，从浩瀚的宇宙到微小的粒子，从无机界到有机界，从自然界到人类社会，从客观世界到主观世界，整个世界无不处在相互联系、相互作用之中。可以说，联系是客观世界的普遍特性。普遍联系的观点是唯物辩证法的第一个总特征。从哲学上讲，联系是指事物、现象、过程之间及其内部诸要素之间相互依赖、相互制约、相互影响、相互作用、相互渗透、相互转化的关系。唯物辩证法认为，联系不是事物之间个别的、暂时的现象，而是事物之间普遍的和永恒的现象。

联系具有一系列特点：首先，联系具有客观性。联系是客观世界自身固有的，不是臆想出来强加给事物的。人们既不能"创造"事物之间的联系，也不能"消灭"事物之间的联系，而只能按照客观事物的本来面目如实地反映它们之间的联系，并在正确反映的基础上整合和利用这些联系。坚持联系的客观性，反对在联系问题上的唯心主义观点。其次，联系具有普遍性。联系的普遍性是指，世界上的任何事物和过程都不能孤立地存在，都同前后周围的其他事物和过程联系着；每一事物和过程的各个要素和环节也不能孤立地存在，都同其他要素和环节联系着；整个世界是一个相互联系的统一整体，任何事物和过程都是普遍联系之网上的一个部分、环节或阶段；孤立的、不与其他事物和过程相联系的事物和过程是不存在的。联系的普遍性已为人类的全部实践经验和科学发展所证实。最后，联系具有多样性。世界上的事物是多种多样的，因而事物的联系也是多种多样的，有直接联系与间接联系、内部联系与外部联系、本质联系与非本质联系、必然联系与偶然联系，案例中的实验溶液在 pH 发生突跃之前被称为缓冲溶液，实验涉及的物质有弱酸 HAc、强碱 NaOH、弱酸盐 Ac^-、溶剂、指示剂，反应发生缓冲溶液的缓冲作用体现在由足量的抗酸成分和抗碱成分共存的体系中，通过共轭酸碱对（本实验即 $HAc\text{-}Ac^-$）的质子转移抵抗少量强酸、强碱，或适当稀释，保持 pH 不变。冲溶液在稳定状态时，各物质之间存在相互影响、相互牵制、相互作用的关系。

（2）对立统一规律是唯物辩证法的实质和核心。对立统一规律揭示了事物普遍联系的根本内容和变化发展的内在动力，故若用对立统一规律来解释该反应过程或许会更加具体形象、通俗易懂。

矛盾是反映事物内部和事物之间对立统一关系的哲学范畴，对立和统一分别表现了矛盾的两种基本属性——斗争性和同一性。我们可以将 $HAc + H_2O \rightarrow H_3O^+ + Ac^-$ 的正逆反应或 $HAc\text{-}Ac^-$ 这一共轭酸碱对视为矛盾的两极。矛盾双方是斗争着的。根据勒夏特列原理，一旦改变维持化学反应平衡的外部条件，平衡就会向减弱这种改变的方向移动，故当加入 NaOH 使溶液中 HAc 的浓度减小，但使 Ac^- 的浓度增加时，为减弱这种改变，平衡向逆反应方向移动，但当逆反应产生的 HAc 积累到一定程度，反应又向正反应倾斜……矛盾双方的相互排斥和否定促使旧的矛盾体破裂，新的矛盾体、新的平衡产生。正逆两极就仿佛一个永动的跷跷板，相互斗争着，谁也不让谁先行。

矛盾的同一性和斗争性相互联结、相辅相成。斗争性寓于同一性当中，同一性是通过斗争性来体现的。跳出斗争的圈子，两者也是同一的，正因为溶液中发生的正逆反应相互拮抗，才得以把缓冲溶液的 pH 控制在一定的范围内，使体系能够抵抗适量强碱的入侵，共同维持了溶液的平衡与稳态。矛盾的同一性和斗争性相结合，构成了事物的矛盾运动，最终推动了事物的变化发展。

2. 实践是认识发展的动力。在老师讲授 pH 法之前，案例作者一直把自己的思想禁锢在条条框框里，觉得只能使用直接测量法（电导法或者目视比色法）去测定电离常数，很显然，前人也一样被拘泥于这样的窠臼中。但当发现这样的方法烦琐且不精确时，人们就会努力突破革新。于是科学家在实践中发现了 pH 法（或者说发现了 pH 法，并付诸实践检验其有效性，这点会在认识对实践的反作用中提到），大大减少了实验的烦琐性，测量出更加精确的电离常数值，供进一步研究使用。新技术新理论在实践中被发掘，推动着社会的发展进步，更重要的是，实践改造了人的主观世界，锻炼和提高了人的认识能力，从而人类才能不断突破固有的条条框框，实现认识上的"质的飞跃"，从而不断有所发现、有所前进。

实践是认识的目的。人们通过实践获得认识，而所得到的认识最终还是为了实践服务。学生做实验不仅是为了巩固课堂知识，将理论熟记于心，更好地应付考试，更重要的是在一次次的实践中不断地磨砺自己的实验技能、临床操作，为自己将来的科研或者临床诊疗打下坚实的基础，为自己，也为人民的福祉、社会的发展。

实践是检验认识真理性的唯一标准。有一种科学方法叫作"假说—演绎法"，科学家们提出的所有的认识，如若没有通过足够的实验验证是根本不具备说服力的。也就是说，认识是否具有真理性，既不能从认识本身得到证实，也不能从认识对象中得到回答，只有在实践中才能得到验证。

四、教学反思

该案例的教学反馈效果较好。第一，实验案例具有典型性和代表性，有助于同学们尤其是理工科同学结合自身专业挖掘马克思主义基本原理课程元素发挥思考的空间，进一步将抽象的马克思主义基本原理具体化、通俗化；第二，丰富了教学方式，借助一系列课堂讨论互动环节，可为教师提供精确的课堂反馈，进一步完善教学方法，提高马克思主义基本原理课程的教学质量；第三，有助于深化专业背景以激发学生学习兴趣、提升专业情怀以增强学生对专业的重视度、掌握哲学思维以深入思考实验问题，完善学生的综合素质，将理工科专业的马克思主义基本原理课程打造成为一门科学精神与人文精神相融合且学生喜爱的优质课程。

实施该教学案例需要改进之处：学生人数过多导致老师无法兼顾每位学生的学习效率。有些学生不能集中注意力，而教师无法及时发现。同时，大班教学师生互动效率低，课堂互动次数和讨论次数都受到限制，且课堂管理难度较大。改进思路：通过建立交流平台如学院思政微博讨论群，在该互动平台上沟通交流有马克思主义基本原理课程老师的监督和指导，公开发表学生和教师的优秀讨论成果，帮助学生树立集体荣誉感，提升学习积极性。

（本案例由杨小勇、朱青叶编写）

第十一章

同济大学马克思主义基本原理的外国语学院专业案例

案例五十三
唯物辩证法在英语专业中的应用

一、案例描述

英语教学需要一切从实际出发，教材、教学方法的选用都要因人而异，如此才能得到最优的教学效果。比如，在给低年龄段小朋友上英语课时，由于他们的专注时间较短，对于刻板的单词、短语以及语法学习没有什么耐心，我们需要将刻板知识的讲解穿插到游戏、儿歌或动画片中。学习时间也不能过长，一般控制在 20~30 分钟，以保证教学时间在小朋友的专注时间内，最大限度地提高学习的效果。在给初高中学生上英语课时，需要对他们的考试成绩甚至考卷进行分析，有些同学选择填空题错得较多，主要是因为对英语语法或短语搭配这些基础知识掌握不牢，需要系统性地对语法知识进行讲解和查漏补缺；有些同学是作文部分扣分较多，可能是因为句式过于单一或运用不够熟练，对作文题目的分析不到位，这时就需要提供更多的语料让学生阅读，划出优美的句段让学生进行学习模仿。针对成年人甚至是已经工作了的学生，应该根据他们的实际情况制订相应的教学计划，由于大多数学生没有大段完整的时间去学习英语，那我们就需要合理高效地利用碎片化时间，以线上教学、微信群问答的形式教学。

（案例材料来源：同济大学外国语学院英语专业刘慕谊同学的课程论文《唯物辩证法在英语专业中的应用》）

二、案例提问

1. 用联系发展的观点解释如何提高英语教学质量。
2. 案例中如何体现"具体问题具体分析"？

三、案例解析

1. 唯物辩证法要求我们用联系、发展和对立统一的观点看问题，不断增强辩证思维能力、历史思维能力、战略思维能力、底线思维能力和创新思维能力。唯物辩证法认为，世界上的任何事物之间都存在着这样或那样的联系，事物的发展是以一定的量的积累为基础的，当量积累到一定程度，质的变化便会应运而生。英语学习中，学生总是出现已牢记单词但不会运用的情况，这其实还是量积累得不够。相关研究表明，单词只有在不同的地方见过七次以上才会真正被学习者习得。也就是说，只背会这个单词是远远不够的，需要大量的英文语料进行补充。如果英语教学过分强调应试笔试能力而忽略学生的语言能力，这实际上是有悖于唯物辩证法的。用联系的观点看待英语学习就会发现，英语学习并不单纯只和语言有关，而是和口语表达、听力、逻辑思辨能力都有关系。所以，提高和增强语言学习能力应该联合多方能力一起进行培养，而不是仅仅关注基础知识的灌输、填鸭式教学。

2. 具体问题具体分析是辩证唯物主义的基本要求和原则，是唯物辩证法的重要方法论，是人们正确认识事物的基础、正确解决矛盾的关键。要区分事物、认清规律，我们需要分析实践中矛盾的特殊性。英语教学需要具体问题具体分析，具体学生具体分析，一切从实际出发，教材、教学方法的选用都要因人而异，如此才能得到最优的教学效果。

四、教学反思

该案例的实施切实提高了教学效率与质量。第一，将英语专业实习案例与唯物辩证法等内容相结合，能够让学生更好地理解所学知识。我们发现，学生在思考和讨论案例时都很投入，教学效果良好。第二，让学生能够真切地感受到马克思主义理论并非出于高楼，而是生长于大地，在我们身边，培养学生理论联系实际、具体问题具体分析的能力，既能提升其理论素养，也能提升其实践能力。

实施该教学案例需要改进之处：案例选择不够全面，与该专业存在一定联系，但不够紧密，不能完全引发学生思考，也缺乏一定创新，吸引力不够。改进思路：找寻与时代紧密相连、与该专业密不可分的更为恰当的例子。

（本案例由杨小勇、李锦晶编写）

案例五十四
基于事物普遍联系与变化发展的特点进行德语学习

一、案例描述

（一）德语与英语的联系性

为了准确传达句子的含义，无论是哪一种语言，都需要借助很多句子成分。而学习句子构成就是语法学习的过程，是中国外语教学体制的一个重要组成部分。这体现了联系观中整体与部分的关系：主、谓、宾、定、状、补等句子成分构成了完整的句子，整体虽然是主要部分，但离开了部分整体就不复存在，同时只有立足整体才能统筹全局发挥作用，即准确传达句子的含义。

德语学习可以与英语学习相联系。德语与英语同属印欧语系，属于屈折型语言，简单来讲，就是说当人称、时态、格（句子中的成分）发生变化时，相应的动词也会发生变化，在大的语法框架下看，德语与英语有着部分相似的语法构成体系，而中文属于汉藏语系，若以中文思维来学习德语会比较吃力，也比较难以理解。因此在学习德语时，可以联系部分英语知识，以便于理解。其联系可以从多方面探寻，体现出联系的多样性：开始学习德语，我们要先了解德语字母，除 26 个与英语相同的字母外，还有 ö、ä、ü、ß，由于我们已熟练掌握英语基础知识，所以在初级阶段的学习中，我们能够大大节省记忆的时间。将德语读音与英语读音对比起来，我们会发现德语单词的拼读更加简单，除外来词汇外没有什么特殊的发音，不像英语中 a 的发音会随着字母组合的不同而变化。随着德语知识的不断摄入，我惊喜地发现很多德语词汇与其对应的英语"长相"相似，这很大程度上减轻了一定的词汇记忆负担，例如：interessant（德）与 interesting（英）都是有趣的意思、chaotisch（德）与 chaotic（英）都是混乱的意思，但也有具有不同意思的词，如德语中的动词 bekommen 不能与英语 become 等同。前者多指"得到"，而后者指"变成"。本段最初提及利用英文思维进行德语学习有助于理解，这里举一个例子，everything（英）与 alles（德）都是"所有"的意思，在中文思维下，我们固然会认为"所有"当然是代指复数，无论是所有事还是所有人都是复数，然而在英语与德语中，二者后的系动词多是单数。我认为，在联系的同时发现不同也是语言学习中重要的一个步骤：二者还有一个很大的不同就是德语中的名词划分了阴性、阳性、中性三大类，它们在不同时态、不同格（句子中的成分）的情况下，要使用不同的冠词，而"性"的划分基本没有什么规律，正如老师第一节课告诉我们的，"德语中的例外比规则还要多"。德语句型结构也有很大一个特点，即"框型结构"，动词在陈述句、疑问句中始终放在第二位构成一个大框架；德语动词还有反身动词、可分动词等之分。总的来说，将德语学习与英语学习相联系，探寻它们之间的相似性或不同，进行对比，都有助于我们更清晰地认识这门语言。

（二）德语与外界环境的联系

随着现代科技的发展，科学家发现大脑处理语言的工作机制是十分复杂的，而且语言功能的发展也建立在感知觉、运动等基本生理功能的基础上，进而在人脑复杂的神经网络中进行大量的解码、存储与调取。通常认为，发展好语言功能需要以丰富的感知觉、运动经验为基础。我们主要把以交际为目的的外语学习分为四大板块，即听、说、读、写，这意味着语言学习需要视觉、听觉器官与外界环境进行交互，进而在大脑中构建清晰的语言网络。积极探寻外界环境与德语的联系，有利于我们在德语学习中找到乐趣，同时通过视觉与听觉的刺激加深大脑的印象。

同济大学最初由德国医生宝隆创立，与德国有着较深的渊源与密切的联系，因此校园里也建立了中德学院、德文图书馆以及学生自发组织的德语社团等。在德语学习期间，我开始主动地、有意识地观察周围环境，并有如下收获：德文图书馆门口写着"Deutsche Bibliothek"，即德文图书馆之意，而图书馆书架上写着"Wirtschaft"（译为经济）与"Philosophie"（哲学）；同时，在学习有机化学课程时，烯烃命名中的 Z-E 命名法，即双键碳原子上两个较优基团在同侧为 Z 型，反之为 E 型，其中"Z"取自德语单词"Zusammen"，常译为一起、共同，而"E"取自"Entgegen"，常译作迎着、对着、违背。由于这些多样联系的存在，我的学习积极性不断提高，也进而掌握了日常生活中常见的词汇。

（案例材料来源：同济大学外国语学院德语专业马一可同学的课程论文《运用事物普遍联系与变化发展的辩证法进行德语学习》）

二、案例提问

1. 试结合案例简述联系的观点。
2. 如何运用马克思主义发展观指导语言学习？

三、案例解析

1. 唯物辩证法认为，世界上的一切事物和现象都是普遍联系的，从浩瀚的宇宙到微小的粒子，从无机界到有机界，从自然界到人类社会，从客观世界到主观世界，整个世界无不处在相互联系、相互作用之中。可以说，联系是客观世界的普遍特性。普遍联系的观点是唯物辩证法的第一个总特征。从哲学上讲，联系是指事物、现象、过程之间及其内部诸要素之间相互依赖、相互制约、相互影响、相互作用、相互渗透、相互转化的关系。唯物辩证法认为，联系不是事物之间个别的、暂时的现象，而是事物之间普遍的和永恒的现象。

联系具有一系列特点：首先，联系具有客观性。联系是客观世界自身固有的，不是臆想出来强加给事物的。人们既不能"创造"事物之间的联系，也不能"消灭"事物之间的联系，而只能按照客观事物的本来面目如实地反映它们之间的联系，并在正确反映的基础上整合和利用这些联系。坚持联系的客观性，反对在联系问题上的唯心主义观点。其次，联系具有普遍性。联系的普遍性是指，世界上的任何事物和过程都不能孤立地存在，都同前后周围的其他事物和过程联系着；每一事物和过程的各个要素和环节也不能孤立地存在，都同其他要素和环节联系着；整个世界是一个相互联系的统一整体，任何事物和过程都是普遍联系之网上的一个部分、环节或阶段；孤立的、不与其他事物和过程相联系的事物和过程是不存在的。联系的普遍性已为人类的全部实践经验和科学发展所证实。最后，联系具有多样性。世界上的事物是多种多样的，因而事物的联系也是多种多样的，有直接联系与间接联系、内部联系与外部联系、本质联系与非本质联系、必然联系与偶然联系。德语学习可以与英语学习相联系。德语与英语同属印欧语系，属于屈折型语言，简单来讲，就是说当人称、时态、格（句子中的成分）发生变化时，相应的动词也会发生变化，在大的语法框架下看，德语与英语有着部分相似的语法构成体系。同时，积极探寻外界环境与德语的联系，有利于我们在德语学习中找到乐趣，同时通过视觉与听觉的刺激加深大脑的印象。

2.事物的相互联系包含了事物的相互作用，而相互作用必然导致事物的运动、变化和发展。

（1）发展是前进性上升性的运动，发展的实质是新事物的产生和旧事物的灭亡。新事物是指符合历史前进方向、具有远大前途的东西；旧事物是指丧失历史必然性、日趋灭亡的东西。新事物是不可战胜的，这是因为：第一，就新事物与环境的关系而言，新事物的结构和功能更加适应变化了的环境和条件。第二，就新事物与旧事物的关系而言，新事物具有旧事物无可比拟的优越性，它比旧事物具有更强大的生命力。第三，在社会历史领域，新事物得到人民群众的支持和拥护。

（2）事物的发展是一个过程。过程就是指事物自身发生、发展和灭亡的历史。一切事物只有经过一定的过程，才能实现自身的发展。自然界、人类社会和思维领域中的一切现象都是作为一个过程而向前发展的。

（3）联系和发展的基本环节。客观世界的因果联系是辩证的，二者既相联系又相区别，并且在一定条件下相互转化。分析因果联系可以增强人们活动的自觉性、预测性和自控性。原因与结果、现象与本质、内容与形式、必然性与偶然性、现实性与可能性构成了联系与发展的基本环节。

事物发展的必然性和偶然性是对立统一的关系。必然性体现事物发展过程中确定不移的趋势，偶然性体现事物发展过程中不确定的趋势。必然性寓于偶然性之中，偶然性背后隐藏着必然性，偶然性为必然性开辟道路。所以要重视事物发展的必然性，把握事物发展的总趋势，但也要善于从偶然中发现必然，把握有利于事物发展的机遇。

现实性与可能性也是对立统一的。现实性是指已经产生出来有内在根据的、合乎必然性的存在。可能性是事物发展过程中所包含的预示事物发展前途的种种趋势。现实性与可能性是既相联系又相互区别的。掌握这一范畴的方法论意义在于，人们要立足现实，展望未来，注意分析事物发展的各种可能性。

现象与本质也是对立统一的关系。现象是事物的外部联系和表面特征，本质是事物的内部联系和根本性质。任何现象都是本质的表现，人们正是通过事物的现象去认识事物的本质的。

内容与形式之间的对立统一表现在，内容是事物存在的基础，形式是事物存在和表现的方式。内容决定形式，形式反作用于内容，二者既相互区别，又相互依存。这对范畴要求人们既要重视内容，反对形式主义，又要运用形式，发挥其积极作用。

随着科技的发展，教学模式也在与时俱进，向线上线下相结合、无纸化的方向发展，这就是社会系统向自然系统靠近的体现。语言作为人文学科，其教学模式也发生了很大改变，科技赋予了语言学习更多的形式，提供了更丰富的资源与更加国际化的平台。

四、教学反思

该案例教学的实施效果较好。第一，加强了马克思主义理论与学生所学专业的联系。从马克思主义基本原理的立场和观点出发，认识并利用理论联系实际是衔接好马克思主义基本原理概论课与专业课的关键。第二，教学过程实现了师生的精神互通，引导式教学可以培养学生主动学习的能力，进而使其认识到学习的实际意义，增强学生的参与感，激发学生的创新思维，提高学生拓展知识的乐趣。

实施该教学案例存在的问题：课堂教学时间有限、授课班级人数过多等现实的原因导致课堂讨论不充分。改进思路：教师可以利用信息手段使马克思主义基本原理课程与飞速发展的时代相结合，增设网络课堂的学习和测试环节，丰富教学方式，通过网络后台大数据获得精确的课堂反馈，进一步完善教学方法以提高课程的教学质量。

（本案例由杨小勇、朱青叶编写）

案例五十五

唯物辩证法在语言学习中的体现

一、案例描述

语言在人类社会交流中的重要地位，决定了语言这门学科存在的必要性，以及古往今来无数的语言学者去研究语言学习规律的必要性。在人类语言学习漫长的发展历史中，学者总结出了许多较具代表性的语言学习规律，譬如德国著名的心理学家艾宾浩斯实验得出的"艾宾浩斯遗忘曲线"。他选用了一些没有意义的音节，也就是根本没有办法拼凑出单词的字母的组合，来测试人们的遗忘速度，以此得出普遍适用的"遗忘曲线"。这一遗忘曲线其实非常适用于语言学习。因为对于一门语言的初学者来说，那些构成语言的单词、笔画其实就是没有意义的音节。逆着遗忘曲线去学习新的语言，去记忆新的单词，确实能够起到很好的效果。在学习语言的时候，如果你能够花很多时间去记忆学过的单词、语法，进行外语听力练习，让单词、语法刻在你的耳朵里和脑子里，那些积累的内容终有一天会变成自己脱口而出的东西，彼时也就掌握了这些内容。

此外，人的精力是有限的，没有人能够掌握一门语言所有的内容。其实，对于语言学习来说，也不是必须把所有的内容都学会，有句话叫"贪多嚼不烂"。如果你一味地想要把一门语言所有的内容都吸收进大脑，就好比你要把课本从头到尾都背诵理解下来，或许你确实能够做到，但是这个过程一定是非常缓慢的，在别人学习下一个课本的时候你可能还停留在上个课本的某个章节，这样到最后其实也学不到什么东西。所以，语言学习非常重要的一点就是抓重点，下功夫去理解学习重要的知识点，对于非重点内容就少花一点精力，这样才能有效地完成语言学习。

（案例材料来源：同济大学外国语学院日语专业彭玥同学的课程论文《唯物辩证法在语言学习中的意义》）

二、案例提问

1. 什么是量变质变规律，语言学习是如何体现这一规律的？
2. 运用对立统一规律，分析如何正确进行语言学习。

三、案例解析

1. 量变质变规律又称质量互变规律，是唯物辩证法的基本规律，也是事物发展的普遍规律。这一规律表明，事物的发展变化存在两种基本形式，即量变和质变。量变表现为事物及其特性在数量上的增加或减少，是一种平衡、相持、温和的状态。质变是事物发生的根本性质的变化，是事物的变化打破了原有相持、平衡、温和的状态，出现了由一种质态向另一种质态的突变。事物由量变到质变的条件在于度，当量变达到一定的限度时，就转化为了质变。质量互变规律作为事物发展的普遍规律存在于一切事物中，自然界、人类社会和人类思维的发展变化，无不受这一规律的支配。在语言学习的时候，如果你能够每天花很多时间去记忆学过的单词、语法，进行外语听力练习，让单词、语法刻在你的耳朵里和脑子里，那这些积累的内容终有一天会变成自己脱口而出的东西，彼时也就掌握了这些内容。这其实就是通过单词、语法的量的积累，来达到质的变化，也就是所谓的"学会了"；而如果你每天不花时间背单词、记语法，不听听力、练发音，长久下来其实也是一种反向的量的积累，最终也会达到质的变化，就是"学不会"的结果。总结起来，就是对于语言学习，质量互变规律具有重要的指导意义，它要求人们重视量的积累，注意事物细小的变化，对于有利的因素不可揠苗助长急于求成，而对于消极的因素要主动化解防微杜渐。不要以为一次松懈不会产生不好的结果，最终可能就是那一次的松懈导致了语言学习的失败。

2. 对立统一规律亦称矛盾规律，对立面的统一和斗争的规律。对立统一规律是唯物辩证法的根本规律，矛盾分析法是人们认识世界和改造世界的根本方法。运用这一方法，必须坚持对立统一的观点，从统一中看到对立，从对立中看到统一。具体来说，一是必须坚持"两点论"，防止片面性，切忌"顾此失彼"；二是必须坚持"重点论"，善于把握主要矛盾和矛盾的主要方面，突出重点，抓住关键；三是必须坚持"矛盾的普遍性和矛盾的特殊性相结合"，既要具体分析事物的具体情况，也要注意不要使具体的事物脱离普遍联系；四是必须坚持"发展论"，分析矛盾的动态，防止思想僵化。首先，在语言学习中，不能顾此失彼只学习所谓"有用""要考"的内容，而对于其他内容一概不顾。因为对于一门语言来说，无论是重要的内容还是不重要的内容都会构成一种语言环境，对于领会一门语言有很大意义。其次，在接触全部知识之后，应通过经验判断哪些需要深入研究，哪些只需浅层理解，抓住重点高效学习。最后，在语言学习过程中要以发展的眼光看待知识，在不同的学习阶段重点学习不同的知识区块，语言学习初期可能是重在积累单词和语法知识，而中后期就应该把重点放在了解区域语言文化和语言环境上，从而实现全面学习一门语言的目的。

四、教学反思

该案例的实际运用效果较好。第一，本案例将量变质变规律和对立统一规律中的关键知识点进一步具体化、可视化，加深了学生对抽象理论的理解。第二，本案例选取了学生熟悉的语言学习场景，能够提高学生的课堂参与程度。第三，本案例的相关内容也能为学生的语言学习提供帮助，提升学生的综合素质。

实施该教学案例需要改进之处：本案例的专业性相对欠缺，缺少一定的深度。改进思路：通过对语言学习具体过程的阐述，包括对遗忘曲线进行阐释，进一步深挖其中的唯物辩证法原理，增强案例的专业程度。

（本案例由杨小勇、杨柯銮编写）

第十二章

同济大学马克思主义基本原理的生命科学与技术学院专业案例

案例五十六
自然科学中的唯物辩证法

一、案例描述

在哲学思想诞生的初期，马克思和恩格斯就都深刻地体会到，科学是表现出 19 世纪思维特点的一种进步。马克思当年在编纂历史和辩证唯物主义理论时，为了使理论具有"科学性"，分别与不同学者，包括经济学、哲学、政治学等学科的学者进行交流，并学习了自然科学中的前沿知识。其中，达尔文的《物种起源》尤其引起他的注意，认为《物种起源》包含了支持他们观点的自然历史基础。恩格斯的《在马克思墓前的讲话》中，也把马克思对人类历史基本规律的发现和达尔文对生物界发展规律的发现相提并论。不过，马克思的思想与达尔文的进化论思想有许多冲突。历史上，达尔文也并不支持将自然进化学说引申到社会进步活动中，并在《人类起源》中指出，将进化论中的"自然选择"和"物种竞争"引入人类社会作为进步运动的指导思想，会造成恶劣的影响，如激进的优生学等。

马克思指出世界是由物质构成的，物质第一，意识第二，物质可以被人们通过人类思维活动去理解、去认识。在宇宙起源方面，我们认为物质和能量无法被创造或消灭，而物质只是更为聚合的能量形态。宇宙大爆炸初期，空间中只存在由氢和氦这两种简单的元素形成的云团，随着能量辐射、宇宙冷却，氢氦原子在引力作用下汇聚、挤压，温度上升，恒星形成，而基础分子的进一步碰撞、结合，使更复杂且有趣的元素逐一形成，这些元素又构成了现在宇宙中的一切。在生物起源方面，从人类到细菌，都由更小、更简单的细胞构成，而每个细胞，又由蛋白质、水分子、核酸等大分子组成。世界万物可以被统一划分为简单的实体。世界中纷繁复杂的变化与差异、生物的进化，都是由这些实体的分裂和组合造成的。在科学研究者尝试理解并解释陌生、抽象的现象时，唯物论有重要的指导作用，引导研究者不再迷信牛鬼蛇神，而是通过科学方法寻找物质基础，进行可重复的实验验证。在认知神经科学中，有一个经久不衰的、至今仍未停止讨论的问题：灵魂和意识是什么？是否存在？对于灵魂，宗教信仰认为灵魂不可分割、永恒不变，而这本身则是与唯物论和进化论相违背，因为进化论无法解释这种不需要经历进化的实体是如何形成的，我们说不出灵魂的构成，也无法理解和认识形成灵魂的实体物质。而对于意识，随着神经科学技术的发展，我们似乎找到了支持形成意识的生物基础。神经科学认为，神经结构、神经化学及神经生理基础物质是意识形成的生物基础，意识是由大脑中的电化学反应产生的，这样的心理体验能够完成某些重要的数据处理功能。比如，通过功能性核磁共振成像扫描和脑电波收集，科学家可以分辨出来你是醒着的，或是感到恐惧的。

科学研究中，判断"是什么"是提出假设、分析结果和得到结论的过程，弄清楚"为什么"是实验和验证的过程。在"是什么"的阶段，我们要注意到辩证法中事物的联系。在主观臆想的时代，古人通过统计规律，将胎儿的性别、人生走势与受孕时间、天气联系起来。孟德尔的豌豆杂交实验发现生物的表型性状编码存在于一段段的基因中，基因将决定你的性别、身高或是瞳孔颜色。然而，仅仅靠基因似乎不足以解释其他的现象：为什么有些遗传病在超过一定年龄之后才会表现出来？为什么同卵双胞胎也不是完全一样的？为什么怀孕妈妈的不良作息会影响到腹中的胎儿？胚胎发育过程中，每个组织有序的分化过程，基因的时空表达又是受什么控制的？实际上，生物的遗传性状远比孟德尔认为的复杂得多，人们逐渐意识到"基因"解释遗传现象的局限性，并意识到我们的视野应该拓宽，由此，表观遗传学出现。现代的研究成果表明，我们应该进行整体分析，除了基因这一内部因素，还有环境、除 DNA 之外的其他生化分子等复杂的外、内因素。DNA 中仅 1% 的部分构成基因，而其余曾经被科学家认为是"垃圾"的 DNA，其实密切参与了基因的表达调控，部分通过表达 mRNA 与基因的表达产物互补结合从而抑制基因的表达，部分作为基因的上游调控，促进或抑制下游基因的表达；环境因素也会造成细胞内外的化学分子环境波动，并通过级联反应影响基因的表达水平。所以，即使胎儿的基因组正常且健康，但遇到一个酗酒的妈妈依然会有畸形发育的风险，因为酒精会通过胎盘破坏胎儿神经元及大脑发育；一个具有绿色素基因的植株，如果从发芽就避光培植，你依然可能获得一个白化的植株。反而言之，如果胚胎畸形，我们不应该局限于去寻找致畸基因；而获得一个白化植株时，我们可能也无法在它的基因组中找到白化基因。就遗传病而言，其发生也并不完全取决于基因，基因更多的只是增加发病概率。例如，具有冠心病家族史的人群，通过控制血脂血糖，保持健康作息，可降低发病率，这些遗传病实际也是可防可控的。在遗传和发育学中表观遗传逐步兴起将成为一大趋势。

在弄清楚"为什么"阶段，从认识向实践的理论将有重要的借鉴价值。我们在阅读文献的过程中，除了要关注结论，还需要关注"方法"部分，包括文章得到结论的实验依据，以及数据分析阶段的统计方法。一个颇受争议的典型例子是统计学分析中的"显著性差异"：通过显著性分析得到的 p 值判断组别之间是否有显著差异，比如药物是否有显著疗效。而近年来，科学界对 p 值的显著性差异分析方法颇有微词，因为有些可视化的数据结果能够看到明显差异，但 p 值结果为不显著；有些相似的研究基于 p 值结果却得到了相反的结论。2019 年 *nature* 等杂志上多次刊登科学家联名文章，呼吁大家规范使用显著性检验的方法，并指出以往大量研究错误使用、解读显著性分析结果。错误的方法导致错误的解读，这对药物的发现、使用有严重的影响后果，错过有效的药物成分，是科研经费的浪费，而错误上市无用甚至具有副作用的药物，则是对病人潜在的伤害。

（案例材料来源：同济大学生命科学与技术学院生命科学专业马欣悦同学的课程论文《马克思哲学对自然科学研究的启发》）

二、案例提问

根据上述案例，指出马克思主义哲学对自然科学研究具有什么意义。

三、案例解析

首先，马克思主义的唯物辩证法认为事物是处在联系中的，事物的联系具有普遍性、客观性、多样性和条件性。关于遗传的问题，在古代，人们通过统计规律，将胎儿的性别、人生走势与受孕时间、天气联系起来。孟德尔的豌豆杂交实验发现生物的表型性状编码存在于一段段的基因中，基因将决定你的性别、身高或是瞳孔颜色。但这并不是唯一的影响因素。因为仅仅靠基因似乎不足以解释其他的现象：为什么有些遗传病在超过一定年龄之后才会表现出来？为什么同卵双胞胎也不是完全一样的？为什么怀孕妈妈的不良作息会影响到腹中的胎儿？实际上，生物的遗传性状远比孟德尔认为的复杂得多，人们逐渐意识到"基因"解释遗传现象的局限性，并意识到我们的视野应该拓宽，由此，表观遗传学出现。现代的研究成果表明，我们应该进行整体分析，除了基因这一内部因素，还有环境、除 DNA 之外的其他生化分子等复杂的外、内因素。马克思主义关于事物普遍联系的原理，要求我们避免主观臆断，善于去分析事物之间的内部和外部联系，确立整体性，在动态中观察事物的联系，并总结联系的原理。因此，影响遗传的因素有很多，包括内部基因、外部环境等，我们要坚持普遍联系的观点，把一切因素都看作遗传的影响因素，同时考察特定的影响因素，考察影响因素的条件，从而分析出遗传的影响条件。

其次，马克思主义认识论认为人的认识包括两个过程，一个是从实践到认识的过程，另一个是从认识到实践的过程。我们在阅读文献的过程中，除了要关注结论，还需要关注"方法"部分，包括文章得到结论的实验依据，以及数据分析阶段的统计方法。理性认识只有回到实践中去，才能得到检验和发展，而由理性认识向实践飞跃需要遵循四个条件：①必须从实际出发，坚持一般理论和具体实践相结合的原则；②理论要回到实践中去，需要经过路线、方针、政策等中介；③理论必须为群众所掌握；④要有正确的实践方法及工作方法。简而言之，在实验验证阶段，我们要坚持一般理论，找到正确可行的实践方法，可重复并为人群所掌握。

四、教学反思

该案例的实施遵循了教学理论与实践相结合的方法。第一，提高了学生学习的积极性，激发了学生的学习兴趣。学生在学习时兴致很高，积极参与案例的交流与讨论，课堂氛围活泼生动，教学效果良好。第二，有助于加深学生对基本原理的理解。马克思主义基本原理课程的教学内容大多是概念、规律、范畴等，引入该案例有助于加深学生对抽象理论的理解。原理是枯燥的，通过案例讲解，唯物辩证法才能凸显其深刻内涵。让学生参与案例分析、讨论，能够增强他们的体验感，帮助他们进一步理解马克思主义基本原理的相关知识，以及马克思主义基本原理对其专业学习的指导作用。

实施该教学案例需要改进之处：完成理论知识的教学后，教师没有联系学生的具体专业展开实践，因此学生将专业与马克思主义基本原理联系起来的能力有限，教学效果没有完全实现。改进思路：教学时要坚持联系的观点，准确把握马克思主义基本原理同专业学习之间的普遍联系，并根据联系的特点，寻找适当的例子进行教学，一方面利用学生熟悉的专业知识讲解新知识；另一方面增强学生的专业熟悉感，以提高教学效率和质量。

（本案例由杨小勇、刘启畅编写）

第十三章

同济大学马克思主义基本原理的艺术与传媒学院专业案例

案例五十七

唯物辩证法对声乐学习的基本帮助

一、案例描述

熟悉一部声乐作品从认谱开始，谱子上的音高旋律是不可以随意改变的。我们通过听觉和视觉可感知一部作品，这种感知是直观的。意识也是我们认识作品的一种方式，但是它可以凌驾于感官之上。我们在演绎作品的时候，意识在其中起到的作用是巨大的，同时也体现了我们人脑的客观性与主观性。每个人对歌词和旋律的理解都不一样，因为我们的经历、情感是不同的。这样我们就可以赋予一部作品不同的意义，同一部作品在不同的艺术家的演绎下，韵味是完全不一样的。可以演绎得很浓烈，也可以演绎得忧伤寡淡。不仅在学习歌曲、演绎歌曲的时候要将客观情感和主观情感结合起来，在系统学习声乐发声方法的时候，也需要意识高度集中。教师通常会让我们去找头腔的位置，我认为头腔其实也是由我们的意识来控制的，就是让意识告诉我们头皮要兴奋，有发麻的感觉。

声乐是一门严谨的科学，必须在正确理论的指导下进行系统的训练，但是对于学习者来说，死记硬背理论知识有时不但不能提高唱歌技巧，还会禁锢我们的思维适得其反。同时声乐也是一门实践性很强的学科，仅凭声乐理论和文字资料进行歌唱发声的学习和训练是很困难的，对于声乐专业的学生来说，每次上台的经历都至关重要。上台表演难免会紧张，但这也是一次非常好的考验机会。实践是认识的唯一来源，歌唱是一门表演艺术，健康的心理决定了演唱的成败，我们除要具备良好的心理素质和表现力之外，还应该具备在舞台上的自控能力、处理作品表达感情的能力。我们应该不断总结经验，来提高自己的舞台适应能力。我们可以录制自己演唱的视频进行回放，以更直观地感受自己的问题。我认为录视频是一个有效的提升自己能力的方法，在线上学习的情况下。我们需要录制视频提交作业。我经常一录就是三四个小时，因为录制时总是会发现这样或者那样的问题。也许这些问题是在面对面授课的过程中自己发现不到的，一遍遍的录制其实也是解决问题的过程，可以明显地感受到自己的进步。在一次次的实践过程中，知识也得到了积累，对之后的实践有巨大的推动作用。还记得老师经常鼓励我们，遇到了困难不要放弃，量变一定会质变，所有的学习和努力都不会白费。作为一名声乐专业的学生，我会好好利用并且珍惜在舞台上表演的机会，使自己的表演更加形象化，用自己的真情实感和演唱技巧，给观众带来愉悦的体验。

任何事物的发展都是曲折的。因为，新事物的发展总是要经历一个由小到大、由不完善到比较完善的过程。声乐的学习更是如此，声乐具有很强的表演性和艺术性，学习声乐是一个漫长的过程，不能急于求成，拥有一个平稳的心态是最重要的。因为我们的乐器即是我们的身体，每个人的身体难免会有不舒服的时候，此时我们的歌唱状态难免也会受到影响。生病的时候就应该停下来歇一歇，等身体好转之后再去练习，这比拖着自己不舒服的身体硬撑效果要好得多，要做到有收有放。就我自己而言，学习声乐还是非常辛苦的，大一大二的时候，对于声音的审美以及概念还没有完全确立，即使每天认真练习效果也并不明显。但到了大二下半学期，我觉得自己的进步忽然有了一个飞跃。最主要的原因是，我对各个歌唱家的演唱进行研究，逐渐明确了适合自己的音色，正是因为建立了自己的审美，有了更明确的方向，进步也就更快了。认识具有反复性，我认为声乐的学习和语言的学习其实都是一样的。如果不每天练习，那么进步会特别慢，还有可能会退步。肌肉记忆不是一天就可以形成的，而需要每天的积累。台上一分钟台下十年功，这句话适用于任何的表演领域。认识也具有无限性，与时俱进、开拓创新是非常重要的。声乐从起源发展到现在，发声方法不断发展，变得更加自然，更能保护歌者的嗓子。因为随着时间的流逝，人们的审美也在改变。另外，随着网络的发展，尤其是在湖南卫视播出《声入人心》之后，我发现身边越来越多不是声乐专业的小伙伴也喜欢上了声乐。我非常高兴，希望声乐这门艺术可以走向大众视野。

（案例材料来源：同济大学艺术与传媒学院音乐表演专业张必青同学的课程论文《马克思主义基本原理对声乐学习的帮助》）

二、案例提问

1. 结合上述案例，指出"每个人对歌词和旋律的理解都不一样"体现了哪些马克思主义哲学原理。

2. 为什么说"学习声乐是一个漫长的过程"？

三、案例解析

1. 意识是人脑的机能和属性，是客观世界的主观映象。首先，意识是自然界长期发展的产物；其次，意识是人脑这样一种特殊物质的机能和属性，是客观世界的主观映象。物质决定意识，意识对物质具有反作用，就是意识的能动作用：意识具有目的性和计划性，意识具有创造性，意识具有指导实践改造客观世界的作用，意识具有调控人的行为和生理活动的作用。因此，我们在演绎作品的时候就能发挥主观能动性，这体现了我们人脑的客观性与主观性。每个人对歌词和旋律的理解都不一样，因为我们的经历、情感是不同的。这样我们就可以赋予一部作品不同的意义，同一部作品在不同的艺术家的演绎下，韵味是完全不一样的。既可以演绎得很浓烈，也可以演绎得忧伤寡淡。不仅在学习歌曲、演绎歌曲的时候要将客观情感和主观情感结合起来，在系统学习声乐发声方法的时候，也需要意识高度集中。由此可知，意识具有能动作用，我们要充分发挥这个能动作用，让我们的音乐表演千人千面，充满特点。

2. 实践决定认识，实践是认识的基础，在认识活动中起着决定性的作用。首先，实践是认识的来源；其次，实践是认识发展的动力；再次，实践是认识的目的；最后，实践是检验认识真理性的唯一标准。声乐是一门严谨的学科，不仅需要正确的理论指导，还需要在实践中去践行。特别是对于学习者来说，死记硬背理论知识有时不但不能提高唱歌技巧，还会禁锢我们的思维适得其反。因此声乐也是一门实践性很强的学科，仅凭声乐理论和文字资料进行歌唱发声的学习和训练是很困难的，对于声乐专业的学生来说，每次上台的经历都至关重要。需要将声乐课上学习到的理论知识同表演相结合，让理论指导实践，也让实践来验证理论并推动理论的发展。

"实践、认识、再实践、再认识，循环往复以至无穷，而实践和认识之每一循环的内容，都比较地进到了高一级的程度。"这是认识辩证运动发展的过程，也是认识的总规律，表明认识是一个反复循环和无限发展的过程。这个过程既不是封闭式的循环，也不是直线式的发展，往往充满了曲折以至反复，因而是一个波浪式前进和螺旋式上升的过程。声乐学习也不是一蹴而就、一帆风顺的。声乐不是一门简单的艺术门类，它具有很强的表演性和艺术性。学习声乐是一个漫长的过程，不能急于求成，拥有一个平稳的心态是最重要的。因为我们的乐器即是我们的身体，每个人的身体难免会有不舒服的时候，此时我们的歌唱状态难免也会受到影响。在学习的过程中，我们要不断接受理论知识、再练习，这样才能有质的收获和提升。

四、教学反思

该案例的实施切实提高了教学的实践性。第一，提高了学生的专注力和学习兴趣。学生在课堂上积极发言、主动讨论，课堂气氛活跃，教学效果良好。第二，有助于加深学生对马克思主义基本原理的理解。马克思主义基本原理课程的教学内容多是概念等枯燥内容，引入该案例有助于加深学生对抽象理论的理解。让学生参与案例的讨论，既能传授相关理论知识，又能引导他们将理论付诸实践。

实施该教学案例需要改进之处：进行理论知识教学后，受条件影响，教师没有展开实践教学，因此理论与实践的连接还存在问题。改进思路：应根据教学目标要求，灵活使用案例教学，让马克思主义基本原理为学生解决专业问题提供方法论指导。

（本案例由杨小勇、刘启畅编写）

第十四章

同济大学马克思主义基本原理的
人文学院专业案例

案例五十八
传统戏曲文化的传承与发展中的唯物辩证法

一、案例描述

琼剧作为传统戏曲属于地方剧种。中国当代青少年对地方剧种接触较少，同时由于剧本老套，地方剧种很难吸引到大批的观众，其观众大多数是老人。这个现象就体现了矛盾的普遍性。琼剧要想发展不能单纯借鉴其他地方戏曲的经验，因为每个地方剧种都有其自身的特点与局限。苏州评弹十分唯美，有一种小桥流水人家的感觉，同时苏州地区的宣传做得很好，而且整个长三角地带经济发达，走出去的人很多，戏曲也逐渐向外传播，戏曲被注入了人对故乡的怀念眷恋之情。而海南当地方言属闽南语系，与普通话差异甚大，单是语言不通就打消了外地游客对琼剧的兴趣。后来，海南政府大力推广琼剧，一些学者也认为要保护海南传统文化。后来，海口政府也举办了一些琼剧表演活动，但服装妆容不精致，加上语言不通，对外地人来说观赏性不高。而豫剧和京剧，学习过普通话的人都能听懂，比琼剧通俗易懂好传播。观赏性和参与性不强注定了琼剧的体验性不会太好。这些问题就体现了矛盾的特殊性。

然而，主要矛盾和次要矛盾并不是永久不变的。例如，2006 年海南电视台开拓创新，曾举办首档《呀诺达滴》琼剧大赛，引来了各路琼剧爱好者的参与，上至 80 岁老人下至 6 岁儿童都来参加，场面热烈，在海南家喻户晓。可是就岛外输出效果来说，文化传播效应有待提高。

对于任何文化来说，创新都不是一件容易的事情，这受到了很多方面的限制，如观念、形式、人才等。这就需要我们在改进的过程中付出大量的人力、财力、物力，一步一个脚印，从各个方面逐步实现。

琼剧作为海南文化的一个标签，可参与旅游产品开发和规划，以扩大宣传。目前海南旅游缺少的是人文内涵，要在人文方面下功夫。按照琼剧的发展现状来说，其相当于一个新秀，它更适合作为一个配角来参与旅游经济发展，加以历练和发展，不断摸索和创新。目前，海南传统村寨最吸引人的就是它的建筑风格，不过这是静态的没有流动性，所以笔者思考，如果能够加上琼剧这个人文特色，就会更有动态感，体验感会更好，形式也更加丰富。对琼剧表现出兴趣时，景区提供戏曲服装的租赁、化妆以及拍照服务，记录游客体验海南戏曲文化的瞬间，满足游客多样化的需求，深化其对海南、琼剧的了解。我们基于琼剧与旅游相结合的发展路径，根据反馈再不断地进行创新，终会使琼剧的受众得到一定的拓展，这就体现了量变质变规律。

（案例材料来源：同济大学人文学院文化产业管理专业王欣欣同学的课程论文《浅析传统戏曲文化的传承与发展中的唯物辩证法——以探索海南琼剧的传承与创新为例》）

二、案例提问

1. 运用马克思主义基本原理相关内容谈谈为什么琼剧的吸引力不够？
2. 我们应该怎样对琼剧进行创新？谈谈你的看法。

三、案例解析

1. 矛盾的特殊性是指各个具体事物的矛盾，每个矛盾的各个方面在发展的不同阶段各有其特点。琼剧作为传统戏曲属于一种地方剧种，以闽南语演唱，但是我们现在主要以普通话交流，因此在语言方面，琼剧就遇到了一大困难。虽然后来海口政府也举办了一些琼剧表演，但服装妆容不精致，加上语言不通，对外地人来说观赏性不高。观赏性和参与性不高注定了它的体验性不太好。因此，许多观众虽然想要了解琼剧，但由于语言障碍，不能融入其中，琼剧的传播度越来越低，且受众逐渐老龄化。

2. 物质世界处于永恒的运动之中，其中内在地包含着事物的变化和发展，变化泛指事物发生的一切变化，发展则是事物变化中前进、上升的运动。物质世界的发展，特别是人类社会的发展，其实质是新事物的产生和旧事物的灭亡。因此，我们要坚持与时俱进的原则，用发展的眼光看问题。琼剧逐渐衰败的一大原因就是受众老龄化，中国当代青少年对地方剧种接触较少，同时由于剧本老套，地方剧种很难吸引到大批的观众，所以其观众大多数是老人。同时，琼剧的服装也比较老旧，没有进行改善，加之剧情老套，不吸引人，也打消想要了解琼剧的人的兴趣。因此，琼剧需要进行创新，以获得大家的关注和认可，如此才能传承下去。

矛盾的特殊性决定了事物的不同性质，只有具体分析矛盾的特殊性，才能认清事物的本质和发展规律，并采取正确的方法和措施去解决矛盾，推动事物的发展。主要矛盾是矛盾体系中处于支配地位、对事物发展起决定作用的矛盾，矛盾的主要方面是处于支配地位、起主导作用的一方。因此，要坚持具体问题具体分析，坚持"两点论"和"重点论"的统一，看问题既要全面地看，又要看主流、大势、发展趋势。琼剧要创新，需要对其面临的具体问题，即语言不同、服饰老旧、剧情没创意等问题进行关注和思考，把握住主要矛盾和矛盾的主要方面，并根据问题寻找方法。

创新思维能力是对常规思维的突破，是破除迷信，超越陈规，善于因时制宜、知难而进、开拓创新的能力。习近平总书记指出，解决深层矛盾的问题，根本出路在于创新，因此要打破迷信经验、迷信本本、迷信权威的惯性思维，摒弃不合时宜的旧观念，以思想认识的新飞跃打开工作的新局面。按照琼剧的发展现状，琼剧相当于一个新秀，它更适合作为一个配角来参与旅游经济的发展，加以历练和发展，不断摸索和创新。

四、教学反思

该案例的实施提高了教学的针对性。第一，根据学生的专业选择该案例进行教学，可增强学生的专业认识。在课堂教学中，学生根据案例同本专业的联系，提出了许多疑惑已久的问题，课堂气氛十分活跃。第二，有助于学生加深对马克思主义基本原理的理解。理论同实践相结合是马克思主义基本原理的重要内容，将该案例运用到课堂中，能加深学生对马克思主义理论知识的理解，切实让学生感受到马克思主义基本原理所具有的魅力。

　　实施该教学案例需要改进之处：受课堂教学时间限制，教师无法完全回答学生的问题，因此许多学生带着疑惑下课，缺乏老师的指导。改进思路：根据学生的课堂表现，预留出一定的时间与学生进行交流，保证学生在课堂结束后拥有获得感，让枯燥的理论课变得更具趣味性。

（本案例由杨小勇、刘启畅编写）

第十五章

同济大学马克思主义基本原理的经济与管理学院专业案例

案例五十九
政治经济学在管理科学与工程学科的应用

一、案例描述

近代制造业生产方式的变革可以说为管理科学学科的产生奠定了基础。到目前为止，汽车制造业生产方式主要经历了从手工生产方式到福特生产方式再到精益生产方式（丰田生产方式）的变革，每次革新都与当时的社会经济发展背景相适应，并且经历史证明是一种正确有效的变革，这个过程也体现了马克思主义哲学和政治经济学的基本原理。

（一）汽车工业生产方式的第一次变革——流水线生产方式

1. 流水线生产方式的产生

起初，汽车生产采用单件订货手工生产的方式，这一时期每装配一辆汽车要 728 个人工小时，当时汽车的年产量大约只有 12 辆，这一速度远远不能满足巨大的消费市场的需求，所以使汽车成了富人的象征。福特为了让汽车成为大众化的交通工具，通过长时间的观察和研究，发明了流水线生产方法，把整个生产流程拆分成若干子过程，各个子过程之间可以并行运作，将汽车放在流水线上组装。同时，工厂里的工人也不再像手工生产那样负责从头到尾全部的流程，而是只负责一个过程，流水线把汽车送到工人前面，工人只需重复组装同一个过程即可，这样每位工人只从事同一个工作，熟练程度大大提高，劳动生产率也大大提高。

2. 流水线生产方式与马克思主义政治经济学

可以说，福特在一定程度上改革了以汽车生产为代表的工业制造的生产方式，将汽车生产带到了初级工业化的时代，并且让汽车成了大众化的交通工具，大大推动了人类生产生活的进步，为人类发展做出了极大贡献。但本质上福特仍然是一位资本家，依旧没有摆脱资本主义条件下对工人阶级的剥削和对生产剩余价值的剥夺，流水线的发明同样给他带来了巨额的利润，让福特汽车公司在当时成了汽车行业的佼佼者。

流水线生产方式的出现，让每个生产岗位具有了标准性和通用性，改变了手工生产时代只有少数技术工人才能生产汽车的历史，意味着每位普通劳动者的工作效率和劳动生产率被提高到技术工人水平之上。通过这样的方式，生产成本和单位生产时间大大降低。

福特汽车公司作为在行业中第一个使用流水线生产的企业，其生产汽车的个别劳动时间大大少于社会必要劳动时间，个别价值低于社会价值，从而获得了超额剩余价值。也就是说，福特在引入流水线生产之后，大大降低了生产成本，用这种新型生产方式生产出许多"廉价车"，为其创造了大量的利润。待流水线在行业内普及后，部门的平均劳动生产率提高，汽车生产的社会必要劳动时间减少，汽车的价值相应下降，也使越来越多的人能够买得起汽车。从这个角度来说，福特最开始改进技术、发明流水线虽然是为了追求超额的剩余价值，但客观上也普遍提高了社会各生产部门的劳动生产率，使整个资本家阶级普遍获得了更多的相对剩余价值，进而推动了人类生产力的发展。

可以说，福特通过新技术的应用增加相对剩余价值的方法提高了对工人的剥削程度，创造了超额的剩余价值。也有许多人认为，福特发明的这种流水线生产方式使每位工人只能日复一日地重复同样的工作，比如一位工人的工作可能就是给汽车安装轮胎或在两个螺栓上套上螺母，这虽然大大提高了其劳动生产率，为社会创造了更多的价值，也可能会为其带来更多的收入，但在一定程度上也抑制了其职业的发展和更高层面的追求。

（二）汽车工业生产方式的第二次变革——精益生产方式（丰田生产方式）

随着经济社会不断发展，人们开始不局限于物质上的满足，而开始追求自身价值的实现等精神层面的满足。另外，第二次世界大战之后，社会逐步进入了一个不再追求大批量生产、大批量消费，市场需求多元化发展的时代。相应地要求工业生产向小批量、多品种的方向发展，初级流水线式的单一品种大批量生产的弱点逐渐显现。

日本丰田汽车公司精益生产方式（丰田生产方式）的出现适应了社会的发展，精益生产方式（丰田生产方式）是通过不断调整组织结构、运行方式和资源调配等方面，使生产系统很快适应用户需求的不断变化，并将生产过程中多余的东西精简，从而在保证成本和效率的同时满足了用户各种各样不断变化的需求。

（案例材料来源：同济大学经济与管理学院工程管理专业李香凝同学的课程论文《马克思主义基本原理在管理科学与工程学科的应用——以汽车工业生产方式的变革为例》）

二、案例提问

1. 结合上述案例，指出汽车产业生产方式变革所体现的马克思主义基本原理。

2. 运用所学政治经济学原理，谈谈汽车工业为什么会从流水线的生产方式发展到精益生产方式（丰田生产方式）。

三、案例解析

1. 人们认识事物的过程，就是一个从实践到认识，再从认识到实践的过程。认识的过程首先是从实践到认识的过程，这个过程主要表现为在实践基础上认识活动由感性认识能动地飞跃到理性认识。从认识到实践的飞跃，是更为重要的飞跃。迄今为止，汽车制造业生产方式主要经历了从手工生产方式到福特生产方式再到精益生产方式（丰田生产方式）的变革，每次革新都与当时的社会经济发展背景相适应。通过第一次变革，福特将汽车生产带到了初级工业化的时代，并且让汽车成了大众化的交通工具，大大推动了人类生产生活的进步，为人类发展做出了极大贡献。

2. 流水线生产方式发展到精益生产方式（丰田生产方式）具有必然性。

剩余价值是雇佣工人所创造的并被资本家无偿占有的超过劳动力价值的那部分价值，它是雇佣工人剩余劳动的凝结，体现了资本家与雇佣工人之间剥削与被剥削的关系。相对剩余价值是指在工作日长度不变的条件下，通过缩短必要劳动时间而相对延长剩余劳动时间所产生的剩余价值。福特汽车公司作为在行业中第一个使用流水线生产的企业，其生产的汽车的个别劳动时间大大少于社会必要劳动时间，个别价值低于社会价值，从而获得超额剩余价值。也就是说，福特在引入流水线生产之后，大大降低了生产成本，用这种新型生产方式生产出许多"廉价车"，为其创造了大量的利润。但是在资本主义条件下的生产自动化意味着剩余价值生产所使用的生产工具更加先进了，无论是机器人、自动化生产线还是"无人工厂"，在本质上依然是物化劳动或不变资本的实物形式，因此不能创造新价值，更不能创造剩余价值。福特发明的这种流水线生产方式使每位工人只能日复一日地重复同样的工作，比如一位工人的工作可能就是给汽车安装轮胎或在两个螺栓上套上螺母，这虽然大大提高了其劳动生产率，为社会创造了更多的价值，也可能会给其带来更多的收入，但在一定程度上也抑制了其职业的发展和更高层面的追求。

精益生产方式（丰田生产方式）与流水线生产方式都是通过增加相对剩余价值来加大对工人的剥削程度，不同的是，流水线生产方式并不需要精细的管理，其超额利润主要来自流水线带来的劳动生产率的大大提高以及研发技术本身具备的价值支持；而精益生产方式（丰田生产方式）对管理的要求极高，其超额利润主要是由经营管理的改善带来的。然而从本质上说，在信息化时代，提高管理水平、准确配置资源同样不能缺少信息系统等新技术的引进和使用，没有信息系统的协助，管理人员也很难做出准确的判断和决策。可以看出，进入工业化、信息化时代，科技、知识、信息等新的生产要素在生产中带来的价值越来越不容忽视，未来的生产方式变革也很有可能是由信息科技引领的，企业应该准确认识到这一点，加大对科技信息的重视。

四、教学反思

该案例的实施切实提高了教学效率与质量。第一，将工程管理的相关案例与政治经济学的内容相结合，能够让该专业的学生更好地理解所学知识。我们发现，学生在思考和讨论案例时都很投入，教学效果良好。第二，可让学生理解专业知识中也存在马克思主义基本原理，从而让他们认识到马克思主义理论对各个领域的指导作用。马克思主义基本原理不仅是理论知识，同时对实践也具有指导作用。因此让同学对案例进行讨论分析，能够提高学生理论联系实际、具体问题具体分析的能力。

实施该教学案例需要改进之处：案例选择不够全面，与该专业存在一定联系，但不够紧密，因此教学中不能完全引发学生思考，吸引其注意力。改进思路：根据教学目标和教学目的，拓展案例，进而增强学生的兴趣，掌握更多理论知识。

（本案例由杨小勇、刘启畅编写）

第十六章

同济大学马克思主义基本原理的
设计创意学院专业案例

案例六十
马克思主义基本原理在视觉传达设计
实践中的运用

一、案例描述

马克思主义基本原理与视觉传达设计密不可分。马克思主义是由马克思和恩格斯创立并为后继者不断发展的科学理论体系，是关于自然、社会和人类思维发展一般规律的学说，其内容包含了哲学、政治经济学等众多知识领域。马克思主义的基本方法论建立在辩证唯物主义和历史唯物主义的世界观、方法论之上，对于人们正确认识世界、改造世界具有重要指导意义。

视觉传达，顾名思义是设计师利用人们视觉感官所能看到的如文字、图形、色彩等符号，向接受者传递一定信息的过程，具备视觉美学特征和交互体验的功能性，在当代社会是一种比较重要的信息传递方式。它既是以设计者的艺术创造为基本表现形式的精神活动，又是通过视觉语言对社会产生一定影响的实践活动。视觉传达设计在当代是主要为现代商业服务的艺术，包括标志设计、广告设计、包装设计、店内外环境设计、企业形象设计等方面，是沟通企业、商品、消费者的桥梁。因此，视觉传达设计无法脱离时代氛围，其目的在于传达信息，设计过程中如何选取人们易于接受的元素、如何平衡视觉艺术创造与信息传达的关系等，都体现了马克思主义的科学理论。

人类的实践活动是设计的起点，视觉传达设计是对视觉符号的创造活动，是与时代发展和人们的审美变化紧密相连的。人们的实践活动是设计的根本来源，从古至今，艺术设计都是从人们的生活中寻找内容和创作形式。早期的青铜器、商周两汉的图腾、宋代人文画，无不是特定时代人们生活的体现。直至今日，对于传统文化的继承与发展也需要汲取古人实践的精华，以探索传统文化的现代继承方式、满足人们的精神文化追求。

设计师的知识结构状态也随着时代和现实生活的改变不断变化、发展。从技术的发展方面看，信息技术为设计提供了便利，现代的设计师需要掌握一定的软件操作技术才能实现设计的多种可能性。全球化的当下，设计师可以应用的视觉语言不断丰富，汲取百家之长，信息的影响力亦大大增强。正是由于事物的永恒发展，才使物质世界从简单到复杂、从低级到高级不断前进和上升。

习近平总书记指出："从人民的伟大实践和丰富多彩的生活中汲取营养，不断进行生活和艺术的积累，不断进行美的发现和美的创造。"设计师应该深入丰富多彩的社会生活，多方面参与和体验生活实践，重视素材"量"的积累。同时，也要重视设计练习和设计知识的积累，如果忽视积累的重要性，设计的作品只能是毫无个人风格以及机械、肤浅的，只能看到其他作品的表象，停留在视觉层面，而不明深层意蕴。因此量变是质变的必要前提，在平面设计的学习创造过程中，切勿眼高手低，大量的知识储备与设计练习是达到质的飞跃的必要条件。

视觉传达设计既在"视觉"上具备一定的艺术审美性，又由于是"设计"需要传达信息，这就不可避免地产生个人审美与大众审美的矛盾，二者互相斗争而存在，互相促进而发展。当艺术审美与大众审美存在沟壑时，设计师利用自己的视觉语言表达信息，但将作品转向社会大众需求时，却并不能被社会大众所理解。抑或是产生个人创作与商业传播的矛盾，道理与前者类似。因而，通过正确的方法论找到既符合设计的精神内涵又能满足社会需求的创作平衡点，并对其进行全面的考量，处理好设计中主要矛盾与次要矛盾、矛盾的主要方面与次要方面的关系，是视觉传达设计中的必要之举。

（案例材料来源：同济大学设计创意学院视觉传达设计专业林煜同学的课程论文《马克思主义原理在视觉传达设计实践中的运用》）

二、案例提问

1. 结合材料谈谈你如何理解文中"人类的实践活动是设计的起点"。
2. 结合案例谈一下对立统一的规律。

三、案例解析

1. 实践是认识的来源。认识是在实践活动的基础上产生和发展的。人们只有通过实践实际地改造和变革对象，才能准确把握对象的属性、本质和规律，形成正确的认识，并以这种认识指导人的实践活动。进行创意设计时，同学们的创意都是来源于现实生活，而艺术设计的视觉符号都是从人们的生活中寻找的。

实践是认识发展的动力。实践的需要推动认识的产生和发展，推动人类的科学发现和技术发明，推动人类的思想进步和理论创新。实践的需要，在某种程度说，是现实问题、现实需求等，这都在倒逼人们对问题、矛盾进行正确认识以满足实践的需要。实际生活中的需求，是创意设计的灵感来源，而艺术来源于生活、高于生活。

实践是认识的目的。人们通过对现实的探索，满足实践的需求，深入认识世界，而马克思主义哲学与其他一切哲学不同，其他哲学仅仅在思考世界本原等问题，停留在理论层面，马克思主义哲学认为哲学的目的不仅在于认识世界，还在于改造世界。因此认识的最终目的是实践，不是为了认识而认识，而是以满足人们的生产生活需求，促进自然科学的创新、人文社会科学的发展。创意设计也不仅仅是为了得出一个新的设计，而不体现各种现实意义。创意设计的目的也是更好地满足人们精神生活和现实生活的需求。

实践是检验认识真理性的唯一标准。认识自身是否正确，不是用另一种认识进行检验，不然就只能在认识的范围里兜圈子。对创意设计来说，要想知道自己的创意是否具有新意，是否符合现实生活需求，就需要将该创意落地，形成现实成果，由实践来检验。

2. 矛盾是反映事物内部或事物之间对立统一关系的哲学范畴。矛盾的同一性和斗争性是矛盾的两个基本属性。矛盾同一性是指矛盾双方相互依存、相互贯通的性质和趋势。矛盾斗争性是指矛盾着的对立面之间的相互排斥、相互分离的性质和趋势。矛盾斗争有两种基本形式。矛盾同一性和斗争性是相互联结、相辅相成的，斗争性寓于同一性之中。矛盾斗争性是无条件的、绝对的，矛盾同一性是有条件的、相对的，无条件的、绝对的斗争性与有条件的、相对的同一性相结合，构成了事物的运动，推动着事物的发展。创意设计就需要面对个人审美与大众审美、艺术审美与大众审美、个人创作与商业传播等矛盾，因此创意设计需要协调各类矛盾的对立性和同一性，矛盾是事物发展的动力和源泉，世上万事万物无不处于矛盾的对立统一关系中，相互影响而存在。矛盾着的对立面相互依存、互为前提，并共存于一个统一体中，同时矛盾着的对立面相互贯通，在一定条件下可以相互转化。

四、教学反思

马克思主义基本原理的教学期望学生能够将理论学习与实践活动相结合，深入熏陶学生的知情意。对立统一规律、实践与认识的辩证关系等理论都同人们的生产生活紧密相关。在一定程度上，本案例可引导学生结合自己专业来理解马克思主义理论，体会马克思主义基本原理的现实价值。

在教学中，教师需要对学生所学专业的基本知识、基本用语有所了解，以使马克思主义基本原理课程与学生所学专业的结合性更强，同时深入解读案例中的马克思主义基本原理，避免学生的学习停留在表面。

（本案例由杨小勇、刘启畅编写）

案例六十一
设计学中的实践与认识——从理论到案例

一、案例描述

设计是一门高度关注实践的学科，是一种从以造物为核心的活动拓展成处理更复杂关系的创造性活动。设计师不是所有领域的专家，但是需要参与不同的设计项目，解决多种多样的问题。因此，设计师需要快速认识每个项目的设计对象，并通过实践试错，深化认识，最终形成有实际意义的解决方案。设计师的工作反复体现了认识和实践的辩证关系。本文也从设计思维这一理论模型出发，结合笔者实际参与的材料与加工工艺设计及在"新兴实践"设计研究与教育会议上得知的最新学术成果，描述设计学科中体现的实践与认识。

设想过程可以被视为认识的深化和延伸过程。但是，个体所具有的经验和知识是有限的，新的解决方案不一定有充分的经验支持，预期结果模糊，因此需要实践来验证创新设想。"原型"和"测试"作为实践的过程，在设计过程中尤为重要。设计师常常通过低成本的实践过程，快速验证猜想，快速发展自身的认识，再深化、再验证、再认识，不断将主观设想向客观规律贴近，最终产生能够真正对现实起指导作用的设计方案。从理论上说，设计过程便是实践和认识不断循环与促进的过程。我们通过认识来推动设计，设计的结果是深刻洞见下的解决方案，用于解决实际问题，恰如认识的最终目的是实践。设计的结果通过"测试"，即实践来验证，反映了实践是检验认识是否具有真理性的唯一标准。通过对比可以发现，设计思维模型高度反映了认识和实践之间的辩证关系。

创意设计过程是创新的过程，其实就是认识和实践并行前进的过程。在现实的实践过程中，我们从实践出发进行总结和思考，产生正确的认识，并以认识为导向指导实践的再次进行，即积极从实践中获得新的收获，不断对认识进行反馈、改良、完善。同时，认识相较于实践的相对独立性是创新必不可少的基本条件。认识的独立使其可以超前于直接的实践，塑造理想客体，从而创造出前所未有的成果。

（案例材料来源：同济大学设计创意学院工业设计专业颜钰明同学的课程论文《设计学中的实践与认识——从理论到案例》）

二、案例提问

1. 结合材料谈谈你如何理解认识论。
2. 结合案例谈谈如何理解量变质变规律。

三、案例解析

1. 本案例涉及认识论中认识的过程、感性认识、理性认识以及感性和理性认识二者间关系的知识。认识的过程是实践—认识—实践，从实践中来，到实践中去。认识运动的辩证过程首先是从实践到认识这个过程，在认识运动辩证过程中，认识具有感性认识和理性认识两种形式。感性认识是人们在实践基础上，由感觉器官直接感受到的关于事物的现象、事物的外部联系、事物各个方面的认识，包括感觉、知觉和表象三种形式。艺术设计既需要满足现实需求，也和设计者主体的习惯、喜好、设计风格等密切相关。前者来源于客观现实，没有进行加工处理，为感性认识。后者是结合自身的思考，对感性知识总结、凝练后得出的科学的、系统的认识，为理性认识。理性认识是人们借助抽象思维，在概括整理出大量感性材料的基础上，达到关于事物的本质、全体、内部联系和事物自身规律性的认识。理性认识包括概念、判断、推理三种形式。

感性认识和理性认识既相互区别，又相互联系、辩证统一。二者的联系表现在以下三个方面。

首先，理性认识依赖于感性认识，理性认识必须以感性认识为基础。这和认识来源于实践的原理是一致的，是由认识的秩序决定的。理性认识依赖感性认识，离开感性认识，理性认识就成为无源之水、无本之木，成了主观自生的东西了。

其次，感性认识有待于发展和深化为理性认识。这是由感性认识的局限性和认识的真正任务决定的。从感性认识自身来看，它所认识的只是事物的表面现象，未深入事物内部，这种认识是肤浅的，因而有待深化。从认识的任务来看，认识是为了揭示事物的本质，为了完成认识的任务就必须使感性认识深化为理性认识。

最后，感性认识和理性认识相互渗透、相互包含。二者的区分是相对的，人们不应当也不可能把它们截然分开。在认识的实践过程中既没有纯粹的感性认识也没有纯粹的理性认识。从感性认识上升到理性认识，并不是一个随意的主观愿望，在创意设计的过程中，设计师通过快速验证猜想，快速发展自身的认识，再深化、再验证、再认识，不断将主观设想向客观规律贴近，最终产生能够真正对现实起指导作用的设计方案。

2. 事物的联系和发展都具有量变和质变两种状态和形式。质是事物区别于其他事物的内在规定性，量是事物的规模、程度、速度等可以用数量表示的规定性。事物都是质和量的统一，度体现了事物质和量的统一。度是保持事物质的稳定性的数量界限。在认识问题和处理问题时需要掌握适度的原则。量变和质变是事物变化的两种形式，二者是辩证统一的。第一，量变是质变的必要准备；第二，质变是量变的必然结果；第三，量变和质变相互渗透。量变质变规律体现了事物发展的渐进性和飞跃性的统一。设计师会不断修改设计创新点直至完全呈现设计理念，这一过程就是量变到质变的过程，每次的更改就是一定量的小质变，每次小质变也为整个质变而积累。

四、教学反思

该教学案例的实施效果较好。对于理工科学生而言，马克思主义理论可能比较抽象难懂，运用本案例可帮助学生理解马克思主义理论，使抽象的原理具体化和通俗化，同时也能使同学从一个新的视角加深对自己所学专业的理解。

实施该教学案例需要改进之处：教师尚未能在课堂上充分调动学生的主动性，与学生之间的联系不够紧密。改进思路：教师要积极在课下与学生沟通，并适当转变教学方式，培养学生对马克思主义基本原理的学习兴趣。

（本案例由杨小勇、刘启畅编写）

案例六十二
唯物辩证法在 KKV 商业空间快闪方案设计中的运用

一、案例描述

KKV 作为创立于 2015 年的新零售品牌，以年轻人为主要目标消费人群；而 Pop-Up Store 快闪店是指在临时的空间、短时间内展示一个品牌，能够快速吸引消费者、刺激消费者购物欲望的新型购物方式。快闪空间陈列购物周期短，降低了资金成本，能够在短时间内提升品牌知名度，同时也对展陈设计提出新要求。本设计以此为中心思想，用智慧型、生态型、体验型、无界型的环境设计达到预期效果。

在设计的前期调研中，我们发现 KKV 是具有年轻潮流、平价优质、数据驱动几个显著特征的新时尚、新零售品牌，所以采用含有强烈视觉冲击、个性鲜活、打破常规的新型国潮形式设计是最为合理的。具体策略如下。

使用大量竖向杆件形成的密集阵列感的形式（见图 16-1）呼应零售品牌强烈陈列感的价值内核。

以黄色为设计主题颜色（见图 16-2），符合 KKV 的品牌主色调，从形式上呼应鲜活的品牌精神，更好地从设计形式上吸引年轻消费群体。

运用鲜明的 Logo（见图 16-3）和标志性文字（见图 16-4）。地面环境图形的字体设计来源于 KKV 店内平面设计，同时，将横片规律性地排布成"KKV"的形状，在形式和内容上均与平面 Logo（品牌标识）相呼应。

该方案旨在通过设计语言、外在表现形式最终达到"审美性"与"实用性"的统一。环境设计的本质是对空间使用功能的探索，也是对"美"的追求。对于设计美感的追求是普遍存在的，但是给"美"的特征寻找案例又是经验型的、具体的。苏格拉底曾提出关于"美"的悖论，美只能抽象、普遍，但又必须感性、具体。在此，马克思唯物辩证法的联系观也可予以解释。

图 16-1　竖向杆件产生密集阵列感

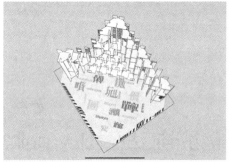

图 16-2　确定设计主题颜色

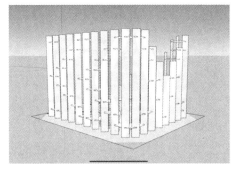

图 16-3　使用鲜明的 Logo

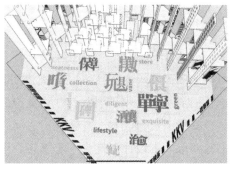

图 16-4　使用标志性文字

该方案期望通过具体的设计表达追寻普遍意义上的结构之美、形式之美、视觉之美的理念。具体体现在如下方面。

（1）设计中心的亚克力部分模仿 KKV 站台，搭建成金字塔的模式（见图 16-5）。它的设计采用科层制，等边三角形的设计又给人以简洁和平衡的美感，具有普遍意义上的逻辑美与结构美。

（2）"V"字部分不同于"K"字部分的简单搭建，做出了缺口设计（见图 16-6），进一步将空间打开，在避免呆板和审美疲劳的同时加强了展台内外空间之间的联系。此部分充分发挥交互作用，在形式上可加深消费者记忆，形成独特体验，具有符合普遍审美的形式之美。

（3）中间亚克力金字塔部分，不同层数的亚克力叠透（见图 16-5）形成了丰富的色彩感受。同时，杆件与横片组成的墙体通过视错觉将 KKV 品牌的 Logo 呈现在装置（见图 16-3）上，形成了有力的视觉冲突。插画色彩活泼亮丽，在视觉上使人精神愉悦，可激发其消费欲望。

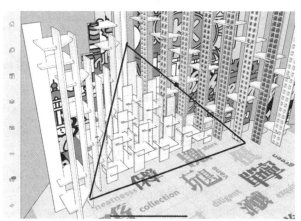

图 16-5　金字塔模式

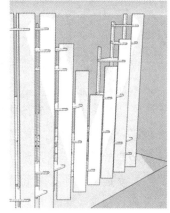

图 16-6　缺口设计

方案设计的过程遵循了发展的规律。制作与探索的过程是曲折的，但最终收获的设计成果是光明前途的切实写照。一种新的、富有生命力的设计在逐渐产生，代替旧有的不完善的设计。这种新陈代谢运动使设计蓬勃发展。

（案例材料来源：同济大学设计创意学院环境设计专业郝胤凯同学的课程论文《唯物辩证法在 KKV 商业空间快闪方案设计中的运用》）

二、案例提问

1. 结合案例谈谈联系的观点。
2. 结合案例谈谈发展的观点。

三、案例解析

1. 联系观是唯物辩证法的总特征之一。联系是指事物内部各要素之间和事物之间相互影响、相互制约、相互作用的关系。世界上的万事万物既作为个体事物存在，又作为联系中的事物存在。联系具有客观性，环境设计的结构、形式与视觉之间的联系是客观存在的。联系具有普遍性，任何事物内部的不同部分和要素之间都是相互联系的，也就是说，任何事物都具有内在的结构性。事物联系与发展包括内容与形式、本质与现象、现实与可能、原因与结果、必然与偶然五类成对范畴。

内容与形式是从构成要素和表现方式上反映事物的一对基本范畴，二者是辩证统一的。我们在认识和实践中要根据内容决定形式的原理，注重事物的内容：同时积极利用合适的形式促进内容的发展。

本质与现象是揭示事物内在联系和外在表现的一对范畴。本质是事物的根本性质，现象是事物的外部联系和表面特征。该方案旨在通过设计语言、外在表现形式最终达到"审美性"与"实用性"的统一。环境设计的本质是对空间使用功能的探索，也是对"美"的追求。

2. 发展的实质是事物的前进与上升，是新事物的产生和旧事物的灭亡。世界上的万物是永恒发展的，物质世界处于永恒的变化中，而物质世界的运动内在地包含着事物的变化和发展，发展是事物变化中前进的、上升的运动。发展的前途是光明的，道路是曲折的。既要充满信心，又要做好克服困难的准备。该方案的设计遵循了前途光明与道路曲折的发展规律，在不断的方案尝试与模型制作中寻找新的出路，改进之前设计的不足之处，寻找设计理念实现的适当方式。在方案尝试中创新，在旧有的品牌标识的基础上创造新的空间，通过快闪店的装置与环境设计达到快速吸引消费者，激发消费者好奇心与购物欲的目的。

四、教学反思

该案例在课堂的实施效果较好。首先，本案例比较完整地呈现了马克思主义理论中联系的观点，能够加深学生对马克思主义唯物辩证法相关原理的理解。其次，本案例选取创意设计领域中典型的事例，授课教师通过讲述和分析该案例，可提升学生的学习兴趣。最后，本案例结合了专业特点和马克思主义基本原理课程的教学需求，有助于引导学生将二者联系起来解决问题。

实施该教学案例需要改进之处：案例涉及了唯物辩证法中的联系的观点、发展的观点等，内容较多，学生掌握该理论知识并熟练运用还较困难。改进思路：教师课前进行知识铺垫，使学生有所预习，或者通过趣味性问答吸引学生，帮助学生掌握相关知识点。

（本案例由杨小勇、刘启畅编写）

第十七章

同济大学马克思主义基本原理的物理科学与工程学院专业案例

案例六十三
唯物辩证法三大规律在最佳指派方案设计中的体现

一、案例描述

数学建模直面实际生活中的复杂问题，例如最优指派问题。典型的最优指派问题如下。

同济大学主办了某项上海地区的竞赛，需要在考试当天早上将试卷送往各大学考点（考点信息见表17-1）。送卷教师需要按时完成如下任务。

（1）6：00~6：30，在同济大学领取试卷；

（2）7：30之前，将试卷送达考点；

（3）11：30考试结束后，再将试卷从考点送回同济大学。

说明：①领取试卷的时间可根据考点与同济大学的距离进行选择，但必须保证考卷在7：30之前送达。②送试卷的整个过程都必须有送卷教师在场参与。③送试卷的交通工具为出租车。④对于家离同济大学较远的教师，可以搭乘出租车来同济大学（但不报销从同济大学回去的费用），或者在同济大学附近宾馆住宿一晚。

共有 28 位同济大学的教师可以参加本次送卷任务。其中，60% 的教师住在学校附近（2km 以内），40% 的教师住得较远。住得较远（12km 以上）的教师中有大约 15% 需要在同济大学附近的宾馆住宿一晚，而其余 85% 住得较远（2~12km）的教师需要乘出租车来同济大学。

请综合送卷总费用、送卷过程的安全性和分配的公平性等因素，给送卷教师安排送卷任务。

表 17-1　考点信息

	考点	地址	考生人数
1	同济大学考点	杨浦区四平路 1239 号	1238
2	上海师范大学考点	奉贤区海思路 100 号	245
3	上海海洋大学考点	浦东新区沪城环路 999 号	126
4	上海海事大学	浦东新区海港大道 1550 号	115
5	上海电力大学（临港）	浦东新区南汇新城镇沪城环路 1851 号	88
6	上海电机学院	浦东新区水华路 300 号	53
7	上海建桥学院	浦东新区沪城环路 1111 号	30
8	复旦大学	杨浦区邯郸路 220 号	988
9	华东师范大学	莲花南路 5005 号华东师范大学数学楼 115	601
10	上海交通大学	东川路 800 号上海交通大学	415
11	上海理工大学	杨浦区军工路 516 号	372
12	华东理工大学	奉贤区海思路 999 号	201
13	上海财经大学	杨浦区国定路 777 号	138
14	上海电力大学（杨浦）	杨浦区平凉路 2103 号	143
15	上海工程技术大学	松江区龙腾路 333 号	114
16	上海对外经贸大学	松江区文翔路 1900 号	73
17	东华大学	松江区人民北路 2999 号	72
18	上海健康医学院	浦东新区周浦镇天雄路 369 号	54
19	上海海关学院	浦东新区华夏西路 5677 号	64
20	上海应用技术大学	奉贤区海泉路 100 号	54
21	上海师范大学天华学院	嘉定区胜辛北路 1661 号	32

要得到一个最佳方案需要综合考虑三个因素：安全性、公平性以及总费用。安全性主要体现在送卷过程中需要至少保证有两个教师在场看守，公平

性则主要体现为对每个教师的安排需要更加人性化、对于劳动时间偏长的教师可以适当地给予补贴，总费用主要包括了教师的住宿费、教师到学校的打车费以及从学校送卷的打车费。为分析这三个因素之间的关系，我们需要用到层次分析法，构建层次结构，如图 17-1 所示。

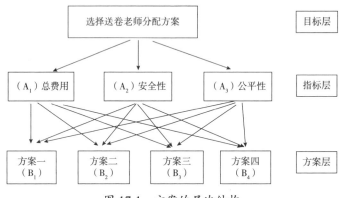

图 17-1　方案的层次结构

对于同一层次的各元素关于上一层次中的某一准则的重要性进行两两比较，我们可以构建两两比较矩阵（判断矩阵），而构建判断矩阵则要对指标之间的比较量化值进行规定，具体如表 17-2 所示。

表 17-2　比较量化值的规定

因素 i 比因素 j	量化值
同等重要	1
稍微重要	3
较强重要	5
强烈重要	7
极端重要	9
两相邻判断的中间值	2,4,6,8
倒数	$a_{ij}=1/a_{ji}$

得到判断矩阵如表 17-3 所示。

需要说明的是，该判断矩阵具有主观性，不具有绝对合理性。

在得到对应的判断矩阵后，可能会出现矛盾的现象。例如，A>B，B>C，而 A<C。因此，我们需要对判断矩阵做一致性检验，直至通过。

表 17-3 判断矩阵

指标	总费用	安全性	公平性
总费用	1	1/7	1/4
安全性	7	1	3
公平性	4	1/3	1
Sum	12	1.48	4.25

考虑教师分配，我们给出以下四种预想方案。

方案一：随机抽签，决定每个老师去的学校，即有 9 个学校有 2 个老师前往，12 个学校有 1 个老师前往。

方案二：家离同济大学较远的老师去往距同济大学较近的考点，家离同济大学较近的老师去往距同济大学较远的考点。此方案是为了保证试卷准时送达。

方案三：按考点位置进行分组，每组 4 个人分配到 3 个考点搭乘一辆出租车。此方案可保证送卷过程中至少有 2 人进行看守。

方案四：在方案三的基础上，通过抽签决定分组，并由分配考点的距离对教师进行补贴。对三项指标和四种方案分别给出对应的权重值，并进行加权打分，求得分值最大的方案即为最终选择的方案。

（案例材料来源：同济大学物理科学与工程学院应用物理专业钱姿青同学的课程论文《浅析唯物辩证法在最优指派方案设计中的运用》）

二、案例提问

1. 对立统一规律在该设计中是如何体现的？

2. 该设计方案中是否存在否定之否定规律？

三、案例解析

1. 对立统一规律是唯物辩证法的实质和核心。对立统一规律揭示了事物普遍联系的根本内容和变化发展的内在动力，从根本上回答了事物为什么会发展的问题。

世界上不同的事物之间以及事物内部都包含着各种矛盾，矛盾的双方既对立又统一，而构成事物的诸多矛盾以及每一矛盾的不同方面有不同的性质、地位和作用。由案例描述可以发现，我们在设计方案中需要考虑的主要矛盾是试卷的安全性、对老师分配的公平性和总费用三者之间的矛盾，而次要矛盾则是取卷时间、教师家的距离等，前者是处于支配地位、对事物发展起决定作用的矛盾，而后者是处于从属地位、对事物发展不起决定作用的矛盾，二者的关系是辩证统一的。主要矛盾的主要方面则是成本低、送卷安全性高、对教师的分配公平。

设计方案时，最先要解决主要矛盾，层次分析法的结果如表 17-4 所示，选取综合评分标准对四个方案进行评判，选取综合得分最高者为最终方案，即方案四。

表 17-4　层次分析法的结果

指标	B_1	B_2	B_3	B_4
总费用	0.078	0.078	0.630	0.210
安全性	0.06	0.06	0.44	0.44
公平性	0.303	0.090	0.058	0.555
加权打分	0.1246	0.0692	0.3559	0.4515

此外，由于矛盾无处不在、无时不有、无法回避，所以我们要正视矛盾的存在，用全面的观点看问题。假如采用随机抽签分配老师的方法，每两个教师一组将会导致乘车总费用大幅度上升，若是为了低成本而减少教师的人数，试卷的安全性便无法保证，因而看待问题时不能局限于一方面，要统筹兼顾。

2. 否定之否定规律实质上就是肯定和否定、发展的前进性和曲折性的对立统一。事物发展的前途是光明的，道路是曲折的。否定之否定规律经历的全过程：中心是从整体上描述否定之否定规律的发展过程。我们研究问题时使用的层次分析法遵循了这样的逻辑。

第一阶段是肯定时期的发展过程，我们肯定传统抽签和送卷方案的有效与实用。在第二阶段否定时期的发展过程中，我们考虑到传统方案的低效率与低质量，选择要保证试卷送到的准确性，在形式上从肯定到彻底否定，也是在第一阶段基础上的建设性否定。第三阶段二次肯定也是二次否定，抓住主要矛盾如总费用、安全性等，对新方案进行否定，通过辩证思考与综合比较得到最优解，展示出科学辩证法的特色，通过实例把握规律的本质，从而使这一规律建立在坚实的唯物主义基础上。从运动层次上进行对比分析主要是对否定之否定规律的认识过程进行综合分析。

"肯定—否定—否定之否定"是事物的一个发展周期，之后开始新的发展。辩证的否定，不是全盘抛弃、一笔勾销，是变革和继承、克服和保留的统一，即新事物克服旧事物中消极的、过时的东西，继承和保留其中一切积极的和有益的成分。这种方法实质是扬弃，取其精华去其糟粕，是对于本质问题的二次思考和既定程序的批判性继承与创新。

四、教学反思

该案例的具体实施效果较好。第一，有助于加强马克思主义基本原理与专业应用的联系。对于理工科专业的学生来说，将马克思主义理论与自身所学的专业知识相联系是马克思主义基本原理课程教学的关键。本案例通过讲述最优指派方案的选择过程，认真分析其中的可能性，通过引导式教学发挥学生的主观能动性，有助于理论与实践相结合。第二，教学过程可帮助学生深刻理解马克思主义基本原理的内涵。在课程教学中，教师的职责更偏向于理论传输，通过将理论与实践相结合，促使学生通过亲身经历感受理论含义，加深学生的理解。

实施该教学案例需要改进之处：马克思主义基本原理课程作为公共必修课，存在专业局限性、自身理解不到位等问题。该案例偏向理工科操作，大班教学中其他专业的学生在学习理解上可能会存在不足。改进思路：在交流过程中，教师可以让学生先简要说明一下案例中涉及的专业知识，围绕专业热点与哲学思维和老师讨论自己的观点，从而将理论知识内化成自己的专业思维。

（本案例由杨小勇、李锦晶编写）

案例六十四

弦线振动实验中的联系观点及现象与本质

一、案例描述

自然界中到处存在着振动。广义地说，任何一个物理量随时间的周期性变化都可以叫作振动。一定的振动的传播称为波动，简称波，如机械波、电磁波等。各种形式的波有许多共同的特征和规律，如都具有一定的传播速度，都伴随着能量的传播，都能产生反射、折射、干涉和衍射等现象。当波的强度较小时，波的传播具有独立性。几列波叠加可以产生许多独特的现象，驻波就是一例。17 弦线振动实验就是为了探究这一现象中存在的普遍联系，具体包括：

了解波在弦线上的传播及驻波形成的条件；

测量弦线的共振频率与波腹数的关系；

测量弦线的共振频率与弦长的关系；

测量弦线的共振频率、传播速度与张力的关系；

测量弦线的共振频率、传播速度与线密度的关系；

（案例材料来源：同济大学物理科学与工程学院应用物理专业张晓东同学的课程论文《唯物辩证法在弦线振动实验中的应用》）

二、案例提问

1. 用联系的观点分析该实验。
2. 该实验中如何体现现象与本质的关系。

三、案例解析

1. 唯物辩证法认为，世界上的万事万物都处于普遍联系之中，普遍联系引起事物的运动发展。联系和发展的观点是唯物辩证法的总观点，集中体现了唯物辩证法的总特征。

联系是指事物内部各要素之间和事物之间相互影响、相互制约、相互作用的关系。世界上的万事万物既作为个体事物存在，又作为联系中的事物存在。联系具有客观性、普遍性和多样性。

联系的客观性：联系是事物本身所固有、不以人的主观意志为转移的，既不能被创造，也不能被消灭。在弦线振动实验中，弦线的共振频率与波腹数、弦长、传播速度、张力、线密度之间的联系就是客观的，是弦线本身固有的、不以实验人员的意志为转移的。

联系的普遍性：联系既包括横向的与周围事物的联系，也包括纵向的与历史未来的联系。一切事物、现象和过程及其内部各要素、部分、环节，都不是孤立存在的，它们相互作用、相互影响、相互制约。但事物又存在着相对独立性，即任何事物都同其他事物相区别而相对独立地存在。弦线的共振频率、传播速度、张力与线密度之间相互作用、相互影响、相互制约，但同时每个因素都能独立地影响另外三个因素，即它们之间存在独立性。

联系的多样性：联系可分为内部联系和外部联系、本质联系和非本质联系、必然联系和偶然联系、主要联系和次要联系、直接联系和间接联系等，弦线振动实验中弦线的共振频率也与不同的因素存在不同的联系。

2. 唯物辩证法指出，现象和本质是揭示客观事物的外在联系和内在联系相互关系的一对范畴。本质是事物的根本性质或组成事物基本要素的内在联系，现象是事物的外部联系和表面特征。唯物辩证法指出，现象和本质是辩证统一的。

现象和本质是对立的：现象是表面的、具体的和易逝多变的，往往靠感官即能感知；本质则是隐藏在事物内部的，是事物一般的共同的方面，而且是相对稳定的，它往往只能依靠抽象思维来把握。在弦线振动实验中，不同的人做实验得到的实验数据可能会因为仪器误差、测量误差、天气条件等而不同，但通过不同的实验数据，我们最终都能得到相同的实验结论。

现象和本质是统一的：现象离不开本质，任何现象都由本质所决定的，都是本质的某种表现。不同的实验数据都是由弦线振动的规律得到的，同时本质也不可能离开现象而单独存在，任何本质都要通过一种或多种现象表现出来。因此，人们总是通过对现象的分析研究才能了解事物的本质，做实验也是如此，得到的实验数据必须经过统计、分析、拟合等，才能得到一个普遍性的结论。在弦线振动实验中，无论实验数据是否相同，只要实验过程正确，都能得到同样的结论：波腹数越大，弦线的共振频率越高；弦长越长，弦线的共振频率越低；张力越大，弦线的共振频率越高、传播速度越快；线密度越大，弦线的共振频率越低、传播速度越慢。因此，实验数据与实验结论也是辩证统一的。

四、教学反思

该案例的实施切实提高了学生的学习积极性。第一，对于应用物理专业的学生来说，弦线振动实验是一次专业的课程实验，作为必做实验，其对学生在学业上的成长肯定作用很大。第二，有助于加深学生对马克思主义基本原理的理解。马克思主义基本原理课程的教学内容大多是概念、规律、范畴等，是静态的、枯燥的。该案例具有很强的实践性，并且简洁易懂，对此案例进行分析有助于加深学生对抽象理论的理解。让学生参与案例分析、讨论，有助于学生深刻理解马克思主义基本原理，同时有助于引导学生对该实验进行多方面的思考。

实施该教学案例需要改进之处：完成理论知识的教学后，教师没有时间在课堂上开展实践教学，受学时限制，实践教学往往留给学生课下独立完成，缺乏老师的指导和监督。改进思路：应根据教学目的、教学要求，灵活使用案例教学，让马克思主义基本原理课程教学真正变得例有所指、理有所悟、学有所用，富有趣味性、学理性、思想性，真正实现教学目标。

（本案例由杨小勇、李锦晶编写）

案例六十五
光电效应实验中的辩证法及物质统一性的体现

一、案例描述

光电效应实验作为一个物理实验，重要的是理解其物理概念与实验原理，否则照本宣科地按照实验步骤重复前人经验，也只不过是纸上谈兵的粗浅理解。

光电效应（Photoelectric Effect）是指当光照射在金属表面时，有电子从金属表面逸出。这一现象是由德国物理学家赫兹在1887年研究电磁波的性质时偶然发现的。但是，赫兹只是注意到紫外线照射在放电电极上时，比较容易发生放电的现象，却不知道这一现象产生的原因。1902年勒纳德才对光电效应进行了比较深入细致的研究。

光电效应的实验装置如图17-2所示。在没有入射光照射光电管时，回路中没有电流，当入射光照射在阴极金属板上时，有光

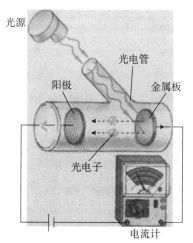

图 17-2　光电效应实验装置

电子从金属板表面逸出，逸出的电子称为光电子，光电子在加速电压的作用下从阴极向阳极运动，从而在回路中形成电流，称为光电流。

在物理学史上甚至在光学历史上，光电效应现象并不能算作一项重大发现，事实上，这一现象从发现到被深入研究所跨越的时间长达 15 年之久。但是当人们对实验中得到的一些结论进行分析时，却发现了几点经典物理学理论无法解释的事实。

（1）并非任意频率的光（可见光频率 3.9×10^{14}~7.7×10^{14}Hz）都能引发光电效应，只有当入射的光线频率大于某一频率 ν_0 时才能产生光电子，该频率称为截止频率 ν_0，如果入射光线频率小于 ν_0，那么无论光强有多大，都不能产生光电效应。

（2）入射光线照射到光电金属板的瞬间，就有光电子从金属表面逸出，时间间隔仅为 10^{-9}s 数量级，并且与入射光线强度无关。

上述两条实验结果，很难用经典物理学理论做出解释。

对第一点，按照经典电磁学理论，光的能量大小是由光强决定的。对于任意频率的光，只要光强足够大（通俗地讲就是光越亮）或者照射的时间足够长，都可以使金属表面的电子获得足够多的能量而逸出表面成为光电子。但事实上，只要光的频率低于截止频率 ν_0，无论光的强度有多大，照射时间有多长，都不能产生光电效应。

对于第二点，按照经典理论，电子在逸出金属表面以前需要获得足够多的能量，这需要一定的时间积累（类似跳远前的蓄力），绝不可能在 10^{-9}s 内完成，尤其是对于强度很弱的光，必须照射足够长的时间积攒能量。

各种违背物理常识的现象都在指向一个问题：经典理论存在缺陷，光电效应急需崭新的理论加以解释说明。

1905 年，在经过无数次的实验之后，爱因斯坦摆脱了经典理论的束缚，在普朗克量子假设的基础上进一步提出了光子的假设。爱因斯坦认为光具有粒子性，这种粒子性不仅表现为发射或者吸收时的粒子性，也表现在空间传播上的粒子性。也就是说，光的能量在空间中的分布具有不连续性，通俗地说就是光的能量是一份一份的，光在吸收或者释放能量时也是一份一份地吸收，无法累积。光子能量表示为

$$\varepsilon = h\nu（h 为一个常数）$$

爱因斯坦的光量子论，成功解释了光电效应现象：

（1）对于频率为 v 的光，其能量为 hv，入射光能量 hv 小于电子离开金属的最小能量 W 时，电子每次获得的最大能量永远是 hv，就不能脱离金属的表面产生电流。所以解释了截止频率 v_0 的存在。

（2）频率为 v 的光入射到金属表面时，能量为 hv 的光子被电子一次性吸收，而不需要经历经典理论所认为的能量积累过程，因此解释了电子能在 $10^{-9}s$ 这样极其短暂的时间内逸出金属的表面。

光量子理论的提出，一石激起千层浪。争论了数百年的"粒子说"与"波动说"又一次倒向了粒子说的阵营，光的本质这一终极哲学问题又一次被拉到科学界的聚光灯之下。又经历了数十年的争论与推导，科学界终于达成了共识：

光具有波粒二象性。

（案例材料来源：同济大学物理科学与工程学院应用物理专业王俊驰同学的课程论文《光电效应实验中的马克思主义原理》）

二、案例提问

1. 结合唯物辩证法对该案例进行分析。
2. 运用物质与意识的关系谈谈该案例有何启示。

三、案例解析

1. 唯物辩证法认为，世界上的万事万物都处于普遍联系之中，普遍联系引起事物的运动发展。联系和发展的观点是唯物辩证法的总观点，集中体现了唯物辩证法的总特征。

联系是指事物内部各要素之间和事物之间相互影响、相互制约、相互作用的关系。世界上的万事万物既作为个体事物存在，又作为联系中的事物存在。联系具有客观性、普遍性、多样性、条件性。发展则是事物变化中前进的、上升的运动，实质是新事物的产生和旧事物的灭亡。

任何事物都是通过其内在矛盾运动以自我否定的方式发展的。光电效应实验作为光本质之争的里程碑事件，引发了人们对于光本质的再次讨论并最终达成共识，回顾这场百年论战，我们不难发现光的本质之争经历了三次否定。

17 世纪中期，英国物理学家胡克重复了格里马第的试验，并通过对肥皂泡沫的颜色的观察提出了"光是以太的一种纵向波的假说"。而 1672 年牛顿在论文《关于光和色的新理论》中认为光的复合和分解就像不同颜色的微粒混合在一起又被分开一样，他用微粒说阐述了光的颜色理论。关于光的本质的科学家之间的相互否定首次出现在历史舞台上。

到了 1678 年，惠更斯提交了他的《光论》，系统地阐释了光的波动原理，并反驳牛顿：如果光是由粒子组成的，那么在光的传播过程中各粒子必然互相碰撞，这样一定会导致光的传播方向的改变，而事实并非如此。关于光的讨论进入白热化阶段，随着牛顿对光的深入研究，他的著作《光学》出版，将物质微粒推广到了整个自然界。牛顿基于其对科学界做出的巨大贡献，成为当时无人能及的一代科学巨匠，随着牛顿声望的日益提高及胡克、惠更斯的离世，几乎无人敢于向微粒说挑战，第二次否定随着微粒说的成功而结束。直到 1801 年，托马斯·杨通过举世闻名的双缝实验观察到白屏上的黑白条纹，波动学说才再次回归人们视野。此时，巴黎科学院对讨论光的本质的论文进行奖赏，将相互否定推向高潮。

三次否定，在光的本质论战中成为主角，而关于光的研究也在这几对矛盾之间迅速发展，几何光学、波动光学开始建立与完善，光学得到了极大的发展。人们对光的波粒二象性的探索，体现了唯物辩证的否定之否定规律，体现了事物螺旋式上升的发展过程。

光的波粒二象性体现了对立统一的观点。1927 年，玻尔在充分研究爱因斯坦解释光电效应的光量子理论后提出互补性原理，从哲学角度去概括波粒二象性：物质的运动具有粒子和波的双重属性。粗浅来讲，光在光子数量较多时主要体现波动性，而在光子数目较少时主要体现微粒性。二者虽然矛盾，但在解决光的现象时却能发挥各自的作用，从而形成自恰的逻辑体系。

光电效应实验便是首次让人们意识到这两种被争论了数百年之久的性质居然能够同时存在于一个整体中。两种相互矛盾相互对立的因素，一方面，共存于一个整体之内，共同构成整体的属性；另一方面，彼此对立，此消彼长。但这种对立的运动没有破坏整体的属性，和谐相处。这就是对立统一观点在光的本质中的完美体现。

2.意识是人脑的机能和属性，是客观世界的主观映象。物质对意识的决定作用表现在意识的起源和本质上。物质决定意识，意识对物质具有反作用，这种反作用就是意识的能动作用。意识的能动作用主要表现在：第一，意识具有目的性和计划性。第二，意识具有创造性。第三，意识具有指导实践改造客观世界的作用。第四，意识具有调控人的行为和生理活动的作用。

物质是不依赖人类的意识并能为人类意识所反映的客观存在。人类对于光早就有了初步的认识，而直到近代科学开始萌芽，光的本质才逐渐成为光学中一个难以解决又必须面对的核心问题。无论是以惠更斯为代表的波动学派，还是以牛顿为代表的微粒学派都只是根据客观现象做出合理的推断与假说，都是反映客观存在的一种假说。而光真正的本质却不因为某个学派的昌盛或衰败而改变，体现了物质的客观性。直到光电效应现象被爱因斯坦成功解释，光的本质才浮现在人们面前。

四、教学反思

该教学案例的实施效果较好。光电效应的理论知识繁多，该领域的探索实验需要对知识进行融会贯通、借古鉴今，分析该案例有助于让学生了解认识原理，引发大家思考。

实施该教学案例需要改进之处：目前的案例分析主要还是教师在课堂上发挥主导作用，学生的学习积极性和主体创造性尚未充分调动。改进思路：将学生在学习中容易混淆的知识作为突破口，更多地注重学生语言表达能力、自我表现能力以及创新能力的培养，在总结回答学生问题的基础上对学生进行正确的引导。

（本案例由杨小勇、李锦晶编写）

第十八章

同济大学马克思主义基本原理的政治与国际关系学院专业案例

案例六十六
环保运动组织中个体与群体关系的体现

一、案例描述

在马克思主义哲学中，量指事物的规模、程度、速度等可以用数量关系表示的规定性，而量变是事物数量的增减和组成要素排列次序的变动，是保持事物的质的相对稳定性的不显著变化，体现了事物发展渐进过程的连续性。质是一事物区别于其他事物的内在规定性，质变是事物性质的根本变化，是事物由一种质态向另一种质态的飞跃，体现了事物发展渐进过程和连续性的中断。量变是质变的必要准备，质变是量变的必然结果，量变与质变是相互渗透的。

（一）个体运动能力提升是量变质变的统一

在本次社会调研中，对个体而言，罗凯每次的运动行为都是个人运动的要素，这些要素发生过程中罗凯参与活动量的增加构成他运动量的积累。2018年，罗凯偶然间关注到顺手捡跑团。起初，罗凯完全跟不上大部队的节奏，在大家沿着计划路线捡跑时，罗凯只能自己在附近街道上行走，并在规定时间内与大家会合。尽管在跑步中遇到困难，罗凯仍坚持每周参与捡跑活动，并逐渐增加跑步距离和参与频率。除此之外，罗凯也开始关注运动知识和专业装备，向跑团的其他成员请教经验，全方位地进行量的积累，为质变做必要的准备。

因为持续不断地坚持每周参与顺手捡跑团的活动，罗凯成了第一个参与次数达到 100 次的成员，跑团理事和领队为他准备了木质奖杯和蛋糕作为奖励。从 0 到 100，是一个阶段的完成，是质变的结果，同时也是下一个新阶段的开始。此时，罗凯的运动能力已经得到了一定程度的提高，他决定参加一次半马活动。事实上，他也确实顺利完成比赛，坚持跑到了终点，在跑步能力方面也实现了质变。

根据马克思主义哲学原理，量变引起质变，质变又引起新的量变，质变巩固着量变的结果并为新的量变开辟道路，量变和质变是互相包含、互相渗透的。就跑步这一具体运动形式而言，完成 5km、10km、半马、全马等在一定程度上都是一种质的变化。因为大病初愈，罗凯最初徒步都感到困难，但他坚持在每次捡跑中进行能力的积累，现在已经能成功跑完 5km、跑完半马，并打算向全马发起冲击。这一过程正是体现了量变质变的辩证关系，日常生活中跑步能力的不断累积是跑步能力提升的必要准备，而质变是必然结果；这一过程也体现了量变与质变的互相渗透，推动着罗凯的跑步能力不断向前发展、一次又一次地达到更高的水平。

（二）个体环保意识培育是量变质变的统一

顺手捡跑团致力于同时实现健身和环保的目标。在环保方面，既是通过顺手捡垃圾这一行为使城市变得更加整洁，更是希望通过活动向跑团成员和公众宣传环保的理念。

顺手捡跑团使用环保的木质夹子作为捡拾垃圾的工具，每次活动后由专人回收以便重复使用；邀请参与者自行携带已使用过的塑料袋放置垃圾、使用水杯而非矿泉水瓶；只捡拾干垃圾和可回收物，避免因混合放置带来垃圾分类的困难，造成本末倒置的结果。不仅仅是捡拾垃圾这一环保行为，顺手捡跑团的组织者正引领所有参与者在个人日常行为中坚持环保精神、践行环保理念。这些点点滴滴都是量的积累，在对个人潜移默化的影响中为质变的发生做必要准备。

在参与顺手捡跑团后，罗凯开始关注环保。具体而言，在参加了一段时间的活动后，罗凯发现总能在路上捡到许多纸巾，于是他主动去了解过多消耗纸巾对环境造成的影响，并开始用手绢来替代纸巾；跑步时带着水杯不太方便，但路上购买瓶装水会消耗塑料，于是罗凯选择在运动时用水袋喝水。除此之外，在被问及绿色话语和环保政策时，罗凯迅速说出在"净山捡跑活动"后始终铭记于心的"绿水青山就是金山银山"，并认为"限塑令"等环保政策还应加大实施力度，从改变公众生活习惯的角度发挥作用。这些个体日常生活中发生的改变，都是捡跑活动带来的质的变化，没有那些潜移默化的影响的积累，就不可能实现生活习惯的改变，即质的飞跃。

（三）群体发展进步是量变质变的统一

顺手捡跑团这一组织的发展同样体现了量变质变的辩证关系原理。

最初，顺手捡跑团只不过是两个女孩因关注环保和运动而组织的一次活动，她们的行为仅在自己的朋友圈受到了关注。逐渐地，其随着人际网络扩散，越来越多的人开始对她们的行为感到好奇、想要加入活动中。大约三个月后，微信群中的人数达到了三位数。发展初期，捡跑团的规模在一点点地进行量的积累。2018 年末，顺手捡跑团具备了一定的规模，于是创立了小程序用于活动签到和统计信息，日常活动也开始步入正轨。这是一次质的变化，捡跑团开始变得规范化、系统化。

顺手捡跑团以"一个人影响一群人，一群人影响一座城"为口号，希望从自己做起，影响身边人和整个城市。借助大众媒体和社交平台的传播，顺手捡跑团近些年逐渐扩大影响力，渐进地发生着量的变化。2019 年起，全国各地开始关注捡跑，晋城、广州、武汉、天津等地纷纷成立分团，加入捡跑的行列。这又是一次质的飞跃，捡跑团的发展已经超出原本"影响一座城"的愿景，正朝着影响全国不断前进。

（案例材料来源：同济大学政治与国际关系学院社会学专业蒋蕴同学的课程论文《环保运动组织中个体与群体的量变与质变——基于对 Trash Running 顺手捡跑团的社会调研》）

二、案例提问

1.根据上述案例，指出环保运动组织中的个体和群体是如何体现量变与质变的？

2.思考顺手捡跑团的形成过程体现了马克思主义哲学的哪些原理？

三、案例解析

在马克思主义哲学中,量变是数量增减和组成要素排列次序的变动,是保持事物的质的相对稳定性的不显著变化,体现了事物发展渐进过程的连续性。质变是事物性质的根本变化,是事物由一种质态向另一种质态的飞跃,体现了事物发展渐进过程和连续性的中断。质变是量变的必然结果,量变和质变是相互渗透的。以罗凯为例,在顺手捡跑团中,他从最开始的行动慢跟不上大部队的步伐,到后期成为队里首次实现参与活动 100 次的成员,体现了量变的过程,通过不断参与活动达到量的积累,成为一名优秀的队员。同时,通过不断参与捡跑团活动,自身的能力素质得到提升,并参加了半马活动,且成功完成。因此在跑步方面,他的能力得到了质的提升,这也是顺手捡跑团给他个人带来的变化。

顺手捡跑团最初是由两个女孩关注环保而组成的团体,随着她们在朋友圈的分享,这个组织团体得到越来越多人的关注,最终使这一团体的人员达到三位数,这一团体实现了量的积累。同时,顺手捡跑团以"一个人影响一群人,一群人影响一座城"为口号,希望从自己做起,影响身边人和整个城市。借助大众媒体和社交平台的传播,顺手捡跑团近些年逐渐扩大影响力,渐进地发生着量的变化。2019 年起,全国各地也开始关注捡跑,晋城、广州、武汉、天津等地纷纷成立分团,加入捡跑的行列。这又是一次质的飞跃,捡跑团的发展已经超出原本"影响一座城"的愿景,正朝着影响全国不断前进。

物质世界处于永恒的运动之中,而物质世界的运动中内在地包含着事物的变化和发展,其中变化泛指事物发生的一切改变,发展则是事物变化中前进的、上升的运动。物质世界的发展,特别是人类社会的发展,其实质是新事物的产生和旧事物的灭亡。"顺手捡跑团"作为一个将环保和运动相结合的组织,他们使用环保的木质夹子作为捡拾垃圾的工具,每次活动后由专人回收以便重复使用;邀请参与者自行携带已使用过的塑料袋放置垃圾、使用水杯而非矿泉水瓶;只捡拾干垃圾和可回收物,避免因混合放置带来垃圾分类的困难,造成本末倒置的结果。不仅仅是捡拾垃圾这一环保行为,顺手捡跑团的组织者正引领所有参与者在个人日常行为中坚持环保精神、践行环保理念。因此这一新事物顺应了时代发展的要求,其发展过程必将是前进的、上升的。

四、教学反思

该案例的实施体现了理论与实践相结合。第一，通过分析该案例，可帮助学生明确生活中体现的马克思主义基本原理，引发学生对生活的思考，提升其积极性。学生在学习这部分知识时，保持高昂的学习兴趣，积极进行小组讨论，踊跃回答问题、分享观点，课堂氛围和教学效果都十分良好。第二，有助于加深学生对该知识的理解。马克思主义基本原理课程的教学内容多是概念、规律、范畴等理论知识，将本案例引入教学，有助于引发学生对生活中小事的思考，培养其哲学思维。同时，让学生参与案例的分析与讨论，能够增强他们的体验感和获得感，使他们积极分享自己的见解，并相互进行解惑，帮助他们进一步理解马克思主义基本原理的相关知识，以及马克思主义基本原理对其学科的指导作用。

实施该教学案例需要改进之处：完成系统理论知识的教学后，由于教师的教学任务繁重，没有进一步以其他案例进行巩固，因此部分学生对马克思主义相关理论的理解仅限于本案例，具有一定的局限性，教学效果没有完全实现。改进思路：教学时要坚持联系的观点，准确把握马克思主义基本原理同社会学之间的普遍联系，并根据联系的特点，寻找适当的例子进行教学巩固，进一步增强学生的专业熟悉感，以提高教学效率和质量。

（本案例由杨小勇、周正科编写）

案例六十七
认识论在时尚行业的发展与践行中的作用

一、案例描述

以可持续时尚为例，实践观与认识论在具体情境下的讨论如下。

（一）议题概述与基本介绍

在学习中，由于专业需要和课程设置安排，笔者了解了与环境社会学相关的知识和理论。为了更进一步探讨当前中国社会环境同人的互动关系、环境问题的现状与前景，在老师的推荐下并结合自身的田野调研情况，笔者选取"可持续时尚"作为重点的关注议题。

可持续时尚的概念目前在中国较少提及，而国外的研究相对较多。根据各个学者的观点，可以将可持续时尚的概念总结如下。

可持续时尚是一种多元化的实践，并不仅限于某一过程或某一领域；其产生于对时尚产业在生产、销售、回收等各个环节的全生命周期的反思，并希望能够考虑并关心人类福祉的延续性。

在可持续时尚概念产生、发展和具体实践的过程中，我们可以很明显地注意到从实践到认识再到实践的循环往复、螺旋式上升的过程。为了能够更加清晰地阐释其理论逻辑和实践逻辑，也为了深入调研，笔者选择了目前上海服装行业的工作者作为具体阐释、研究对象，同他们进行比较深入的访谈，也实地参与到相关主题的活动中；上海作为开放包容的大都市，在可持续时尚理念的实践上可谓先行者，能够提供更充分的行业经验。

（二）从实践到认识：从时尚的污染现状到可持续思考的介入

可持续时尚这一概念之所以会出现并被提倡和肯定，很重要的一个原因是时尚行业的浪费和污染情况正在日渐得到关注。个人环保服装网店的经营者小奇在进入可持续时尚行业之前，学习服装设计专业，并在服装公司从事文职工作多年。在这个阶段，她发现了大量时尚浪费与污染现象，例如对多余的库存服装进行焚烧和不正当填埋。同样，本来从事金融咨询、在国外工作的刘言，在无意中观看到时尚行业污染情况的相关纪录片后，对该行业产生了兴趣，并学习了相关理论知识。此后，她更是将环保与自然的理念践行到生活中。从全球背景看，2018 年联合国欧洲经济委员会可持续时装报告显示，85% 的废弃衣物将被送往垃圾填埋场，时尚行业排放的废水是全球总量的 20%，二氧化碳的释放量是全球总量的 10%，时尚产业所需要的棉花、消耗的农药分别占全球总量的 24% 和 11%。

在这些真实的数字和切实的个人体验下，可持续的观念被引入时尚实践，对时尚产业的反思性认识也逐渐产生，"可持续时尚"这一新认识与新思路最终成型。

（三）从认识到实践：从可持续思考的介入到行业实践的兴起

当可持续的理念从具体实践中产生，并在世界、国家、社会、个人层面不断传播时，相关的从业者也开始将理念变为实践。小奇在发现时尚产业中存在的大量污染问题后，决定成立自己的可持续服装品牌店，通过自行搜索寻找、朋友推荐的方式找到了具备环保生产技术的国内厂家，选择可再生可回收的面料进行服装的制作，使用健康的环保染料给服装染色；而在服装制品的包装袋上，她也附上了目前可以回收衣物的部分社会组织的二维码，消费者在衣物穿旧后可以扫描二维码联系相关的组织进行衣物回收，延长衣物寿命。

一直想要从事自己喜欢的工作并为社会贡献更多力量的刘言，选择了在2021年2月回国，在具体了解国内可持续时尚行业发展情况和技术条件后，成立了自己的可持续服装品牌。她主要是在面料的选择上下功夫，选择了很多可再生面料，也有很多面料是利用回收的塑料水瓶并添加一定的纤维成分制成，实现了对废弃塑料的循环利用；一般的衣物会拥有多张标签和塑料扣，但刘言成立的可持续时尚品牌下的衣物并不附有塑料扣，标签也只有一张而且是纸质的，可以实现回收。她和团队还在标签上打上小孔，消费者可以将其作为饰品展示而不是像一般标签一样直接丢弃。

大量的关于可持续时尚的活动也在上海这座城市兴起，人们在满足基本经济条件的情况下逐渐注意到可持续的意义，并通过这些活动参与进来。例如，由瑞典大使馆主办的旧衣旧物交换市集，由几个年轻大学生组成的小团队发起的闲置物品集市。除了线下活动，相关的线上社群也颇具规模。刘言自己就拥有一个与品牌相关的交流社群，目前一共有超过一百三十位成员。该群除分享品牌故事进行品牌宣传外，也会定期举办线上可持续面料和可持续生活方式的分享交流会，通过小红书等互联网平台的视频号普及可持续和环境保护的相关概念和小知识。此外，还有提倡零垃圾生活方式的社群，人们可以在线上沟通，交换闲置物品，让不需要的东西流动起来，而不是直接扔进垃圾桶。

（四）从实践到认识再到实践：可持续时尚行业的发展脚步仍在向前

可以看到，可持续时尚行业的兴起是一个从环境污染现象产生的现实出发，提出可持续时尚的概念，进一步实现可持续时尚实践的过程。在上海这座大城市中，经济要想实现高质量发展，转型必不可少，可持续时尚行业即一个典型案例。

但在全国多数城市，可持续概念尚未进入时尚行业，也没有进入其他产业的发展进程中。国内对可持续时尚的研究文献较少，在和一位服装品牌方的销售人员攀谈时，她也提及，如果可持续这个概念无法成为普遍的感受，并让多数人认可，可持续时尚行业的发展将会是困难的。

刘言也告诉我们，在她和工厂协商时，工厂也对她所持的可持续理念表示不解，认为只要做最潮流的款式就好，这样也不用在面料和制造技术上花费太大力气且提升了产品成本，何必思考实现环保和可持续呢？她的父母在她决定创立可持续时尚品牌时，也表示了不认可，一是认为存在创业风险，二是对可持续理念不关心和不理解。小奇则表示，目前中国时尚的大环境仍然是以大品牌为主流，小众品牌很难得到话语权，难以将相关的理念大范围地传递出去。

但是，小奇告诉我们，曾经有一位老人在她的市集摊位前驻足，夸奖她的面料质感，并对可持续的理念表示了认可和赏识；刘言在由她主讲的一次面料分享会中，发现与她志同道合的听众包括口罩生产者、儿童服装从业者、二手服装改造设计师。时尚行业市场上，包括多家大品牌在内的各大时尚公司都推出了以可持续、环保理念为内核的产品设计和旧物回收处理行动，希望对时尚产业在资源浪费、污染排放等方面存在的环境问题加以整改。更不用说近年来，中国的政策环境和政策取向也在向环境保护和可持续发展倾斜，"绿水青山就是金山银山"的发展方向已然成为被提倡的主流。

（案例材料来源：同济大学政治与国际关系学院社会学专业郑天一同学的课程论文《从实践到认识再到实践——可持续理念在时尚行业的发展与践行》）

二、案例提问

根据以上案例，指出时尚行业的发展体现了哪些马克思主义原理？

三、案例解析

1. 时尚行业的发展以及可持续时尚概念的提出及其具体实践体现了以下认识论原理：时间与认识的辩证运动，是一个由感性认识到理性认识，又由理性认识到实践的飞跃，是实践、认识、再实践、再认识，循环往复以至无穷的辩证发展过程。从实践到认识，再从认识到实践，实现了人们认识具体事物的辩证运动过程。"实践、认识、再实践、再认识，循环往复以至无穷，而实践和认识之每一循环的内容，都比较地进行到了高一级的程度。"这就是认识辩证运动发展的基本过程，也是认识运动的总规律，表明认识是一个反复循环和无限发展的过程。这个过程既是认识在实践基础上沿着科学性方向不断深化发展的过程，也是实践在认识的指导下沿着合理性方向不断深入推进的过程。这个过程既不是封闭式的循环，也不是直线式的发展，往往充满了曲折以至反复，因而是一个波浪式前进和螺旋式上升的过程。

2. 可持续时尚体现了创新思维。创新思维能力是对常规思维的突破，是破除迷信，超越陈规，善于因时制宜、知难而进、开拓创新。发展可持续时尚这一理念是一次前所未有的创新，帮助时尚行业找到了新的发展方向。

四、教学反思

该案例的实施切实增强了教学的趣味性，提高了教学质量。第一，激发了学生的学习兴趣，增强了其学习积极性。我们发现，学生的学习兴致很高，踊跃发言，积极参与案例的交流与讨论，课堂氛围活泼生动，教学效果良好。第二，有助于学生理解马克思主义基本原理。马克思主义基本原理课程的教学内容主要是概念性的知识，会让人感到枯燥，让学生参与案例讨论，能够让学生将马克思主义基本原理的内容同专业知识相结合，发现二者之间存在的联系，帮助同学加深理论印象。

实施该教学案例需要改进之处：完成理论知识的教学后，教师来不及回答学生的问题，因此许多学生带着疑惑下课，缺乏老师的指导。改进思路：应根据学生的课堂表现，预留出足够的时间与学生进行交流，及时回答学生的知识疑惑，满足学生的求知欲望，真正实现教学目标。

（本案例由杨小勇、周正科编写）

第十九章

同济大学马克思主义基本原理的中法工程和管理学院专业案例

案例六十八
唯物辩证法基本规律在管理学中的体现

一、案例描述

管理学是研究管理规律、探讨科学方法、建构管理模式、取得最大管理效益的科学。详细来说，管理学需要研究如何在复杂的环境中合理组织管理企业，做出正确的决策让人财物达到最佳配置，以实现生产力提高、经济效益增长的目的。

对于一个管理者而言，在企业稳步发展时，应当踏实做好日常工作，不断积累管理经验，提升应对突发状况和解决棘手矛盾的能力，不断加深对自身企业的认识，为未来重大改变做好准备。同时，在公司即将进行质的飞跃时，要十分果断地做出判断、抓住机遇，让公司取得突破性发展。对于企业而言，如果走的是急功近利的歪路子，那么其终将走向灭亡；反之如果企业一步一个脚印，顺应时代变化，那么其将获得新的发展。

在管理学的发展过程中，研究者提出新的理论，被推翻，继而再提出新的理论，在管理科学更加贴近客观时有可能受到新的冲击而再次被推翻。科学管理理论是在对传统管理理论的质疑和批判中不断发展和前进的。例如，在管理学的历史上出现过人际关系学说，它拥有一个极端的观点，把人际关系看成目的，而不是手段，认为只要建立和维持良好的人际关系，生产率的提高是自然而然的事情。在这个观点提出后，涌现出了众多试图批判和推翻这一观点的理论，例如需求层次理论、双因素理论、期望理论等，其中不少观点成了管理学珍贵的财富。但是这种批判和否定并非全盘否定，也体现了继承的特点。

（案例材料来源：同济大学中法工程和管理学院工商管理专业潘凝同学的课程论文《管理学中的唯物辩证法》）

二、案例提问

1. 结合案例，谈谈管理者如何运用质量互变规律开展管理工作。
2. 结合案例，分析管理学理论发展是如何体现否定之否定规律的。

三、案例解析

1. 质量互变规律表明，量变是事物数量的增减和组成要素排列次序的变动，是保持事物的质的相对稳定性的不显著变化，体现了事物发展渐进过程的连续性。质变是事物性质的根本变化，是事物由一种质态向另一种质态的飞跃，体现了事物发展渐进过程和连续性的中断。区分量变和质变的根本标志是事物的变化是否超出了度。质量互变规律揭示了事物发展的形式和状态，体现了事物发展渐进性和飞跃性的统一。对于一个管理者而言，在企业稳步发展时，应当踏实做好日常工作，不断积累管理经验，提升应对突发状况和解决棘手矛盾的能力，不断加深对自身企业的认识，为未来重大改变做好准备。这是为公司管理发展做好量的积累。同时，管理者还要果断地做出判断、抓住机遇。这是准确把握好量变到质变的度，果断推动公司发展实现质的飞跃。

2. 否定之否定规律揭示事物自己发展自己的完整过程和本质。事物的发展是通过其内在矛盾运动以自我否定的方式而实现的，即事物由肯定走向对自身的否定，再由否定进一步走向更高阶段的肯定的过程。事物的发展并不是一蹴而就的，而是呈现周期性的，不同周期的交替使事物的发展呈现出波浪式前进或螺旋式上升的总趋势。在管理学的发展过程中，研究者提出新的理论，被推翻，继而再提出新的理论。比如，在对人际关系学说的否定中，马斯洛、双因素等理论诞生，管理科学从陈旧的转向了崭新的，完成了一次飞跃。但是这种批判和否定并非全盘否定，也体现了继承的特点。"肯定—否定—否定之否定"的过程，是人们对于管理科学的认识不断深化，不断修正，不断结合时代意义发展的重要过程。

四、教学反思

该案例的实施效果较好。第一，质量互变规律和否定之否定规律是唯物辩证法的基本规律。本案例能使学生形成对唯物辩证法基本规律的科学认识，引导学生在管理工作实践中正确运用唯物辩证法基本规律解决实际管理问题。第二，本案例细致具体，阐述了管理工作中常见的企业发展转型问题、管理理论发展问题，便于学生理解和接受，学生的参与性较高。

实施该教学案例需要改进之处：案例专业性较强，非经济管理专业学生的学习兴趣不高。改进思路：对案例进行不同学科领域的扩展，与学生未来的工作行业、工作岗位进行关联，增强案例的感染力，吸引学生主动运用唯物辩证法基本规律解决问题。

（本案例由杨小勇、杨柯莹编写）

案例六十九
联系的观点在商业投资中的体现

一、案例描述

某国有一个投资公司为新注册的公司，仍处于组建初期，企业组织架构较为简单。高级管理层由一位董事长及两位副总经理构成，下设投资、风控、财务、综合管理（行政）四个部门，分别由一位主管负责。公司主营实业投资、资本投资、资产管理、投资管理等业务。

麻雀虽小五脏俱全，高级管理层下设的投资、风控、财务、综合管理（行政）四个部门在完成各自主要负责事务的同时，互相提供支持与帮助。这四个部门相互联系，构成了企业的内在结构；任何部门都有各自独立担负的责任与作用，但在企业中没有一个部门可以孤立地存在。比如，综合管理部门的工作虽然琐碎，重要程度也远不及专业性较高的投资部、风控部。但其负责的设施设备管理、员工服务、人才招聘等事项却对其他部门的工作运转起到了至关重要的保障作用。

投资公司一项重要的工作就是尽职调查。所谓尽职调查，就是平时所称的"尽调"，又称审慎性调查，一般是指投资人在与目标企业达成初步合作意向后，经协商一致，对企业的历史数据和文档、管理人员的背景、市场风险、管理风险、技术风险和资金风险做全面深入的审查。调查过程中通常利用管理、财务、税务等方面的专业经验与专家资源，形成独立的观点，用于评价优劣，作为管理层的决策支持。由于尽调涉及的方面很多，所以这项工作要求精准地把握需要调查的内容与项目，从被调查公司的实际出发。若一味主观臆断需要深入调查的内容，可能造成调查方向偏离正轨、调查内容过于广泛而不切中要点等"吃力不讨好"的后果，严重时甚至会给管理层提供错误的评价，使其做出错误的投资决策，造成重大损失。

（案例材料来源：同济大学中法工程和管理学院工商管理专业胡禹菲同学的课程论文《联系的辩证法在商科投资类实习中的应用》）

二。案例提问

1. 运用联系的普遍性，分析该公司的组织架构及各部门的关系。
2. 运用联系的客观性，谈谈该公司如何做好尽职调查工作。

三。案例解析

1. 联系具有普遍性。任何事物内部的不同部分和要素都是相互联系的。任何事物都不能孤立存在，都同其他事物处于一定的相互联系之中。整个世界是相互联系的统一整体，每一事物都是世界普遍联系中的一个成分或环节。该公司处于组建初期，企业组织架构较为简单。高级管理层由一位董事长及两位副总经理构成，下设投资、风控、财务、综合管理（行政）四个部门。四个部门是相互联系的，构成了企业的内在结构。综合管理部看似与风控等关键部门联系不强,但其负责的设施设备管理、员工服务、人才招聘等事项对其他部门的工作运转起到了至关重要的保障作用。可见,组织内部各部门联系密切,运用联系的普遍性认识公司结构,能帮助我们正确了解各部门工作的意义与价值。

2.联系具有客观性。世界上没有孤立存在的事物,每种事物都处在与其他事物的联系中,事物的联系是事物本身所固有的,不是主观臆想的。联系的客观性要求我们从客观事物本身固有的联系出发去认识事物。由于尽职调查涉及的方面很多,所以这项工作要求精准地把握需要调查的内容与项目,因此需要运用联系的客观性特点,从目标公司本身固有的联系出发,把握正确的调查方向,进行深入研究,切不可主观臆断,不然容易造成调查方向偏离正轨、调查内容过于广泛而不切中要点等"吃力不讨好"的后果,严重时甚至会给管理层提供错误的评价,使其做出错误的投资决策,造成重大损失。

四、教学反思

该案例的课堂实施效果较好。首先,本案例比较完整地呈现了联系的普遍性和客观性特征,能够加深学生对联系的理解。其次,本案例贴近商业投资工作实际,能够激发相关专业学生的学习热情。

实施该教学案例需要改进之处:案例涉及的内容较为专业,部分学生对商业投资较为陌生,因此让学生准确把握案例,并运用唯物辩证法联系的观点加以分析,存在一定困难。改进思路:让相关专业学生对相关投资工作进行介绍,通过讨论互动的形式,加强学生对案例的理解。

(本案例由杨小勇、杨柯銮编写)

后 记

　　本书出版得到同济大学中央高校基本科研业务费资助，以及经济管理出版社的大力支持，由主编杨小勇教授设计编写理念和思路，参与本书编写的人员均为同济大学马克思主义学院的教师和研究生，他们完成的编写任务如下：杨小勇教授主编教学案例45个；吕健教授编写教学案例5个；陈红睿助理教授编写教学案例10个；柯萌助理教授编写教学案例5个；梁冰洋助理教授编写教学案例2个；蔡淞任助理教授编写教学案例5个。上述案例共72个，实际使用69个。硕士研究生李锦晶、周正科、刘启畅、杨柯銮、朱青叶各参与了9个由杨小勇教授主编的教学案例的编写；博士研究生闫慧慧、刘芳参与了本书的校对。案例分析材料主要通过对马克思主义基本原理课学生的课外作业进行整理得出。在此，向上述单位、老师、同学表示衷心感谢。由于我们水平有限，本书错漏在所难免，敬请读者批评指正。